आलोचनात्मक यथार्थवाद और प्रेमचन्द

आलोचनात्मक यथार्थवाद और प्रेमचन्द

सत्यकाम

राधाकृष्ण प्रकाशन

ISBN : 978-81-7119-191-8

आलोचनात्मक यथार्थवाद और प्रेमचन्द

प्रथम संस्करण : 1994
पहली आवृत्ति : 2023

मूल्य : ₹ 695

प्रकाशक
राधाकृष्ण प्रकाशन प्राइवेट लिमिटेड
जी-17, जगतपुरी, दिल्ली-110 051
शाखाएँ : अशोक राजपथ, साइंस कॉलेज के सामने, पटना-800 006
पहली मंजिल, दरबारी बिल्डिंग, महात्मा गांधी मार्ग, प्रयागराज-211 001
वेबसाइट : www.radhakrishnaprakashan.com
ई-मेल : info@radhakrishnaprakashan.com

मुद्रक
बी.के. ऑफसेट
नवीन शाहदरा, दिल्ली-110 032

Aalochanatmak Yatharthvad Aur Prem Chand
Criticism by Satyakam

पूज्य दिवंगत माँ की याद में

दो शब्द

मेरी पुस्तक 'आलोचनात्मक यथार्थवाद और प्रेमचंद' आपके समक्ष है। यह मेरे शोध प्रबन्ध 'आलोचनात्मक यथार्थवाद और हिन्दी उपन्यास' का संशोधित और परिवर्तित संस्करण है। इसमें मैंने प्रेमचंद की औपन्यासिक कृतियों को आधार बनाकर हिन्दी उपन्यास में आलोचनात्मक यथार्थवाद की स्थिति के विवेचन का प्रयास किया है।

'आलोचनात्मक यथार्थवाद' पद के औचित्य के सम्बन्ध में कुछ आलोचकों को आपत्ति है। उनका कहना है कि 'यथार्थवाद' तो आलोचनात्मक ही होता है। आलोचनात्मक होना यथार्थवाद की मूल प्रवृत्ति है, फिर उसके पूर्व आलोचनात्मक पद के प्रयोग का क्या औचित्य है? यह कहना कुछ हद तक सही भी है। पर दिक्कत यह है कि यथार्थवादी आन्दोलन की कई प्रावस्थाएँ रही हैं, जिन्होंने 'यथार्थवाद' पद के अर्थ को विस्तृत या संकुचित किया है। यूरोपीय साहित्य में यथार्थवाद की तीन प्रावस्थाएँ बहुत स्पष्ट हैं। उन्नीसवीं शताब्दी के तीसरे-चौथे दशक में फ्रांस में 'यथार्थवाद' का आन्दोलन शुरू हुआ, जिसका स्वरूप आलोचनात्मक था और जिसकी अभिव्यक्ति मुख्यतः बलज़ाक और स्तेन्दल के उपन्यासों में हुई। डिकेन्स, थैकरे, जार्ज इलियट, ब्रोण्टे बहनें, तुर्गनेव, तोलसतोय आदि की रचनाओं में यह 'यथार्थवाद' अपने चरम उत्कर्ष को प्राप्त हुआ। पर उन्नीसवीं शताब्दी के उत्तरार्द्ध में, विशेषकर अन्तिम चरण में, प्राकृतिकवाद (Naturalism) का आन्दोलन चला जिसके पुरस्कर्ता और नेता एमिल जोला थे। प्राकृतिकवाद की प्रवृत्ति 'आलोचनात्मक' कम 'तथ्यवादी' अधिक थी। उसका उद्देश्य था समाज की नग्न वास्तविकताओं को उनके समस्त ब्यौरों के साथ तटस्थ रूप में, वैज्ञानिक दृष्टि से प्रस्तुत कर देना। अनेक आलोचकों और उपन्यासकारों ने 'प्राकृतिकवाद' को 'यथार्थवादी' न मानकर 'आदर्शवादी' माना है।

यथार्थवाद की तीसरी प्रावस्था समाजवादी यथार्थवाद (सोशलिस्टिक रियलिज़्म) की है, जिसके पुरस्कर्ता मैक्सिम गोर्की माने जाते हैं। समाजवादी यथार्थवाद प्राकृतिकवाद और आलोचनात्मक यथार्थवाद के तत्त्वों को स्वीकार करता हुआ समाज के समक्ष वैज्ञानिक चिन्तनसम्पन्न समाधान या समाधान की दिशाएँ भी प्रस्तुत करता है। वह साहित्य को समाज का दर्पण ही नहीं, दीपक भी मानता है।

'आलोचनात्मक यथार्थवाद' यथार्थवाद का वह रूप है जो इन्द्रियग्राह्य बोध

को आधार मानकर व्यक्ति और समाज की वास्तविकताओं का उद्‌घाटन और विश्लेषण सौन्दर्यशास्त्रीय अनुभवों के रूप में करता है। वह जीवन की सच्चाइयों का तटस्थ अवलोकन भी करता है, पर 'प्राकृतिकवाद' की तरह अपने को इतने ही तक सीमित नहीं कर लेता। वह केवल समाज और व्यक्ति के जीवन के निम्न, ऋणात्मक, निन्दनीय और गर्हित पक्षों को ही अपना चित्रणीय विषय नहीं बनाता, वरन् जीवन के उज्ज्वल और उदात्त पक्षों पर भी बल देता है। उसकी दृष्टि और पद्धति आलोचनात्मक होती है तथा वह केवल सतह पर तैरते यथार्थ का चित्रण न कर उसकी गहराइयों में प्रवेश करता है और यथार्थ की भीतरी पर्तों को भेदकर सामाजिक सत्य का उद्‌घाटन करता है। 'आलोचनात्मक यथार्थ-वाद' समाधान प्रस्तुत करने या दिशा-निर्देश करने का उत्तरदायित्व अपने ऊपर नहीं लेता। यह कार्य समाजवादी यथार्थवाद का है।

प्रस्तुत पुस्तक के आरम्भ में मैंने इन्हीं पहलुओं की विस्तार से चर्चा की है। 'आलोचनात्मक यथार्थवाद का सैद्धान्तिक अध्ययन' अध्याय के अन्तर्गत मैंने यथार्थ-वाद के अभिप्राय, यथार्थवाद की आधुनिक अवधारणा, साहित्य और यथार्थवाद का सम्बन्ध, यूरोप में यथार्थवाद के उदय की परिस्थितियाँ, यूरोपीय साहित्य और यथार्थवाद आदि पक्षों का विवेचन और विश्लेषण किया है।

दूसरा अध्याय 'प्रेमचंद की यथार्थ-सम्बन्धी अवधारणा' पर केन्द्रित है। तीसरे अध्याय 'भारतीय पराधीनता का यथार्थ और प्रेमचंद' में प्रेमचंद के उपन्यासों में देश की पराधीनता से जुड़े यथार्थ के विभिन्न पक्षों के उद्‌घाटन का प्रयास किया गया है। चौथे अध्याय का शीर्षक है 'भारतीय नारी विषयक यथार्थ और प्रेमचंद'। इसमें प्रेमचंद के उपन्यासों में नारी जीवन के यथार्थ की अभिव्यक्ति का विवेचन किया गया है। पाँचवें तथा अन्तिम अध्याय में धार्मिक-साम्प्रदायिक यथार्थ के विभिन्न पक्षों के चित्रण का विश्लेषण प्रस्तुत किया गया है। इस अध्याय का शीर्षक है—'समकालीन धार्मिक-साम्प्रदायिक यथार्थ और प्रेमचंद'।

प्रेमचंद पर शायद सबसे ज्यादा शोध प्रबन्ध लिखे गये हैं और उन पर पुस्तकें भी काफी संख्या में उपलब्ध हैं। उनमें कुछ चंदन भी है, कुछ कीचड़ भी। मेरी पुस्तक सुधी पाठकों और विद्वान आलोचकों के सामने है, अब यह उन पर निर्भर है कि वे इस पुस्तक को किस कोटि में रखते हैं।

मैं राधाकृष्ण प्रकाशन और खासकर श्री अशोक माहेश्वरी का ऋणी हूँ जिन्होंने एक 'अपरिचित लेखक' की रचना प्रकाशित कर निश्चित रूप से 'साहस' का काम किया है।

अन्त में मैं उन सभी लोगों के प्रति अपनी कृतज्ञता व्यक्त करना चाहता हूँ, जिन्होंने प्रत्यक्ष और अप्रत्यक्ष रूप में इस पुस्तक के निर्माण में सहायता प्रदान की।

—सत्यकाम

अनुक्रम

1
आलोचनात्मक यथार्थवाद का सैद्धांतिक अध्ययन

साहित्यिक पदों के सम्बन्ध में सबसे बड़ी कठिनाई यह है कि वे वैज्ञानिक पदों की तरह सुनिश्चित अर्थ के द्योतक नहीं होते। 'यथार्थवाद' और इससे सन्दर्भित 'आदर्शवाद', 'स्वच्छन्दतावाद', 'प्राकृतिकवाद' आदि पद विभिन्न विचारधाराओं और 'वादों' के लेखकों द्वारा इतने स्वच्छन्द अर्थों में प्रयुक्त होते हैं कि उन्हें किसी सुनिश्चित अर्थ के अनुशासन में बाँध रखना कठिन है। बहुधा अपने किसी मतवाद या विचारधारा के प्रतिपादन या सुरक्षा के प्रयत्न में लेखक साहित्यिक पदों के अर्थ के साथ मनमानी बरतते हैं और उनकी नयी व्याख्या करके उनके अर्थ को उलझाने में योग देते हैं। 'यथार्थवाद' पद के साथ ऐसा ही हुआ है। जे० ए० कड्डन का तो यहाँ तक कहना है कि " 'यथार्थवाद' इतना 'आपवादिक रूप से लचीला', अनेकार्थी और अनिश्चित पद है कि हमारा काम इसके बिना भी चल सकता है।"[1] यद्यपि यह विचार भी असन्तुलित, आत्यन्तिक और सम्भवतः किसी 'विचारधारा' का परिणाम हो सकता है, पर इसमें सन्देह नहीं कि बुर्जुआ और मार्क्सवादी खेमे के लेखकों ने 'यथार्थवाद' पद के साथ इतना खिलवाड़ किया है कि इसके अर्थ की परिरेखाएँ अक्सर कट गयी हैं या समाप्त हो गयी हैं।[2]

हम कड्डन के इस मत से सहमत नहीं कि हमारा काम 'यथार्थवाद' पद के बिना भी चल सकता है। 'यथार्थवाद' साहित्य, विशेषकर कथा-साहित्य, को समझने, उसकी व्याख्या तथा मूल्यांकन के लिए सर्वाधिक उपयोगी कसौटी है। ज़रूरत है, इसके अर्थ को सुनिश्चित करने की, इसके सही स्वरूप को समझने की

---

1. जे० ए० कड्डन (Cuddon), ए डिक्शनरी ऑफ़ लिटरेरी टर्म्स, इंडियन बुक कम्पनी, 36 सी, कनाट प्लेस, नयी दिल्ली तथा आन्द्रे दोरत्स लि०, 105, ग्रेट रसेल स्ट्रीट, लंदन, डब्ल्यू० सी० आई०, 1977, पृ० 542।
2. इस प्रसंग में द्रष्टव्य, अशोक वाजपेयी का सम्पादकीय (पूर्वग्रह, मार्च-जून, 1984) और उस पर डॉ० गोपालराय की सम्पादकीय प्रतिक्रिया (समीक्षा, जनवरी-मार्च, 1985)।

और साहित्य के मूल्यांकन के लिए इसे एक खरी कसौटी के रूप में प्रस्तुत करने की।

यह काफी कठिन काम है। आरम्भ हम 'यथार्थ' पद की व्युत्पत्ति से कर सकते हैं। पर एक कठिनाई है। 'यथार्थवाद' की धारणा यूरोपीय चिन्तन की देन है और अंग्रेजी में इसके लिए 'रियलिज़्म' पद प्रयुक्त होता है। संस्कृत में इसके समानार्थी शब्द 'सत्य', 'वास्तव', 'तथ्य', 'यथार्थ' आदि हैं। इनमें 'यथार्थ' ही 'रियलिज़्म' का समानार्थी बनने में समर्थ हुआ है, अतः हम 'यथार्थ' के व्युत्पत्ति-सम्बन्धी अर्थ से ही विवेचन आरम्भ करें। 'यथार्थ' दो पदों की सन्धि से निर्मित है : 'यथा' और 'अर्थ'। 'यथा' अव्यय है जिसका हिन्दी समानार्थी पद है 'जैसा'। 'अर्थ' के प्रमुख हिन्दी समानार्थी पद हैं 'वस्तु', 'तत्त्व', 'द्रव्य', 'पदार्थ' आदि। 'अर्थ' ज्ञानेन्द्रियों का विषय है। ज्ञानेन्द्रियों के विषय पाँच माने गये हैं—रूप, रस, गन्ध, स्पर्श और शब्द।[1] अतः 'रूप', 'रस', 'गन्ध', 'स्पर्श' और 'शब्द' आदि वस्तुएँ 'अर्थ' की सीमा में आएँगी। पाँच ज्ञानेन्द्रियों के अतिरिक्त उनका स्वामी मन है जो अनुभव करता है। मन ही ज्ञान, बोध या प्रत्यय (Perception and Cognition) को ज्ञानेन्द्रियों के माध्यम से ग्रहण करता है और उन्हें आत्मा तक पहुँचाता है।[2] मस्तिष्क की ही एक शक्ति बुद्धि है, जो ज्ञानेन्द्रियों के माध्यम से प्राप्त बोधों को स्मृति की सहायता से एकत्र, संश्लेषित और विश्लेषित करके नये और मौलिक निष्कर्ष प्राप्त करती है।[3] इस प्रकार संक्षेप में कहा जा सकता है कि पाँच

---

1. हिन्दी शब्द सागर, खण्ड 1, काशी नागरी प्रचारिणी सभा, वाराणसी, 1965, पृ० 320।
2. वैशेषिक दर्शन में मन एक अप्रत्यक्ष द्रव्य माना गया है। संख्या, परिमाण, पृथक्त्व, संयोग, विभाग, परत्व, अपरत्व और संस्कार इसके गुण बतलाये गये हैं और इसे अणुरूप माना गया है। इसका धर्म संकल्प-विकल्प करना बताया गया है तथा इसे उभयात्मक लिखा है, अर्थात इसमें ज्ञानेन्द्रिय और कर्मेन्द्रिय दोनों के धर्म हैं। योगशास्त्र में इसे चित्त कहा है। बौद्ध आदि इसे छठी इंद्रिय मानते हैं। (हिन्दी शब्द सागर, खंड 8, पृ० 3775)
3. वेदान्तसार के अनुसार अन्तःकरण की चार वृत्तियाँ हैं—मन, बुद्धि, चित्त और अहंकार। संकल्प-विकल्पात्मक वृत्ति को मन, निश्चयात्मक वृत्ति को बुद्धि और इन्हीं दोनों के अन्तर्गत अनुसंधानात्मक वृत्ति को चित्त और अभिमानात्मक वृत्ति को अहंकार कहते हैं। पंचदशी में इन्द्रियों के नियन्ता मन ही को अन्तःकरण कहते हैं। आन्तरिक व्यापार में मन स्वतन्त्र है, पर बाह्य व्यापार में इन्द्रियाँ परतन्त्र हैं। पंचभूतों की गुणसमष्टि से अन्तःकरण उत्पन्न होता है—जिसकी दो वृत्तियाँ हैं मन और बुद्धि। मन संशयात्मक और बुद्धि निश्चयात्मक है। (हिन्दी शब्द सागर, पूर्वोल्लिखित, पृ० 1530)

ज्ञानेन्द्रियों, मन और बुद्धि के द्वारा प्राप्त बोधों, अनुभवों और निष्कर्षों को उनके वास्तविक रूप में, अर्थात् वे जैसे हैं उसी रूप में (यथा+अर्थ) प्रस्तुत करना 'यथार्थ' है।

पर यथार्थ विषयक यह दृष्टिकोण सर्वमान्य हो, ऐसी बात नहीं है। पुराने दार्शनिकों का एक बहुत बड़ा समुदाय, जिसमें पूर्व और पश्चिम दोनों के ही दार्शनिक शामिल हैं, मनुष्य की बोधेन्द्रियों तथा मन और बुद्धि द्वारा प्राप्त बोधों, अनुभवों और निष्कर्षों को यथार्थ या सत्य नहीं मानता। भारतीय अद्वैतवाद की तो प्रमुख मान्यता ही है—'ब्रह्म सत्यं जगन्मिथ्या।' यह सारा नामरूपात्मक जगत् जिसे हम अपनी बोधेन्द्रियों द्वारा देखते, भोगते और अनुभव करते हैं मिथ्या, माया, अयथार्थ है। एकमात्र सत्य अथवा यथार्थ सत्ता है ब्रह्म जिसका बोध हमारी बोधेन्द्रियों अथवा मन और बुद्धि से सम्भव नहीं।

पश्चिमी मध्यकालीन दर्शनशास्त्र में भी यथार्थवाद की अवधारणा आधुनिक अवधारणा से बिलकुल विपरीत है। मध्यकाल के स्कॉलेस्टिक (Scholastic) यथार्थवादी मानते थे कि सार्वभौम संवर्ग या अमूर्त वस्तुएँ ही वास्तविक 'यथार्थ' हैं न कि इन्द्रियग्राह्य विशिष्ट या ठोस वस्तुएँ।[1] इसके विपरीत संज्ञावादी (नॉमिनलिस्ट) मानते थे कि विशिष्ट वस्तुएँ (इंडिविजुअल्स) ही यथार्थ है। 'यथार्थ-वादियों' के अनुसार 'विशिष्ट' स्वयं में यथार्थ न होकर 'सार्वभौम' से ही अपनी यथार्थता प्राप्त करते हैं, जबकि संज्ञावादियों के अनुसार 'विशिष्ट' ही यथार्थ है और 'सार्वभौम' मनुष्य के मस्तिष्क का सूचीकरण या परिभाषा मात्र है।[2]

यथार्थवाद की आधुनिक अवधारणा

आधुनिक यथार्थवाद का प्रस्थान बिन्दु यह मानता है कि सत्य का अन्वेषण व्यक्ति द्वारा अपनी इन्द्रियों से किया जा सकता है। इस मान्यता की जड़ें दकार्त (Descartes) और लॉक (Locke) के दर्शन में निहित हैं जिसे अठारहवीं शताब्दी के मध्य में टॉमस रीड (Thomas Reid) ने पूर्णतः प्रतिष्ठापित किया।[3] इस मान्यता के अनुसार अद्वैतवादियों का ब्रह्म, जो 'मन-वाणी को अगम-अगोचर', इन्द्रियातीत, मन और बुद्धि की पकड़ से बाहर, अनुभवयगम्य सत्ता है, यथार्थ की सीमा में नहीं आ सकता। यह अनुभव अपनी प्रकृति में अलौकिक

1. द्रष्टव्य, आर० आई० एरन: द थियरी ऑफ़ यूनिवर्सल्स (ऑक्सफ़ोर्ड, 1952) पृ० 18-41।
2. क्रिस्टोफ़र गिल्नी, लांगमैन कम्पेनियन टु इंग्लिश लिटरेचर (लांगमैन, लन्दन, 1977), पृ० 742।
3. एस० ज़ेड० हसन, रियलिज़्म (कैम्ब्रिज, 1928), अध्याय 1 और 2।

और वर्णनातीत होने के कारण सामान्य मानव अनुभव के क्षेत्र से बाहर की वस्तु है। इसकी प्रकृति और स्वरूप बिलकुल अस्पष्ट है और इसके सच होने का कोई वस्तुनिष्ठ प्रमाण मनुष्य के पास नहीं है। आधुनिक यथार्थवाद इस संसार को, नामरूपात्मक जगत् को, यथार्थ मानता है, क्योंकि उसका अनुभव बोधेन्द्रियों द्वारा किया जा सकता है। चूंकि 'ब्रह्म' का अनुभव मनुष्य की बोधेन्द्रियों द्वारा सम्भव नहीं है, और किसी व्यक्ति को 'ब्रह्म' का अनुभव हो चुका है, इसे तर्क, बुद्धि या किसी अन्य लौकिक प्रमाण से सिद्ध नहीं किया जा सकता, अतः आधुनिक यथार्थवाद 'ब्रह्म' या 'भगवान्' या स्वर्ग-नरक जैसी अतिलौकिक सत्ताओं को स्वीकार नहीं करता।

इसी प्रकार आधुनिक यथार्थवाद इन्द्रियग्राह्य विशिष्ट वस्तुओं को यथार्थ मानता है और वह मध्यकालीन संज्ञावादियों (नॉमिनलिस्ट) की विचारधारा के निकट है।

दार्शनिक यथार्थवाद की सामान्य प्रकृति आलोचनात्मक, परम्परा-विरोधी और अन्वेषणात्मक है। इसकी प्रविधि रही है व्यक्ति अनुसन्धाता द्वारा तटस्थ भाव से अनुभव की विशिष्ट स्थितियों का अध्ययन। यह शब्द और यथार्थ के पारस्परिक सम्बन्ध के स्वरूप की समस्या को खास महत्त्व देता है। दकार्त (Descartes) ने आप्तवचन के रूप में कुछ भी स्वीकार न करने पर ज़ोर दिया। उसके 'डिस्कोर्स ऑन मेथड' (1637) ने इस मान्यता को जन्म दिया कि सत्य का अनुसन्धान बिलकुल व्यक्तिगत चीज है, जो अतीत विचारधारा की परम्परा से तर्कतः स्वतन्त्र है।[1] मौलिकता आधुनिक यथार्थवाद की मुख्य शर्त है।

इसी प्रकार सार्वभौम (यूनिवर्सलस) का अस्वीकार और विशेष (पार्टिकुलर्स) पर बल देना आधुनिक दार्शनिक यथार्थवाद की विशेषता है। लॉक ने जोर दिया कि इन्द्रियों के द्वारा ही विशिष्ट वस्तुओं का बोध मस्तिष्क में प्रवेश करता है। बर्कले ने यह मान्यता रखी कि "प्रत्येक वस्तु, जिसका अस्तित्व है, वस्तु-विशेष है।"[2]

साहित्य और यथार्थवाद

यद्यपि साहित्यिक यथार्थवाद का इस दार्शनिक यथार्थवाद से कोई सीधा सम्बन्ध नहीं जोड़ा जा सकता, क्योंकि आधुनिक यथार्थवादी विचारधारा के जन्म

---

1. इयन वाट, द राइज़ ऑफ़ द नॉवेल (चट्टो ऐण्ड विण्डस, लन्दन, 1960), पृ० 13।
2. "Everything which cxists is particular."
   देखें, इयन वाट, द राइज ऑफ द नॉवेल, पृ० 16।

के बहुत पहले से साहित्य में इन्द्रियग्राह्य सत्य का चित्रण होता रहा है, पर इंद्रियग्राह्य सत्य के चित्रण की विशेष प्रवृत्ति अथवा यथार्थ-चित्रण के प्रति आग्रह आधुनिक साहित्य में ही दिखाई पड़ता है। विशेषकर साहित्य की आधुनिक विधा 'उपन्यास' के उदय के मूल में यह प्रवृत्ति सक्रिय मानी जाती है।

विद्वानों ने डीफ़ो, रिचार्डसन और फ़ील्डिंग की औपन्यासिक कृतियों में यथार्थवादी प्रवृत्तियों की प्रमुखता को रेखांकित किया है।[1] इनमें परम्परागत साहित्यिक रूढ़ियों को अस्वीकार कर सर्वथा नये मार्ग के अनुसन्धान का प्रयास है, जो यथार्थबोध पर आधारित है। इन्होंने अपने कथानक इतिहास, पुराण या प्राचीन साहित्य से न लेकर सीधे जीवन से लिए। यह मौलिकता यथार्थवाद की खास पहचान है। डीफ़ो ने जब उपन्यास लिखना शुरू किया तो उसने इस बात की बिलकुल चिन्ता न की कि कथानक के सम्बन्ध में उस काल की साहित्यिक मान्यताएँ क्या हैं? उसने अपने कथानकों को केवल इस आधार पर विकसित होने दिया कि उसके पात्र स्वतः विश्वसनीय रूप में क्रमशः क्या करते हैं, जिसका आधार निश्चय ही उसके व्यक्तिगत अनुभव और सांसारिक ज्ञान रहे होंगे। रिचार्डसन और फ़ील्डिंग ने भी, इसी प्रकार, परम्परा से कटे हुए कथानकों का उपयोग किया जो या तो पूर्णतः कल्पित हैं या किसी समसामयिक घटना पर अंशतः आधारित हैं। इस प्रकार आत्मानुभव पर आधारित कथानक का निर्माण उपन्यास की प्राथमिक विशेषता है जिसका यथार्थवाद से गहरा सम्बन्ध है।

इस नयी यथार्थवादी अवधारणा के अनुसार नये कथानक में विशिष्ट पात्रों को विशिष्ट परिस्थितियों में कार्यशील दिखाना आवश्यक था। प्राचीन कथाओं में, चाहे वे पश्चिम के 'रोमांस' हों या भारत के गद्यकाव्य या शृंखलाबद्ध कथाएँ, पात्रों के रूप में विशिष्ट व्यक्तियों के स्थान पर सामान्य मानव प्रारूप हुआ करते थे और जिस पृष्ठभूमि में वे कार्यरत दिखाये जाते थे वह भी प्रायः साहित्यिक रूढ़ियों द्वारा निर्धारित हुआ करती थी। यह साहित्यिक परिवर्तन उस दार्शनिक यथार्थवादी अवधारणा के बिलकुल समनुरूप था, जिसमें सार्वभौम का त्याग और विशिष्ट (पर्टिकुलर्स) पर जोर दिया जाता था। 18वीं शताब्दी में अंग्रेजी साहित्य में, मुख्यतः हॉब्स और लॉक के प्रभाव से साहित्य में 'विशिष्ट' के चित्रण की प्रवृत्ति बढ़ने लगी। सम्भवतः सबसे पहले लार्ड केम्स (Lord Kames) ने इस प्रवृत्ति का जोरदार समर्थन किया। उसने अपनी पुस्तक 'एलिमेण्ट्स ऑफ़ क्रिटिसिज़्म' (1762) में घोषित किया कि "किसी भी मनोरंजनप्रद साहित्य में अमूर्त और सामान्य पद प्रभावोत्पादक नहीं होते, क्योंकि विशिष्ट वस्तुओं से ही

1. द्रष्टव्य, इयन वाट, द राइज़ ऑफ़ द नॉवेल।

बिम्ब बन सकते हैं।"[1] यह प्रवृत्ति हमें डीफ़ो और रिचार्डसन की कथाकृतियों में पहले से ही भरपूर मात्रा में दिखाई पड़ने लगती है। 'राबिन्सन क्रूसो' (1719) और 'पमीला' (1740) में विशिष्ट वस्तुओं का वर्णन बहुत प्रमुख है।

साहित्य में इस यथार्थवादी विशिष्टता (रियलिस्टिक पर्टिकुलारिटी) की अवधारणा उपन्यास में मुख्यतः दो रूपों में दिखाई पड़ती है : चरित्र-चित्रण और पृष्ठभूमि का प्रस्तुतीकरण। साहित्य की अन्य विधाओं तथा पूर्ववर्ती कथा-साहित्य से उपन्यास इस अर्थ में निश्चय ही भिन्न है कि इसमें उनकी तुलना में पात्रों के व्यक्तीकरण और उनके परिवेश के ब्यौरेवार वर्णन पर अधिक ध्यान दिया जाता है। डीफ़ो और रिचार्डसन के उपन्यास इसके प्रमाण हैं।

उपन्यास के पात्रों के सन्दर्भ में विशिष्टीकरण वाले दृष्टिकोण का प्रतिफलन उन्हें विशिष्ट व्यक्तियों के रूप में प्रस्तुत करने में होता है। अतः आश्चर्य की बात नहीं कि अठारहवीं शताब्दी के दार्शनिकों और उपन्यासकारों, दोनों ने, पहले की अपेक्षा विशिष्ट व्यक्तियों पर अधिक ध्यान दिया। सबसे पहले तो प्रारम्भिक उपन्यासकारों ने अपने पात्रों को विशिष्ट व्यक्तियों के रूप में प्रस्तुत करने के लिए उनका इस प्रकार नामकरण किया जैसा सामान्य जीवन में व्यक्ति का होता है। हमारे वास्तविक जीवन में व्यक्ति-विशेष की पहचान उसके नाम से घनिष्ठ रूप में जुड़ी हुई है। हॉब्स के शब्दों में 'व्यक्तिवाचक नाम मस्तिष्क में केवल एक वस्तु का बोध कराते हैं, सार्वभौम (यूनिवर्सल्स) अनेक में से किसी एक का।"[2] सामाजिक जीवन में व्यक्तिवाचक नामों का वस्तुतः यही उपयोग है; वे प्रत्येक विशिष्ट व्यक्ति की विशेष पहचान की शाब्दिक अभिव्यक्ति हैं। साहित्य-क्षेत्र में व्यक्तिवाचक नामों के इस उपयोग की प्रतिष्ठा सर्वप्रथम उपन्यास में ही हुई।

इसमें कोई सन्देह नहीं कि पूर्ववर्ती साहित्य रूपों में भी पात्रों को व्यक्तिवाचक नाम दिये जाते थे, पर प्रबन्ध काव्यों, नाटकों या गद्यकथाओं में पात्रों को जिस प्रकार के नाम दिये जाते थे वे उनके चरित्र को पूर्णतः विशिष्टीकृत अस्तित्व प्रदान नहीं कर पाते। पूर्व और पश्चिम के श्रेष्ठ साहित्य में पात्रों के नाम अक्सर ऐतिहासिक या प्रारूपिक हुआ करते थे। उनका सम्बन्ध समकालीन जीवन-सन्दर्भ से न के बराबर होता था। प्राचीन गद्यकथाओं में भी पात्रों के नाम अक्सर अविशिष्ट और अयथार्थ होते थे। मसलन 'वसुभूति', 'विचित्रबुद्धि' आदि। यहाँ तक कि राम, शत्रुघ्न, सीता, युधिष्ठिर, दुर्योधन जैसे नाम भी व्यक्तिवाचक कम

1. लॉर्ड केम्स, एलिमेण्ट्स ऑफ़ क्रिटिसिज़्म, संस्करण 1763, III, पृ० 198-199।
2. हॉब्स, लेवियाथन (1641), भाग 1, परि० 4।

विशेष गुणों के प्रतीक नाम ज्यादा हैं। रेबेलायस, सिडनी और बन्यन के पात्रों के नाम भी इसी प्रकार यथार्थ और समकालीन जीवन के व्यक्तिनामों से भिन्न हैं। सामान्य जीवन के व्यक्तिनामों की तरह प्राचीन कथा के पात्रों के नाम माता-पिता द्वारा प्रदत्त नाम और पदवी युक्त नाम नहीं हैं।

डीफ़ो, रिचार्डसन आदि प्रारम्भिक उपन्यासकारों ने परम्परा से हटकर अपने पाठकों का नामकरण इस रूप में किया कि वे समकालीन सामाजिक परिवेश में विशिष्ट पुरुषों और स्त्रियों का यथार्थ बोध करा सकें। डीफ़ो के औपन्यासिक पात्र, रॉबिन्सन क्रूसो अथवा माल फ़्लैण्डर्स, अपने पूरे यथार्थवादी नाम और उपनाम के साथ पाठकों के सामने आते हैं। रिचार्डसन इस दृष्टि से और भी सचेष्ट दिखाई पड़ता है। वह अपने प्रमुख और गौण पात्रों को ऐसे नाम देता है जो यथार्थ प्रतीत हों। उदाहरण के लिए क्लेरिसा हार्लो, रॉबर्ट लवलेस, मि० सिंक्लेयर या सर चार्ल्स ग्रैंडीसों के नाम देखे जा सकते हैं। यद्यपि फ़ील्डिंग में, विशेषकर उसके प्रारम्भिक उपन्यासों में, प्रारूपिक नाम रखने की प्रवृत्ति प्रमुख है, पर अपने अंतिम उपन्यास 'अमीलिया' में उसने भी यथार्थवादी और समकालीन नामों का प्रयोग किया है।[1]

किसी वस्तु या व्यक्ति की खासियत की पहचान समय के सन्दर्भ में ही सम्भव है। लॉक द्वारा स्वीकृत 'व्यक्तीकरण का सिद्धान्त' दिक् और काल में किसी विशेष बिन्दुपथ पर अवस्थित अस्तित्व को संकेतित करता है। उसने लिखा था कि, "विचार तभी सामान्य बनते हैं जब वे दिक् और काल की अवस्था से विछिन्न कर दिए जाते हैं।"[2] तात्पर्य यह कि वे विशिष्ट तब बनते हैं जब दिक् और काल से सन्दर्भित होते हैं। इसी प्रकार उपन्यास के पात्र तभी विशिष्ट या व्यक्तीकृत बन सकते हैं जब वे विशिष्टीकृत काल और दिक् की पृष्ठभूमि में नियोजित किये जाते हैं।

यह प्रवृत्ति डीफ़ो के उपन्यासों में भली भाँति प्रतिबिम्बित हुई है। उन्हें पढ़ते हुए हमें इस बात का स्पष्ट बोध होता है कि कथा एक विशेष स्थान पर एक खास समय में घटित हो रही है। पात्रों के जीवन के मर्मस्पर्शी क्षण, जो विशेष स्थान और काल में घटित होने के कारण सजीव और यथार्थ होते हैं, एक विश्वसनीय आत्मकथात्मक प्ररिप्रेक्ष्य का निर्माण करते हैं।

रिचार्डसन के उपन्यासों में यह प्रभाव और भी सशक्त तथा पूर्ण रूप में पैदा किया गया है। उसने अपनी कथा की सभी घटनाओं को अभूतपूर्व ब्योरेवार समय-योजना में स्थापित करने की सावधानी बरती है। उसका प्रसिद्ध उपन्यास

1. इयन वाट, द राइज़ ऑफ़ द नॉवेल, पृ० 20।
2. लॉक, ह्यूमन अंडरस्टैंडिंग्ज़, बुक III, परि० 3, खंड VI।

'क्लैरिसा' (1747-48) पत्रों के रूप में लिखा गया है और प्रत्येक पत्र के शीर्ष पर सप्ताह के दिन तथा प्रायः दिन का समय अंकित है। पत्रों के भीतर भी समय के ब्योरे बहुत सूक्ष्मतापूर्वक दिये गये हैं। मसलन, एक जगह बताया गया है कि क्लेरिसा की मृत्यु 7 सितम्बर, गुरुवार को छह बजकर 40 मिनट पर हुई। फ़ील्डिग ने भी अपने ढंग से अपने प्रसिद्ध उपन्यास 'टॉम जोन्स' (1749) में घटनाओं को काल-विशेष में नियोजित किया है। इयन वाट के अनुसार उसके उपन्यास की प्रायः सभी घटनाएँ तिथिक्रमीय दृष्टि से सुसंगत हैं।[1]

इस प्रसंग में दिक् काल का अपरिहार्य सह-सम्बन्धी है। तर्कतः कोई विशिष्ट अथवा खास चीज या स्थिति दिक् और काल के सन्दर्भ में ही परिभाषित हो पाती है। जैसा कोलरिज ने कहा है, "मनोवैज्ञानिक रूप में हमारा कालबोध हमेशा दिग्बोध से मिला-जुला होता है।"[2] वस्तुतः दिक् और काल के आयाम एक-दूसरे से अविच्छेद्य हैं। उदाहरण के लिए जब हम अपने अतीत के किसी क्षण को स्मरण करते हैं तो उसे स्थान के सन्दर्भ से अलग नहीं कर पाते।

प्राचीन गद्य-कथाओं में घटनास्थल का उल्लेख भी प्रायः सामान्य, अस्पष्ट और साहित्यिक रूढ़ियों के पालन के रूप में हुआ करता था। जापानी लेखिका मुरासाकी सम्भवतः विश्व की प्रथम उपन्यास लेखिका है जिसने अपने 'गेन्जी मोनोगटारी' (रचना काल 1000 ई०, अंग्रेज़ी अनुवाद द टेल ऑफ़ गेन्जी) नामक रचना में पूरी कहानी इस रूप में प्रस्तुत की है मानो वह किसी वास्तविक भौतिक परिवेश में घटित हुई हो।[3] यूरोपीय साहित्य में बोकैशियो, सर्वेण्टिस आदि की रचनाओं में भी यह विशेषता दिखाई देती है, पर डेनियल डीफ़ो के उपन्यासों में यह प्रवृत्ति सर्वाधिक प्रमुखता प्राप्त करती है। उसके उपन्यासों के पात्र रॉबिन्सन क्रूसो और मॉल फ़्लैण्डर्स अपने भौतिक परिवेश से जिस प्रकार गहराई के साथ जुड़े हुए हैं उस प्रकार पूर्ववर्ती कथा के पात्र नहीं जुड़े हुए हैं। रिचार्डसन के उपन्यासों में यह प्रवृत्ति और भी प्रमुख है। यद्यपि उसने प्राकृतिक दृश्यों का वर्णन बहुत कम किया है पर उसके उपन्यासों में घर के भीतरी दृश्यों का सूक्ष्म ब्योरों के साथ वर्णन किया गया है। लिंकनशायर और बेडफ़ोर्ड शायर में पमीला के निवास-स्थान, ग्रैंडीसन हॉल तथा 'क्लेरिसा' के कतिपय वर्णन अत्यन्त यथार्थवादी हैं। इसी प्रकार फ़ील्डिग अपनी कथा के तिथिक्रम के प्रति जितना सावधान है उतना ही घटनाओं के स्थान-वर्णन के प्रति भी सजग है। टॉम जोन्स के लन्दन जाने के

1. देखें, द राइज़ ऑफ़ द नॉवेल (पूर्वोद्धृत), पृ० 25।
2. बायोग्राफ़िया लिटरेरिया, सं० शा क्रॉस, लन्दन, 1907, I, 87।
3. सिएडेल, ई० बी०, जैपेनीज़ लिटरेचर, कैसेल्स इनसाइक्लोपेडिया ऑफ़ लिटरेचर, कैसेल एण्ड कम्पनी लि०, लन्दन, 1953, पृ० 311।

मार्ग में पड़ने वाली अनेक जगहों का वर्णन उनके वास्तविक नामों के साथ किया गया है और अन्य जगहों की सही भौगोलिक स्थिति की पहचान भी वर्णनों में आये ब्योरों से हो जाती है।[1]

इस प्रकार 'उपन्यास' के आदि संस्थापक डीफ़ो, रिचार्डसन और फ़ील्डिग ने उपन्यास को दिक् और काल के आयामों से दृढ़तापूर्वक जोड़कर मनुष्य को संपूर्ण रूप में उसकी भौतिक पृष्ठभूमि में प्रस्तुत करने की क्षमता का परिचय दिया जो एलेन टेट के अनुसार उपन्यास विधा की खास पहचान है। यद्यपि इस यथार्थवादी दृष्टि का पूर्ण विकास उन्नीसवीं शताब्दी में स्तैन्दल और बलज़ाक के उपन्यासों में हुआ पर इसे साहित्य में प्रतिष्ठित करने वाले प्रथम लेखक निश्चय ही डीफ़ो, रिचार्डसन और फ़ील्डिग हैं।

व्यक्ति के वास्तविक अनुभव का प्रामाणिक आलेख प्रस्तुत करना दार्शनिक यथार्थवाद और साहित्यिक यथार्थवाद दोनों का लक्ष्य है। इसके फलस्वरूप साहित्य में, विशेषकर कथा-साहित्य में, जो यथार्थवाद की अभिव्यक्ति का प्रमुख वाहक बना, परम्परा से विपथन की अनेक दिशाएँ उद्घाटित हुईं। इनमें सम्भवतः सबसे प्रमुख गद्य-शैली का वरण था जो यथार्थ का बोध कराने में सर्वाधिक सक्षम होती है। दार्शनिक यथार्थवाद भी भाषा के प्रश्न पर एक विशिष्ट दृष्टिकोण का हिमायती है। दार्शनिक यथार्थवाद ऐसी भाषा पर जोर देता है जिसमें शब्दों का सटीक प्रयोग आवश्यक है। लॉक ने आलंकारिक भाषा के सर्वथा परित्याग पर ज़ोर दिया था। यद्यपि उसने भाषा का जो आदर्श सामने रखा है उस कसौटी पर साहित्यमात्र 'अयथार्थ' हो जायगा,[2] पर उसके भाषा-सम्बन्धी दृष्टिकोण का प्रभाव नये यथार्थवादी साहित्य (उपन्यास) में भी परिलक्षित हुआ। पूर्ववर्ती कथा-साहित्य में जिस भाषा का प्रयोग होता था उसमें शब्दों और वस्तुओं का अनुकूलत्व या उनके बीच सहचार (करैस्पौण्डेन्स) उतना महत्त्वपूर्ण नहीं था जितना आलंकारिक प्रयोगों द्वारा पात्रों के रूप या कार्यव्यापार के वर्णन को बाह्य सौंदर्य से मंडित करना। उदाहरण के लिए संस्कृत साहित्य में बाणभट्ट या दंडी के गद्य-काव्यों को देखा जा सकता है। वस्तुतः श्रेण्य साहित्य में सरल और यथार्थवादी भाषा का कोई महत्त्व ही नहीं था। पर डीफ़ो और रिचार्डसन ने जिस भाषा का उपयोग किया वह अलंकरण से प्रायः मुक्त वस्तुओं और स्थितियों को उनके यथातथ्य रूप में प्रस्तुत करने वाली भाषा है। इस प्रसंग में जॉन डेनिस का एक कथन उल्लेखनीय है। उसने लिखा है कि "किसी प्रकार की भी बिम्ब योजना शोक

---

1. इयन वाट, द राइज़ ऑफ़ द नॉवेल, पृ० 26।
2. द्रष्टव्य, लॉक, एस्से कन्सर्निंग ह्यूमन अण्डरस्टैंडिंग, बुक III, अंतिम अध्याय।

की भाषा नहीं हो सकती। यदि कोई आदमी उपमा अलंकार में अपनी व्यथा कहता है तो या तो मुझे हँसी आती है या नींद।"[1] श्रेण्य साहित्य में इस प्रकार के प्रसंग अनेकत्र आते हैं जहाँ जॉन डेनिस की तरह किसी भी आधुनिक पाठक को हँसी या नींद आ सकती है। उपन्यास इस प्रकार के वर्णनों से परहेज करता है। डीफ़ो और रिचार्डसन दोनों ने भौतिक वस्तुओं तथा भावनाओं के वर्णन में ऐसी भाषा का प्रयोग किया है जो उनके अधिकतम निकट रहती है। दोनों ही चीज़ों और स्थितियों को उनकी ठोस विशिष्टताओं में प्रस्तुत करने वाले शब्दों का प्रयोग करते हैं।

यद्यपि परवर्ती उपन्यासकारों ने भाषा का अनेकविध सर्जनात्मक प्रयोग किया है, पर उपन्यास में भाषा की भूमिका अन्य साहित्य-रूपों की तुलना में निश्चय ही अधिक निर्देशात्मक (रेफ़रेंशियल) होती है, जो यथार्थवाद की माँग है। यह यथार्थवादी आग्रह का ही परिणाम है कि उपन्यास की रचना पद्य में नहीं होती और जिस गद्य-शैली का प्रयोग किया जाता है वह पात्रों के व्यक्तित्व के अनुरूप होती है।

ध्यातव्य है कि उपन्यास और यथार्थवाद के सम्बन्ध की जो चर्चा हमने अब तक की है वह काफ़ी हद तक साहित्य की प्रविधि या प्रक्रिया से सम्बद्ध है। उपन्यास मानव जीवन के यथार्थ को अभिव्यक्त करने का प्रयास है और इसके निमित्त वह जो प्रक्रिया अपनाता है वह बहुत कुछ न्यायालय में जूरी द्वारा अपनाई जाने वाली प्रक्रिया की तरह होती है। जूरी पहले किसी मुकदमे के समस्त ब्यौरों को—घटना का स्थान और समय—जानने का प्रयास करते हैं। वे किसी ऐसे गवाह की गवाही स्वीकार नहीं करते जिसका नाम 'सत्यवादी' या 'शैतान' जैसा हो। वे उसके सही नाम, माता-पिता द्वारा दिए गये नाम और वंशगत पदवी जानना चाहते हैं। वे यह भी चाहते हैं कि गवाह 'अपने शब्दों में' घटना का वर्णन करे। जूरी वस्तुतः "जीवन के परिस्थितिगत दृष्टिकोण (सर्कमस्टांशियल व्यू ऑफ़ लाइफ़) को ग्रहण करते हैं" जो टी० एच० ग्रीन के अनुसार उपन्यास की भी विशेषता है।[2]

यह वर्णन-प्रविधि, जिसमें उपन्यासकार जीवन के परिस्थिति-चित्रण पर बल देता है, रूपगत यथार्थ है। यहाँ 'यथार्थ' केवल उस वर्णन प्रक्रिया को द्योतित करता है जो उपन्यास की निजी विशेषता है। डीफ़ो से लेकर आज तक प्रायः सभी उपन्यासों में यह यथार्थवादी वर्णन प्रविधि, प्रायः साहित्यिक रूढ़ि के रूप में

1. जॉन डेनिस, द पैशन ऑफ़ बिब्लिस, क्रिटिकल वर्क्स (भूमिका), सं० हूकर (बाल्टीमोर, 1939-43), I, पृ० 2।
2. इयन वाट, द राइज़ ऑफ़ द नॉवेल, पृ० 31।

अपनायी जाती है। यह वह ढाँचा है जिसमें जीवन का वास्तविक यथार्थ अभिव्यक्ति पाता है।

यह बड़ा कठिन और विवादास्पद प्रश्न है कि "जीवन का वास्तविक यथार्थ क्या है ? यह तो प्रायः निर्विवाद है कि मनुष्य इस प्रश्न के केन्द्र में अवस्थित है। पर 'मनुष्य' क्या है, यह भी कम विवादास्पद प्रश्न नहीं है। आज भी अनेक ऐसे लोग हैं, जो 'मनुष्य' के सम्बन्ध में अद्वैतवादी अथवा धार्मिक-पौराणिक धारणा से ग्रस्त हैं। पर मनुष्य के सम्बन्ध में यह परम्परागत धारणा 'वैज्ञानिक' नहीं है। उन्नीसवीं शताब्दी में आधुनिक विज्ञान के उदय ने 'मनुष्य' के सम्बन्ध में सर्वथा नवीन तथ्य प्रस्तुत किये जिनके फलस्वरूप 'मनुष्य' विषयक धारणा में क्रांतिकारी परिवर्तन हुआ।

मनुष्य समाज में रहता है और समाज में रहने वाले मनुष्यों के बीच नाना प्रकार के सूक्ष्म, जटिल और उलझे हुए सम्बन्ध होते हैं। मनुष्य और जिस समाज में वह रहता है, दोनों परिवर्तनशील हैं। साथ ही मनुष्य, उसका समाज और दोनों के पारस्परिक सम्बन्ध दिक् और काल सापेक्ष भी हैं। यथार्थवाद चूँकि मनुष्य और उसके परिवेश तथा जिस समाज में वह अस्तित्व के लिए संघर्ष करता है उसका यथातथ्य, हू-ब-हू या वास्तविक चित्र प्रस्तुत करने का आग्रही होता है अतः वह भी देशकालसापेक्ष होता है। यूरोप में दर्शन और साहित्य में यथार्थवादी प्रवृत्तियाँ अठारहवीं शताब्दी में विशेष रूप से उभरीं और प्रमुख हुईं। इसका कारण, अन्य बातों के अलावा, यूरोप में विज्ञान का अभूतपूर्व विकास था।

यूरोप में यथार्थवाद के उदय की परिस्थितियाँ

मध्यकाल में जिन दो आविष्कारों ने, यूरोप के देशों को शक्तिशाली और समृद्ध बनाया, वे थे बारूद और समुद्री कम्पास। पर सत्रहवीं शताब्दी के वैज्ञानिक आविष्कारों ने तो यूरोप को एक नये युग के द्वार पर ला खड़ा किया। संसार के बारे में और स्वयं अपने बारे में भी मनुष्य के ज्ञान के इतिहास में सत्रहवीं शताब्दी का अभूतपूर्व योगदान है। यहीं से मनुष्य मध्ययुग को कीमियागिरी और जादूगरी को तथा चर्च के प्रभुत्व और परम्परागत आप्त कथनों को नकारना शुरू करता है और अपनी समस्याओं के समाधान के लिए निश्चित प्राकृतिक नियमों, गणित और सही माप की सहायता लेना आरम्भ करता है। यहीं से विज्ञान के आधुनिक युग का आरम्भ होता है।

सोलहवीं शताब्दी के समाप्त होते-होते ब्रूनो (1550-1600 ई०) और गैलीलियो (1547-1625 ई०) ने निकोलस कोपर्निकस (1473-1543 ई०) के इस सिद्धान्त की पुष्टि कर दी कि पृथ्वी और अन्य ग्रह अपनी धुरी पर घूमने के साथ

सूर्य की भी परिक्रमा करते हैं। ब्रूनो ने इस सत्य को सामने रखा कि अनन्त विस्तार वाले ब्रह्मांड और अनन्त संख्या वाले विश्वों में मनुष्य एक सूक्ष्म धूलिकण के समान है। गैलीलियो ने शक्तिशाली दूरवीक्षणों की सहायता से सूर्य और आकाशीय ग्रह-नक्षत्रों के सम्बन्ध में अनेक रहस्यों का उद्‌घाटन किया। इन आविष्कारों ने मनुष्य और उसके परिवेश के सम्बन्धविषयक पूर्वधारणा को बिल्कुल ही बदल दिया और चर्च के प्राधिकार (ऑथोरिटी) को भी पहला जबरदस्त धक्का लगा।[1]

1616 ई० में विलियम हार्वे (जन्म 1578 ई०) ने इस रहस्य का पता लगाया कि शरीर की नाड़ियों में रक्त-संचार की प्रक्रिया निरन्तर चलती रहती है। इस आविष्कार ने शरीर विज्ञान को सही विज्ञान का रूप दिया तथा स्वास्थ्य विज्ञान की वास्तविक नींव डाली।

1660 ई० में चार्ल्स द्वितीय ब्रिटेन की राजगद्दी पर बैठा जो विज्ञान के विकास में गहरी रुचि रखता था। 1662 ई० में उसके ही रॉयल चार्टर से रॉयल सोसाइटी की स्थापना हुई। यह डॉक्टरों, वास्तुकारों, गणितज्ञों, यन्त्रविज्ञानियो, रसायनशास्त्रियों आदि की सोसाइटी थी जिसकी बैठकों और गोष्ठियों में नये वैज्ञानिक आविष्कारों पर चर्चा होती थी तथा उन्हें प्रकाशित किया जाता था। इस सोसाइटी ने परवर्त्ती काल में वैज्ञानिक विचारधारा तथा आविष्कारों के विकास में महत्त्वपूर्ण योग दिया।

1687 ई० में आइज़क न्यूटन (जन्म 1642) की 'प्रिंसिपिया' (Principia) नामक पुस्तक प्रकाशित हुई जिससे उसके गुरुत्वाकर्षण के सिद्धान्त संसार के सामने आये।[2] गुरुत्वाकर्षण के अतिरिक्त उसके प्रकाश-सम्बन्धी आविष्कार तथा प्रत्येक वैज्ञानिक समस्या के समाधान में गणित के उपयोग ने ब्रह्मांडविषयक हमारी समस्त पूर्व अवधारणा को बदल दिया।[3]

सत्रहवीं शताब्दी के अन्तिम चरण में ही एन्तोनी लाउरे लेवोजिए ने रसायन विज्ञान में सही ज्ञान की प्राप्ति के लिए तुला के प्रयोग की उपयोगिता सिद्ध की जिसने रासायनिकी के क्षेत्र में क्रान्ति ला दी।[4]

वैज्ञानिक आविष्कारों की दृष्टि से अठारहवीं और उन्नीसवीं शताब्दी और भी उल्लेखनीय हैं। अठारहवीं शताब्दी के उत्तरार्द्ध में कई ऐसे वैज्ञानिक आविष्कार हुए जिन्होंने सर्वप्रथम यूरोप में और बाद में समस्त विश्व की अर्थव्यवस्था में

---

1. होरेस शिप, आइडियाज़ दैट मूल्ड द वर्ल्ड, ईवान्स ब्रदर्स लि०, लन्दन, 1951, पृष्ठ 7-11।
2. आइडियाज़ दैट मूल्ड द वर्ल्ड, पृ० 5।
3. उपरिवत्।
4. उपरिवत्, पृ० 20-22।

ऐसा क्रान्तिकारी परिवर्तन उपस्थित किया जिसका समाज-व्यवस्था पर व्यापक और दूरगामी प्रभाव पड़ा। इंग्लैंड के आर्थिक इतिहास में 1760 से 1830 ई० की अवधि को 'औद्योगिक क्रान्ति' का काल कहा जाता है। इस 'औद्योगिक क्रान्ति' में अन्य बातों के अलावा वैज्ञानिक आविष्कारों का प्रमुख योगदान था। नयी मशीनों की ईजाद के कारण वस्तुओं के उत्पादन और वितरण में अभूतपूर्व क्रान्ति हो गयी। इनमें सबसे प्रमुख आविष्कार चालक शक्ति या प्रेरक बल के रूप में वाष्प का उपयोग था। यों तो न्युकोमेन ने पहले ही एक वाष्प इंजन का निर्माण किया था, पर उसका उपयोग बहुत सीमित और अलाभदायक था। 1765 ई० में जेम्स वॉट ने एक नया वाष्प इंजन बनाया जो न्युकोमेन के इंजन की अपेक्षा अधिक कार्यक्षम तथा कम खर्चीला था। 1782 ई० में उसने इस इंजन में और भी सुधार किया जिससे वह हर प्रकार की मशीन को चलाने के लिए उपयोगी बन गया। धीरे-धीरे इस इंजन का उपयोग विभिन्न प्रकार के कारखानों में होने लगा और क्रमशः इसका उपयोग बढ़ता गया, जिससे वस्त्र, कोयला और लोहा उद्योग तथा यातायात के क्षेत्र में अभूतपूर्व प्रगति हुई।

नयी मशीनों के आविष्कार ने जिस उद्योग को सर्वप्रथम प्रभावित किया वह था सूती वस्त्र उद्योग। 1767 ई० में हारग्रीब्स ने 'स्पिनिंग जेनी' नामक कताई के चर्खे का आविष्कार किया जिसमें एक साथ पहले ग्यारह और फिर एक सौ सूत काते जा सकते थे। 1768 ई० में आर्कराइट ने वाटर फ्रेम नामक जलशक्ति चालित सूत कातने की मशीन का आविष्कार किया। 'वाटर फ्रेम' के साथ सूत कताई उद्योग में कारखाना प्रविधि या फैक्टरी सिस्टम की शुरुआत हो गयी। 1775 ई० के बाद सूती मिलों में इसका प्रयोग आरम्भ हो गया। 1775 ई० में ही क्रॉम्प्टन ने 'म्यूल' नामक कताई चर्खी का आविष्कार किया, जिसमें 'जेनी' और 'वाटर फ्रेम' के योग से मलमल के निर्माण के योग्य सूत तैयार किया जा सकता था। 1792 ई० में केली ने 'म्यूल' को जलशक्ति से जोड़ा। 1803 ई० में स्वयं क्रॉम्प्टन ने अपने 'म्यूलों' को जलशक्ति से चलाना शुरू कर दिया। 1812 ई० तक इसने आर्कराइट के 'वाटर फ्रेम' को सभी प्रकार के महीन सूतों के निर्माण में पीछे छोड़ दिया। बाद में 'म्यूलों' का परिचालन वाष्पशक्ति द्वारा होने लगा।

यन्त्र द्वारा अधिक परिमाण में सूत निर्मित होने के कारण नयी किस्म के करघों की आवश्यकता हुई। अठारहवीं शताब्दी के अन्त में 'फ़्लाइंग शटल' का उपयोग आरम्भ हुआ जिसका आविष्कार तो 1733 में ही हो गया था, पर बुनकरों के विरोध के कारण के (Key) को भागकर फ्रांस में शरण लेनी पड़ी थी। 'जेनी' की तरह यह भी हस्तचालित मशीन थी। कार्टराइट ने भी 1784 ई० में एक शक्ति करघे का आविष्कार किया था पर इसमें कई दोष थे। 1800 ई०

में अंग्रेज निर्माताओं ने एक बैठक बुलाकर बुनाई के लिए शीघ्रचालित मशीन तैयार करने की समस्या पर विचार किया। जॉनसन (1803ई०) और हारॉक्स (1813 ई०) के प्रयत्नों के फलस्वरूप शीघ्र करघे का विकास सम्भव हो गया। इसी अवधि में औद्योगिक रसायन के क्षेत्र में भी कई आविष्कार हुए जिसके फलस्वरूप वस्त्र उद्योग की और भी प्रगति हुई।[1]

वस्त्र उद्योग के साथ, यद्यपि तनिक धीमी गति से, लौह निर्माण, इंजीनियरी और कोयला उद्योग का भी विकास हुआ। यद्यपि इन उद्योगों के विकास की प्रक्रिया सत्रहवीं शताब्दी के लगभग अन्त में आरम्भ हुई पर इसे पूरा होने में पूरी अठारहवीं शताब्दी और उन्नीसवीं शताब्दी के भी प्रथम तीन दशक बीत गये। लकड़ी के स्थान पर कोयले के उपयोग तथा जेम्स वॉट के वाष्प इंजन के प्रयोग ने लौह और इंजीनियरी उद्योग को भी क्रान्तिकृत कर दिया। 1783-84 ई० में कोर्ट (Cort) ने नयी किस्म का ब्लास्ट फर्नेस बनाया जिसमें बारह घण्टे में 15 टन शुद्ध लोहा तैयार किया जा सकता था। नयी नहरों तथा सड़कों के निर्माण से कोयले और लोहे को एक स्थान से दूसरे स्थान पर ले जाना सम्भव हो गया। सर्वप्रथम लौह उद्योग में ही बड़े पैमाने पर पूंजीवादी व्यवसाय शुरू हुआ। 1828 में नाइलसन (Neilson) ने गर्म भट्ठी (हॉट ब्लास्ट) की ईजाद की जिससे लोहा सस्ता हो गया। 1830 ई० के बाद रेलवे के लिए लोहे की बढ़ती हुई माँग ने लौह उद्योग को और भी विकसित किया।

नये आविष्कारों ने कोयला उद्योग को भी क्रान्तिकृत किया। वाट द्वारा वाष्प इंजन की ईजाद से खानों से कोयला और पानी दोनों निकालना सुगम हो गया। यातायात के साधनों के विकास ने कारखानों के लिए कोयले की सुलभता बढ़ा दी। वाष्प इंजन के क्रान्तिकारी प्रभाव का कारण यह था कि इसने एक ऐसी शक्ति प्रदान कर दी जो जलवायु और भूगोलनिरपेक्ष थी और विभिन्न प्रकार के असंख्य कार्यों में प्रयुक्त की जा सकती थी। वाष्पशक्ति के आगमन के पूर्व मनुष्य प्रकृति की शक्तियों जैसे बाढ़, सूखा और तूफान के सामने प्रायः विवश था। पर्वत श्रृंखलाएँ, मरुभूमियाँ, मौसम और मात्र दूरी उसके लिए पग-पग पर बाधा उत्पन्न करते थे। वाष्प इंजन ने मनुष्य को इन प्राकृतिक बाधाओं पर विजय प्राप्त करने में समर्थ बना दिया।

उन्नीसवीं शताब्दी के पूर्वार्द्ध में मशीनों के अधिकाधिक प्रयोग के फलस्वरूप इंग्लैंड और फ्रांस विश्व की प्रमुख औद्योगिक शक्तियाँ बन गये। इसी प्रकार का औद्योगिक रूपान्तरण जर्मनी, रूस और संयुक्त राज्य में भी उन्नीसवीं शताब्दी

---

1. द्रष्टव्य, एल० सी० ए० नोल्स, द इंडस्ट्रियल एण्ड कॉमर्शियल रिवोल्यूशंस इन ग्रेट ब्रिटेन ड्युरिंग नाइण्टीन्थ सेंचुरी, लन्दन, 1953, पृ० 59।

के उत्तरार्द्ध में हुआ। यह औद्योगिक विकास आवागमन की स्वतन्त्रता (फ्रीडम ऑफ़ मूवमेंट) तथा दास-प्रथा के उन्मूलन के बिना सम्भव नहीं हुआ होता। यदि जनसंख्या गाँवों से और भूमि से निकलने के लिए स्वतन्त्र न हुई होती तो कारखानों, खानों, रेलवे, इजीनियरी फ़ार्म तथा झोंका भट्ठियों (ब्लास्ट फ़र्नेस) के लिए श्रमशक्ति की प्राप्ति न होती, इसी प्रकार रेलवे और वाष्प जलयानों के अभाव में कच्चा माल, कोयला और तैयार माल को निपटाना सम्भव न होता।

इस औद्योगिक विकास के फलस्वरूप तत्कालीन जीवन में और भी अनेक परिवर्तन घटित हुए। यान्त्रिक परिवहन और मशीनों के उपयोग के फलस्वरूप कोयले और लोहे के क्षेत्रों के आसपास जनसंख्या केन्द्रित होने लगी और नये शहरों तथा एक नये औद्योगिक वर्ग का जन्म हुआ। उन्नीसवीं शताब्दी की श्रम समस्याएँ पूर्ववर्ती शताब्दियों की श्रम समस्याओं से बिल्कुल भिन्न हो गयीं। मालिकों तथा राज्य द्वारा श्रमिकों के प्रति सलूक, शिल्पियों की माँगों की पूर्ति, उनके संगठनों की शक्ति पर लगायी जाने वाली सीमा तथा श्रम और पूँजी के सहयोग-सम्बन्धी अनेक समस्याएँ उत्पन्न हुईं।

औद्योगिक और वाणिज्य क्रान्ति ने नये सामाजिक वर्गों को जन्म दिया। एक नया व्यवसायी वर्ग, एक नया औद्योगिक वर्ग और एक नया धनी वर्ग पैदा हुआ और पुराना ज़मींदार वर्ग धीरे-धीरे कमज़ोर और कम महत्त्वपूर्ण होने लगा। ये ही नवोदित वर्ग उन्नीसवीं शताब्दी के नवोदित प्रजातन्त्र के अंग और अगुवा थे। इस नये प्रजातन्त्र को ही नयी नीतियाँ निर्धारित करनी थीं। इसका राजनीतिक लक्ष्य मताधिकार को विस्तृत करना तथा अपने राज्य के लिए उदार संविधान देना था। पर इसका इस बात में विश्वास नहीं था कि सरकार आर्थिक कार्यकलापों को योग्यतापूर्वक सम्पादित कर सकती है। यह इस नीति का समर्थक था कि आर्थिक क्षेत्र में सरकार का हस्तक्षेप कम-से-कम हो। अतः ये नये प्रजातन्त्र, जिन्हें मार्क्सवादी बुर्जुवा प्रजातन्त्र की संज्ञा देते हैं, सब कुछ व्यक्ति पर छोड़ देने के समर्थक थे जो सरकारी नियन्त्रण से यथासम्भव मुक्त रहकर आर्थिक कार्यकलापों को सम्पादित कर सकें। उद्योग में वे अहस्तक्षेप नीति (Laissez-Faire) में तथा वाणिज्य में मुक्त व्यापार की नीति में विश्वास रखते थे। इसका परिणाम यह हुआ कि उन्होंने निरंकुश राजाओं की पुरानी संरक्षणवादी और विकास नीति का, जो नियन्त्रण के पक्ष में थी और 'मर्केण्टिलिज़्म' नाम से ख्यात थी, विरोध किया और उन्हें समाप्त करने में सफल हुए। इसके पश्चात् 1848 ई० के बाद उदारतावाद (लिबरलिज़्म) और सर्वदेशीयवाद (कॉस्मोपोलिटनिज़्म) का युग आया जिसका लक्ष्य था वाणिज्यीय प्रतिबन्धों को समाप्त करना तथा व्यक्तिगत उपक्रमण (इनिसिएटिव) और उद्यम की स्वतन्त्रता। पर इसकी भी प्रतिक्रिया हुई और 1870 के पश्चात् राष्ट्रीय नीति में पुनः परिवर्तन हुआ और पुनः प्रत्येक क्षेत्र में

संरक्षण और राज्य के नियन्त्रण में वृद्धि हुई। वाणिज्य, उद्योग, परिवहन और कृषि में अहस्तक्षेप नीति का परित्याग हुआ। श्रमिक वर्ग के अधिकाधिक राजनीतिक शक्ति प्राप्त करने के फलस्वरूप यह सम्भव हुआ। औद्योगिक क्रांति के सतत विस्तार और काम करने की परिस्थितियों में परिवर्तन के साथ कारीगरों ने लगभग सभी बड़े देशों में अपने संरक्षण के लिए अधिकाधिक श्रम कानून की व्यापक संहिता की माँग की और क्रमशः उसे प्राप्त करने में सफल होते गये। आर्थिक क्षेत्र में राज्य के कार्यकलापों में वृद्धि होने लगी पर जैसा मार्क्स ने बताया, पूँजीवादी अर्थ-व्यवस्था के अन्तर्विरोध समाप्त नहीं हो पाये।

उन्नीसवीं शताब्दी के वैज्ञानिक आविष्कारों ने औद्योगिक और तज्जन्य सामाजिक, आर्थिक और राजनीतिक क्षेत्रों में तो क्रान्ति की ही, साथ ही चिकित्सादि के क्षेत्रों में भी अभूतपूर्व परिवर्तन उपस्थित किये जिनके फलस्वरूप समाज की विचारधारा, दृष्टिकोण और स्वरूप में क्रान्तिकारी परिवर्तन उपस्थित हुए। 1796 ई० में एडवर्ड जेनर ने चेचक के टीके का आविष्कार किया। उन्नीसवीं शताब्दी के मध्य में जीवाणुओं की खोज हुई, जिसने बीमारियों के सम्बन्ध में प्रचलित धारणाओं को आमूल बदल दिया। लुई पास्च्योर, रॉबर्ट क्रोच, जोसेफ़ फ़ॉन पेटेनकोफ़ेर, लिस्टर आदि इन प्रयोगों के अगुवा थे। लुई पास्च्योर ने सिद्ध किया कि हवा में मिले हुए धूल के कण जीवाणुओं के वाहक हैं। क्रोच ने हैजे के जीवाणुओं का पता लगाया। पास्च्योर ने पशुओं के गिल्टी रोग (Anthrex) तथा जलभीति (Hydrophobia) रोग के जीवाणुओं का पता लगाया। लिस्टर तथा सेम्मेलवाइस (Semmelweis) ने अपने रोगाणुनाशन (di·infection) के आविष्कारों द्वारा शल्य चिकित्सा को सुरक्षित बना दिया। जेम्स यंग सिम्पसन ने एनेस्थेटिक्स के प्रयोग से शल्य चिकित्सा को कष्टरहित बना दिया। इन चिकित्सा-सम्बन्धी आविष्कारों ने बीमारियों के सम्बन्ध में प्रचलित अनेक अन्धविश्वासों को दूर किया तथा दैवी शक्तियों के प्रति मनुष्य के विश्वास को धक्का लगा।

इनके अलावा 1779 ई० में गैस की रोशनी, 1786 में लीथो छपाई, 1788 में कागज बनाने की मशीन, 1816 ई० में निरापद लैंप, 1827 में दियासलाई, 1831 में बिजली का जेनरेटर, 1839 ई० में फ़ोटोग्राफ़ी, वल्कनीकृत रबर और बाइसाइकिल, 1843 ई० में टाइप मशीन, 1844 में टेलीग्राफ, 1876 में टेलीफ़ोन, 1879 में बिजली का बल्ब, 1884 में फ़ाउण्टेन पेन, 1885 में अन्तर्दहन इंजन तथा लाइनोटाइप मशीन, 189? में डीज़ल इंजन, 1903 में हवाई जहाज़ तथा 1924 में रेडियो के आविष्कार ने तो मनुष्य को बिल्कुल ही आधुनिक युग में पहुँचा दिया जिसकी अपनी समस्याएँ, अपने अन्तर्विरोध और अपने सामाजिक-आर्थिक-राजनीतिक सवाल हैं।

वैज्ञानिक आविष्कारों के साथ-साथ अठारहवीं शताब्दी के उत्तरार्द्ध से लेकर

उन्नीसवीं शताब्दी तक विचारों के क्षेत्र में भी अभूतपूर्व क्रान्ति हुई। आज हम आजादी, स्वतन्त्रता, समानता और प्रजातन्त्र आदि जिन शब्दों को बार-बार सुनते हैं उनके जनक जे० जे० रूसो (जन्म 1712 ई०) हैं जिनकी 'द सोशल कण्ट्रैक्ट' फ्रेंच (Contract-Social) में 1759 में प्रकाशित हुई। इस पुस्तक में उन्होंने सरकार-सम्बन्धी अनेक प्रश्नों का विश्लेषण किया, जैसे सरकार पर किसका नियन्त्रण होना चाहिए, उसका लाभ किसे मिलना चाहिए आदि। रूसो का कहना था कि "आम आदमी ही मानव जाति का निर्माता है। जो आम आदमी नहीं है वह मुश्किल से विचारणीय है।"[1] यह एक क्रान्तिकारी विचारधारा थी। इसके पहले सम्राट, राजा, राजकुमार, सामन्तजन, धर्मगुरु और पुरोहित, महाजन आदि ही महत्त्व के व्यक्ति हुआ करते थे। इसी विशेषाधिकार प्राप्त वर्ग के लिए आम आदमी का उपयोग था। उसकी कोई स्वतन्त्र हस्ती नहीं थी। रूसो ने पहली बार आम आदमी के महत्त्व का प्रतिपादन किया। रूसो की इस विचारधारा ने न केवल फ्रांस की राज्यक्रान्ति (1789) को जन्म दिया वरन् उसने तत्कालीन सभ्यता को उसकी जड़ों के साथ झकझोर दिया। उन्नीसवीं शताब्दी के उदारतावाद (लिबरलिज़्म), समाजवाद और कुछ हद तक साम्यवाद की जड़ें भी रूसो की विचारधारा से अनिवार्यत: जुड़ी हुई हैं।

फ्रांसीसी राज्यक्रान्ति के इतने दूरगामी प्रभाव इस कारण हुए कि इसने फ्रांस में आपातत: ऐसी व्यक्तिगत स्वतन्त्रता को जन्म दिया जो यूरोप के लिए, इंग्लैंड को छोड़कर, बिलकुल नया अनुभव था। फ्रांसीसी क्रान्ति की विचारधारा 'स्वतंत्रता, समानता और भ्रातृत्व' इन तीन शब्दों में समाहित थी। आर्थिक क्षेत्र में इसका अर्थ था एक आदमी के दूसरे आदमी पर अधिकार या आधिपत्य का उन्मूलन, करारोपण (टैक्सेशन) का समानीकरण, एक जगह से दूसरी जाने का अधिकार, आदमी तथा माल के एक स्थान से दूसरे स्थान पर लाने-ले जाने की भीतरी रुकावटों का उन्मूलन, पेशा चुनने का स्वाधीन विकल्प और कानून के समक्ष समानता। ये चीजें बहुसंख्यक जनता के लिए बिलकुल नयी थीं। इसके पहले इनका उपभोग एक सीमित और विशेषाधिकारप्राप्त वर्ग के लोग ही करते थे। क्रान्ति के बाद फ्रांसीसी मुक्त, स्वाधीन और समान नागरिकता के अधिकारों से युक्त बने।

फ्रांसीसी क्रान्ति ने कृषि, दासत्व और गुलामी को समाप्त करने की विचार-धारा को वास्तविक तथ्य में बदल दिया जिसे अन्य देशों में अनुभव तो किया जाने लगा था पर उसका व्यावहारिक समाधान नहीं मिल रहा था। बाद में जहाँ-जहाँ फ्रांसीसी सेनाएँ गयीं वहाँ-वहाँ उन्होंने व्यक्ति की आर्थिक स्वतन्त्रता और प्रति-

---

1. होरेश शिप, आइडियाज़ दैट मूव्ड द वर्ल्ड, मैकमिलन, 1951, पृ० 31।

बन्धों तथा विशेषाधिकारों के उन्मूलन के सिद्धान्त का प्रसार किया। इसके परिणामस्वरूप उन्नीसवीं शताब्दी में मध्य और पूर्वी यूरोप के देशों ने अपने कृषिदासों को स्वतन्त्रता प्रदान कर दी तथा अपनी कृषि प्रविधियों, विधि व्यवस्थाओं और प्रशासन का पुर्ननिर्माण किया।

18वीं शताब्दी के अन्तिम दशक की एक अत्यन्त महत्त्वपूर्ण घटना नारी-अधिकार की आवाज है। 1792 में मेरी वाल्सन क्राफ्ट (Mary Wallson Craft) की पुस्तक 'ए विण्डिकेशन ऑफ़ द राइट्स ऑफ़ वुमेन' प्रकाशित हुई। नारी-अधिकार की यह आवाज विचारों की दुनिया में विस्फोट की तरह आयी। इसके पहले के छह हजार वर्षों के मानव इतिहास में हमेशा स्त्री का स्थान पुरुष से नीचे रहा। शारीरिक रूप से पुरुषों से शासित; शिक्षारहित या पुरुषों की तुलना में अत्यल्प शिक्षित; एक ही काम के लिए पुरुषों की तुलना में कम पारिश्रमिक, घर की देखभाल करने के अलावा अन्य बाहरी कामों के लिए प्रायः सारे दरवाजे बन्द; और राजनीति और सरकार में किसी भी स्थान से वंचित; तात्पर्य कि समाज में स्त्रियों को कोई भी अधिकार प्राप्त नहीं था। यहाँ तक कि पिता या पति की सम्पत्ति पर भी उनका कोई अधिकार न था।

ऐसा नहीं कि संसार के विभिन्न देशों में इसके पहले विशिष्ट गुणों से संपन्न स्त्रियाँ न हुई हों, पर नारी का महज नारी के रूप में समाज में कोई स्थान था तो मात्र पत्नी या प्रेमिका के रूप में। नारी का मनुष्यमात्र के रूप में भी कोई अधिकार हो सकता है, इस विचार को कोई प्रश्रय ही नहीं देना चाहता था। यहाँ तक कि रूसो ने भी अपनी पुस्तक 'द सोशल कण्ट्रैक्ट' में (1762 ई०) नारी को 'आम आदमी' के अधिकारों से वंचित रखा था। तीसवर्षीया मेरी वाल्सन क्राफ़्ट ने आम आदमी के रूप में नारी के अधिकार की आवाज बुलन्द की। उसका तर्क था कि नारी भी मानव प्राणी है और इस रूप में जीने और अपना विकास करने का उसका उतना ही अधिकार है, जितना पुरुष का। नारी का शिक्षा, अर्थ-व्यवस्था राजनीतिक अधिकार, वैवाहिक अधिकार, सभी क्षेत्रों में मौलिक अधिकार है, पुरुष की पत्नी होने के कारण, उसकी मर्जी पर आधारित अधिकारमात्र नहीं। मेरी आजीवन (मृत्यु 1797 ई०) नारी अधिकार के लिए संघर्ष करती रही।

इसके लगभग पचास वर्ष बाद 1844 ई० में एन्ने नाइट (Anne Knight) ने एक पुस्तिका प्रकाशित की जिसमें स्त्रियों के लिए मताधिकार की माँग की गयी। 1869 ई० में जॉन स्टुअर्ट मिल ने इस विचार को पार्लियामेण्ट में बिल के रूप में प्रस्तुत किया। दो वर्ष बाद अमेरिका के वोमिंग नामक राज्य ने कुछ स्त्रियों को वोट का अधिकार दिया। पर 1904 ई० तक किसी भी यूरोपीय देश में स्त्रियों को मताधिकार प्राप्त नहीं था। 1904 ई० में फ़िनलैण्ड में स्त्रियों को वोट का अधिकार प्राप्त हुआ। इंग्लैंड में तो स्त्रियों को अपने अधिकार प्राप्त करने के

लिए बहुत संघर्ष करना पड़ा।

औद्योगिक क्रान्ति ने, जैसा हमने पहले देखा है, नयी-नयी समस्याएँ पैदा कीं। कोयला, वाष्पशक्ति और यन्त्र के आगमन से छोटे-छोटे कारीगरों की शिल्पशालाएँ नष्ट हो गयीं और बड़े-बड़े कारखाने कायम हुए, जहाँ बड़ी संख्या में मजदूर मशीनों के साथ काम करने लगे। कारखाने वे ही स्थापित कर सकते थे जिनके पास पूँजी थी। इस स्थिति के फलस्वरूप पूंजीपति वर्ग और मजदूर वर्ग का उदय हुआ। मशीनीकरण ने पूंजीपति वर्ग के हाथों में मजदूरों के शोषण का अपूर्व अवसर प्रदान कर दिया। अब मजदूर अपने मालिकों की कृपा पर पूर्णतः अवलम्बित हो गये। घरेलू उद्योग-धन्धे तो मशीनीकरण के कारण नष्ट हो ही गये; गाँवों की जमीन भी, जो इसके पूर्व सामूहिक सम्पत्ति थी और जहाँ सामान्य जन खेती-बारी कर सकते थे, नये 'एन्क्लोजर एक्ट' के फलस्वरूप बड़े-बड़े फार्मों में परिणत होकर ज़मींदारों के अधिकार में चली गयी। इस प्रकार सामान्य जन के लिए जीविका का कोई स्वतन्त्र साधन नहीं रह गया। कारखानों के मालिकों ने इस स्थिति का भरपूर फायदा उठाया। मजदूरों को कारखानों में, बिलकुल अस्वास्थ्यकर परिस्थितियों में सोलह-सोलह घंटों तक काम करना पड़ता था और उन्हें बहुत कम मजदूरी दी जाती थी। स्त्रियाँ और छोटे-छोटे बच्चे अत्यल्प मजदूरी पर कारखानों में भरती किये जाते थे। कारखानों में दुर्घटना से बचाव के लिए कोई व्यवस्था नहीं थी और दुर्घटना होने पर, जो अक्सर ही होती रहती थी, मजदूरों को मुआवजा देने का प्रबन्ध न था।

इन अमानवीय परिस्थितियों ने ही श्रमिक संघ की भावना को जन्म दिया। सर्वप्रथम पश्चिमी इंग्लैंड के ऊनी उद्योग के मजदूरों ने एकजुट होकर सरकार से पुराने 'एक्ट ऑफ़ एलिज़ाबेथ' को, जो मृत हो गया था, पुनर्जीवित करने का अनुरोध किया। सरकार ने एक कमेटी की स्थापना की पर मालिकों ने इसका विरोध किया और मामला दब गया। 1774 ई० में एडम स्मिथ की 'द वेल्थ ऑफ़ नेशन्स' नामक पुस्तक प्रकाशित हुई जिसमें यह तर्क प्रस्तुत किया गया कि प्रत्येक व्यक्ति बिना किसी बाहरी अवरोध के अपने धन में वृद्धि करने का प्रयत्न और संघर्ष करे तो सारा देश अनिवार्यतः समृद्ध हो जाएगा और इस समृद्धि का भागीदार हर आदमी होगा। इस सिद्धान्त को 'प्रबुद्ध स्वार्थ' या 'एनलाइटेण्ड सेल्फ़िशनेस' का नाम दिया गया। पर यह सिद्धान्त श्रमिकों के लिए नहीं, केवल पूंजीपतियों के लिए था। इस 'प्रबुद्ध स्वार्थ' ने मजदूरों को कम मजदूरी पर काम करने के लिए विवश किया। इस विचारधारा के फलस्वरूप पूंजीपतियों में मजदूरों को कम से कम मजदूरी देने की प्रवृत्ति कार्यशील थी। मजदूरों को इतनी कम मजदूरी मिलती थी कि उससे पेट भरना भी कठिन था।

मज़दूरों की अमानवीय परिस्थितियों ने उनमें एकजुट होकर अपने

हितों के लिए लड़ने तथा एकसाथ काम बन्द कर देने, हड़ताल करने की भावना को जन्म दिया। फलस्वरूप मिल मालिकों और मजदूरों के बीच संघर्ष आरम्भ हो गया। 1789 की फ्रांस की राज्यक्रान्ति ने जनता की सामूहिक शक्ति का ऐसा भयंकर परिचय दिया कि अन्य देशों में, विशेषकर इंग्लैंड में, पूँजीपति वर्ग ने मजदूरों के खिलाफ जबरदस्त मोर्चाबन्दी कर ली। सरकार पर तो उनका अधिकार था ही। अत: 1799 ई० में मिल मालिकों ने सरकार से सुरक्षा की अपील की और पार्लियामेंट ने एक कानून (कम्बिनेशन एक्ट) पास कर मजदूरों के संगठन को अवैध घोषित कर दिया। इस 'कम्बिनेशन एक्ट' का स्थान-स्थान पर जोरदार विरोध हुआ, और उसके स्थान पर एक कम कठोर कानून बना। पर यह नया कानून मृतवत् बना रहा और हड़ताल करने वाले मजदूरों को सजाएँ दी जाती रहीं। चूँकि न्यायाधीश और न्याय दंडाधिकारी भी मिल मालिकों के ही पक्ष में थे अतः हड़ताली मजदूरों के प्रति कोई रियायत बरतने का प्रश्न ही नहीं था।

मालिकों और मजदूरों के इस संघर्ष के वातावरण में, जहाँ कानून मालिकों के पक्ष में था, श्रमिक संघ की विचारधारा शनैः-शनैः विकसित होती रही। पहले यह आन्दोलन गुप्त रूप में चला। लगभग पच्चीस वर्षों तक आन्दोलन गुरिल्ला युद्ध के रूप में चलता रहा। अन्ततः 1825 ई० में 'कम्बिनेशन एक्ट' समाप्त हो गया।

पर 'कम्बिनेशन एक्ट' के समाप्त हो जाने पर भी मजदूरों पर मिल मालिकों का अत्याचार कम नहीं हुआ। 1834 ई० में डॉरचेस्टर असीज़ेज़ (Dorchester Assizess) नामक स्थान में एक ऐसी घटना घटी जो 'श्रमिक संघ' के इतिहास में महत्त्वपूर्ण है। डॉरचेस्टर असीज़ेज़ की अदालत ने छह खेतिहर मजदूरों को उनके इस अपराध के लिए देशनिकाले की सजा दी कि उन्होंने अपने मालिकों से प्रति सप्ताह 6 शिलिंग के स्थान पर 10 शिलिंग की माँग की और इसके लिए लेबरर्स फ्रेण्डली सोसाइटी की ग्रैण्ड लॉज नामक शाखा की स्थापना की। यद्यपि 'कम्बिनेशन एक्ट' की समाप्ति (1825) के बाद इस प्रकार की सोसाइटी की स्थापना अवैध नहीं थी, पर मजदूरों को पाठ पढ़ाने के लिए यह सजा दी गयी। यह सजा मामूली सजा नहीं थी। 'बोटनी बे' के लिए देसनिकाले की सजा प्राप्त शायद ही कोई व्यक्ति जिन्दा लौटता था। इस सजा के खिलाफ सारे इंग्लैंड के श्रमिक उठ खड़े हुए। रॉबर्ट ओवेन नामक पूँजीपति सुधारवादी बन गया जिसके नेतृत्व में एक लाख मजदूरों का पार्लियामेंट के समक्ष विशाल प्रदर्शन हुआ। दो वर्षों के आन्दोलन के बाद सजा वापस ले ली गयी और इस तरह श्रमिक संघ आन्दोलन की पहली विजय हुई।

यथार्थवाद के विकास में चार्ल्स डार्विन, सिगमंड फ्राइड और कार्ल मार्क्स के

आविष्कारों तथा क्रान्तिकारी विचारों का भी गहरा हाथ है। 1859 ई० में चार्ल्स डार्विन की 'द ओरीजिन ऑफ़ स्पीशीज' तथा कुछ वर्ष बाद 'द डिस्सेण्ट ऑफ़ मैन' नामक पुस्तकें प्रकाशित हुईं। इन पुस्तकों में प्रस्तुत अन्वेषणों ने लोगों को मनुष्य की उत्पत्ति-सम्बन्धी धारणाओं के पुनर्मूल्यांकन तथा अपने परिवेश के सम्बन्ध में बिल्कुल दूसरी तरह से सोचने के लिए प्रेरित किया। डार्विन तथा उसके समकालीन और सहयोगी अनुसन्धित्सुओं अल्फ्रेड रसेल, वैलेस तथा टॉमस हेनरी हक्सले ने वैज्ञानिक तथ्यों के आधार पर सिद्ध कर दिया कि मनुष्य ईसाई धर्म की मान्यताओं के अनुसार ईश्वर की विशिष्ट और अलग सृष्टि न होकर प्राणिजगत् में अस्तित्व को लेकर चलने वाले संघर्ष (स्ट्रगल फ़ॉर एक्जिस्टेंस) तथा 'सर्वाधिक क्षमतावान' के बचे रहने (सरवाइवल ऑफ़ द फ़िटेस्ट) के नियम के अनुरूप प्राणि-विकास-परम्परा का अब तक का चरम विकास है। मनुष्य तथा लंगूर (एप) का कोई समान पूर्वज था, इस धारणा ने मनुष्य और ईश्वर के अब तक के मान्य सम्बन्धों को झकझोर दिया। इस सिद्धान्त के फलस्वरूप विश्व और उसके प्राणियों तथा अन्य वस्तुओं के सम्बन्ध में व्यापकतर और अधिक सम्बद्ध विज्ञान विकसित हुआ। मानव विकास के सिद्धान्त की व्यापक स्वीकृति ने समाजशास्त्र, मानवशास्त्र, आधुनिक मनोविज्ञान आदि सामाजिक विज्ञानों को प्रभावित किया। इनके फलस्वरूप यथार्थवादी विचारधारा के विकास को नयी दिशा और नये आयाम प्राप्त हुए।

यथार्थवाद को नये सन्दर्भों से युक्त करने तथा उसे वैज्ञानिक स्वरूप प्रदान करने का सर्वाधिक श्रेय यदि किसी एक व्यक्ति को दिया जा सकता है तो वह कार्ल मार्क्स (1818-1883 ई०) है। मार्क्स ने आधुनिक समाज की बनावट का, उसके विकास के मूल में कार्यरत शक्तियों और प्रवृत्तियों का, मनुष्य और मनुष्य तथा मनुष्य और समाज के पारस्परिक सम्बन्धों का अत्यन्त वैज्ञानिक और गंभीर अध्ययन किया। 1847 में मार्क्स और एन्जेल्स का प्रसिद्ध साम्यवादी घोषणापत्र (मेनिफ़ेस्टो) जारी हुआ जो आधुनिक अन्तर्राष्ट्रीय साम्यवाद का आधार बना। इस घोषणापत्र में यह विचार प्रस्तुत किया गया कि समस्त समाज का इतिहास, चाहे वह अतीत का इतिहास हो या वर्तमान का, वर्ग-संघर्ष का इतिहास है। मार्क्स के अनुसार धनी वर्ग और निर्धन वर्ग, स्वामी और दास, मालिक और मजदूर का सतत संघर्ष ही इतिहास का मूल तथ्य है। दुनिया के सारे आन्दोलन, समस्त परिवर्तन, युद्ध और प्रमुख घटनाएँ इसी वर्ग संघर्ष के परिणाम हैं।

1848 ई० में यूरोप के विभिन्न देशों में, विशेषकर फ्रांस और जर्मनी में क्रान्ति हुई, पर पूँजीवादी सरकारों ने इस क्रान्ति को कुचल दिया। पर 1848 ई० के

---

1. आइडियाज़ दैट मूव्ड द वर्ल्ड (पूर्वोद्धृत), पृ० 46।

इतिहास ने अपने ढंग से मार्क्स के वर्ग-संघर्ष के सिद्धान्त की पुष्टि कर दी। मार्क्स और एंजिल्स कभी छिपकर और कभी प्रकट रूप में अपनी विचारधारा के प्रचार-प्रसार में लगे रहे। उनके अनेक लेख पत्र-पत्रिकाओं में प्रकाशित हुए, जो अब संकलित होकर पुस्तक रूप में उपलब्ध हैं। मार्क्स ने तीन भागों में 'दास कापिटाल' (पूंजी) नामक पुस्तक लिखी, जिसका पहला भाग 1867 ई० में प्रकाशित हुआ। शेष दो भाग मार्क्स की मृत्यु के बाद एंजिल्स द्वारा प्रकाशित किये गये।

मार्क्स की विचारधारा को अपनाकर फ्रांस में 1871 में कम्यून की स्थापना हुई। पर यह आन्दोलन भी दबा दिया गया। इसके बाद रूस में 1905 में ज़ार-शाही शासन के विरुद्ध क्रान्ति हुई, जो असफल रही। पर अन्ततः 1917 ई० में सफल रूसी क्रान्ति के रूप में मार्क्सवादी विचारधारा की विजय हुई।

यथार्थवादी आन्दोलन के विकास में उन्नीसवीं शताब्दी के उत्तरार्द्ध तथा बीसवीं शताब्दी के प्रारम्भ में हुए मनोवैज्ञानिक अनुसंधानों का भी योगदान है। उन्नीसवीं शताब्दी के पूर्वार्द्ध में और उसके पहले मानव मस्तिष्क की वैज्ञानिक समझ के जो प्रयत्न हुए वे चेतन मस्तिष्क से सम्बद्ध थे। सर्वप्रथम सम्मोहन (हिप्नोटिज़्म) ने मस्तिष्क के एक शक्तिशाली, अज्ञात अंश की ओर संकेत किया। अन्त में फ्रायड ने रहस्योद्घाटन किया कि यह अज्ञात अंश अचेतन शक्तियों से युक्त होता है जो बचपन की इच्छाओं और फ़ंतासियों से घनिष्ठ रूप में जुड़ी होती हैं।

1893 ई० में ब्रूअर (Breuer) और फ्रायड के सह लेखन में 'ऑन द साइकिकल मेकानिज़्म्स ऑफ़ हिस्टोरिकल फ़ेनोमिना' शीर्षक लेख प्रकाशित हुआ जिसने मनोवैज्ञानिक जगत् में बम के धमाके की तरह सदियों के मिथ और अन्धविश्वास को उड़ा दिया। इस निबन्ध में दावा किया गया कि हिस्टीरिया एक आवेगात्मक या मानसिक बीमारी है, जिसका कारण कोई भूत-पिशाच, कोई काला जादू, कोई शारीरिक या आनुवंशिक विकार नहीं वरन् रोगी की दमित इच्छाएँ होती हैं। दो वर्ष बाद इन्होंने सहलेखन के रूप में ही 'स्टडीज़ ऑफ़ हिस्टीरिया' नामक पुस्तक प्रकाशित की, जिसमें उन्होंने मानव शरीर और मस्तिष्क के उन सम्बन्धों का उद्घाटन किया जिनके बारे में पिछले कुछ दिनों से टोह जारी थी। सर्वप्रथम (1779) मेस्मर इस रहस्य से अवगत हुआ कि मस्तिष्क का एक भाग ऐसा है जो मनुष्य के अनजानेपन में भी कार्यरत रहता है।[1] 1793 ई० में फ़िलिप पिनेल (Philipp Pinel) ने प्रमाणित किया कि पागल

1. लूसी फ्रीमैन और मार्विन स्माल, द स्टोरी ऑफ़ साइको एनालिसिस, न्यूयार्क, पृ० 17।

मानसिक रूप से बीमार व्यक्ति हैं जिन्हें स्वस्थ किया जा सकता है। पिनेल ने अपराधीपन को भी मानसिक रोग का लक्षण सिद्ध किया।[1] इस प्रकार पिनेल ने आवेगात्मक रोगों को अन्धविश्वास के अन्धकार युग से निकालकर वैज्ञानिक अध्ययन के प्रकाश में पहुँचा दिया। जीन मार्टिन चार्कोट ने सिद्ध किया कि जब मस्तिष्क किसी आवेग के अस्तित्व को अस्वीकार करता है तब शरीर के पास उस आवेगात्मक आवेश (Emotional charges) को मुक्त करने का एक ही रास्ता रह जाता है, शारीरिक अस्वस्थता। एक डरा हुआ आदमी अचेतन रूप से शारीरिक या मानसिक अस्वस्थता में से किसी एक का या दोनों का वरण कर सकता है।[2]

अन्ततः फ्रायड ने मनोविश्लेषण का आविष्कार किया। 'साइकोएनालिसिस' (मनोविश्लेषण) पद का प्रथम प्रयोग फ्रायड ने 1896 ई० में किया।[3] उसकी क्रान्तिकारी पुस्तक 'द इण्टरप्रेटेशन ऑफ़ ड्रीम्स', जिसने सदियों से प्रचलित अन्धविश्वासों, मान्यताओं और भ्रमों को समूल झकझोर दिया, 1900 ई० में प्रकाशित हुई। इस पुस्तक में फ्रायड ने बताया कि यथार्थ के दो प्रकार हैं: मानसिक यथार्थ और वास्तविक यथार्थ। यदि वास्तविक यथार्थ अति कठोर या अति हताशाजनक है तो मनोकल्पनाएँ या फंतासियाँ अधिक शक्तिशाली हो जाती हैं और मनुष्य मनोवैज्ञानिक यथार्थ में इस प्रकार जीने लगता है मानो यह वास्तविक यथार्थ हो। इस प्रकार फ्रायड ने मनोवैज्ञानिक यथार्थ की शक्ति की पहचान करायी। उसने स्वप्नों, मनुष्य के आन्तरिक जीवन और बचपन में ही मनुष्य में काम भावना के आरम्भ हो जाने की सचाई का उद्‌घाटन किया।

यों तो थियोडर लिप्स (Theodar Lipps) ने 1883 ई० में ही चेतन मानसिक प्रक्रिया के साथ-साथ अचेतन के अस्तित्व का उल्लेख किया था,[4] पर अचेतन को स्पष्ट रूप से पहचानने वाला पहला व्यक्ति फ्रायड ही था। उसने बताया कि अचेतन व्यक्ति का अविभाज्य अंग है, जो उसके सोचने और अनुभव करने में, उसके पूरे अस्तित्व में घुला-मिला होता है। यह न केवल गुप्त स्मृतियों का खजाना होता है वरन् व्यक्ति की श्वासक्रिया, हृदय की धड़कन, पाचन क्रिया तक को प्रभावित करता है।[5] उसने मानव चेतना को तीन भागों में बाँटा : चेतन, अचेतन और पूर्वचेतन। उसने बताया कि अचेतन कालबोध, नैतिक मूल्यों,

1. लूसी फ्रीमैन और मार्विन स्माल, द स्टोरी ऑफ़ साइकोएनालिसिस, न्यूयार्क, 1960, पृ० 32।
2. उपरिवत्, पृ० 86।
3. उपरिवत्, पृ० 99।
4. उपरिवत्, पृ० 99।
5. उपरिवत्, पृ० 111।

व्यवस्था आदि से मुक्त होता है। वहाँ विरोधी विचार एक साथ समरसता में विद्यमान रहते हैं। यहाँ तक कि अचेतन की अपनी विशेष भाषा भी होती हैं।[1]

फ्रायड ने यह निष्कर्ष प्रस्तुत किया कि यथार्थ और इच्छापूर्ति, इसी व्यतिरेकी युग्म से हमारा मानसिक जीवन जन्म लेता है। फ्रायड के अनुसार स्वप्न दमित विचारों की इच्छापूर्त्ति (Wish fulfillment) है। उसने स्वप्न की तुलना दूर-बीन से की जिसके द्वारा स्वप्नदर्शी उन दूरस्थ प्रेत छयाओं (Specters) को नजदीक ले आता है जो उसके अचेतन को आविष्ट किये रहते हैं। स्वप्न छद्म वेश में बचपन की दमित इच्छाओं को व्यक्त करते हैं।[2]

वर्तमान शताब्दी के प्रथम दशक में फ्रायड द्वारा प्रतिपादित मनोविश्लेषण के सिद्धान्तों को मान्यता मिलनी शुरू हो गई। पर फ्रायड यहीं रुका नहीं, वह आजीवन मानव मस्तिष्क के रहस्यों के उद्घाटन में लगा रहा। उसने अनुभव किया कि हमारे मनोवैज्ञानिक जीवन का विकास उसी प्रकार होता है जैसे हमारे शारीरिक (Physical) जीवन का। केवल हमारा शरीर ही नहीं विकसित और परिवर्तित होता है वरन् हमारा मानस भी विकसित और परिवर्तित होता है; वह शरीर की शरीरशास्त्रीय प्रक्रिया से घनिष्ठ रूप से जुड़ा है। मनुष्य में कामात्मक प्रेरणा अचानक जवानी में शून्य से नहीं प्रकट हो जाती वरन् जन्म से ही क्रमशः विकसित होती है। फ्रायड के काम-विज्ञान (Theory of sexuality) के अनुसार मनुष्य का 'लिबिडो'—काम ऊर्जा के लिए फ्रायड का शब्द—सामान्य प्रौढ़ काम-भावना में परिणत होने के पूर्व एक लम्बी और जटिल विकास प्रक्रिया से गुजरता है। यदि इस विकास-प्रक्रिया में वह किसी आघात—उदाहरण के लिए बचपन में बलात्कार या अत्यन्त तीव्र और सतत उत्तेजना का—शिकार हो जाता है तो लिबिडो का स्वाभाविक विकास नहीं होता। फ्रायड ने यह भी कहा कि शिशु में प्रारम्भ से ही काम प्रेरणाएँ और कामात्मक व्यवहार होते हैं। वह इनके साथ ही इस संसार में प्रवेश करता है और इन्हीं से प्रौढ़ावस्था का सामान्य यौन व्यवहार विभिन्न अवस्थाओं से गुजरता हुआ प्रकट होता है।

इस प्रकार फ्रायड ने अपने गहन अनुसन्धान द्वारा मानव मस्तिष्क के अनेक रहस्यों का उद्घाटन किया। मनुष्य क्यों भयंकर अपराध करता है? क्यों नहीं वह अपनी भावनाओं और आवेगों को विवेक द्वारा नियंत्रित कर पाता? क्यों आदमी अनेक बार अपने सजग विवेक के बावजूद गलत काम कर बैठता है? वह क्यों तनावों और उत्तेजनाओं का शिकार होता है? क्यों कोई आदमी जल्दी-जल्दी विवाह करता है? क्यों कुछ लोग शराब और नशीली गोलियों के इतने आदी हो

1. द स्टोरी ऑफ़ साइकोएनालिसिस, पृ० 112।

2. पूर्वोद्धृत, पृ० 101।

जाते हैं कि अपनी आदतें नहीं छोड़ पाते ? क्यों कुछ लोग एकाकीपन और उदासी की जिन्दगी व्यतीत करते हैं ? फ्रायड ने इन प्रश्नों का उत्तर पाने की तो कोशिश की ही, उनका समाधान भी प्रस्तुत किया । उसने बताया कि चेतन मन से किसी अप्रिय विचार का जानबूझकर किया गया दमन स्नायुरोग का अनिवार्य कारण है । यदि इस प्रकार के बहुत अधिक या बहुत तीव्र भाव चेतन मन से निष्कासित हो जाते हैं तो आवेगात्मक बीमारियाँ पैदा होती हैं ।[1] यही सिद्धांत फ्रायड के मनोविश्लेषण का आधार है ।

फ्रायड का एक प्रसिद्ध आविष्कार 'ओडिपस कम्प्लेक्स' के नाम से विख्यात है । इसके अनुसार लड़की अपनी फन्तासी में अपनी माँ का स्थान ले लेती है और लड़का अपने पिता का ।[2] पुत्री में अपने पिता के प्रति और पुत्र में अपनी माँ के प्रति कामाकर्षण होता है । यह कामभाव बच्चे के मन में पिता और भाइयों के प्रति तथा बच्ची के मन में माँ और बहनों के प्रति ईर्ष्या और आक्रामकता का भाव पैदा करता है ।

फ्रायड ने ईद, ईगो और सुपर ईगो का सिद्धान्त भी प्रस्तुत किया । उसके अनुसार ये मस्तिष्क के तीन भाग हैं । ईद (Id) पूर्ण अवचेतन अवस्था है जिसमें शुद्ध आवेग (Passion) होते हैं । ईगो वह है जिसे हम विवेक और समझदारी कहते हैं । यह ईद का व्यतिरेकी होता है । 'सुपर ईगो' मनुष्य की चेतन स्थिति (Conscious), नैतिकता और अपराध की आवाज है । मस्ष्तिक के ये तीनों भाग अपने-अपने ढंग से महत्त्वपूर्ण भूमिका अदा करते हैं । ईद ताकत शक्ति और कलात्मक क्षमता प्रदान करता है । ईगो हमें संसार को वस्तुनिष्ठ ढंग से देखने तथा भविष्य को सुनियोजित करने की क्षमता प्रदान करता है । यह बाहरी यथार्थ और हमारे आन्तरिक जीवन के बीच मध्यस्थता का कार्य करता है । सुपर ईगो आत्मालोचन और नैतिक निर्णय का केन्द्र है । फ्रायड के अनुसार यदि 'ईगो' सही ढंग से 'ईद' का निर्देशन करे तो वह मनुष्य की जिन्दगी को समृद्ध बना सकता है । इसी से हमारे आधारभूत आवेग (Basic impulses) उत्पन्न होते हैं जिन्हें 'ईगो' सर्जनात्मकता, सहजानुभूति (Sponteneity) और मौलिकता में बदलता है । जो अपने आवेगों का विवेकपूर्ण ढंग से संचालन करते हैं उनका जीवन आनन्दपूर्ण होता है । पर यदि 'ईद' को 'सुपर ईगो' द्वारा बहुत कड़ाई से दबाया जाता है या 'ईगो' द्वारा पर्याप्त विवेक के साथ नियंत्रित नहीं किया जाता तो वह मानसिक और शारीरिक रोग उत्पन्न कर सकता है ।

फ्रायड के इन अनुसंधानों को बीसवीं शताब्दी में व्यापक मान्यता तो मिली ही,

---

1. द स्टोरी ऑफ़ साइकोएनालिसिस, पृ० 76 ।
2. उपरिवत्, पृ० 96 ।

उनका विरोध भी, उसके जीवन काल में ही, और स्वयं उसके सहयोगियों द्वारा ही हुआ। फ्रायडीय सिद्धान्त के विरोधियों में तीन प्रमुख हैं : डॉ० अल्फ्रेड एडलर, डॉ० सी० सी० जूंग और ओटो रैंक। एडलर ने फ्रायड के 'ओडिपस कम्प्लेक्स' काम सिद्धांत तथा अवचेतन सिद्धांत को अस्वीकार करते हुए 'इनफीरियारिटी कम्प्लेक्स' के सिद्धांत का प्रतिपादन किया। उसके मतानुसार मनुष्य के व्यवहार और आचरण में शक्ति के लिए संघर्ष और स्वाग्रह (Self assertion) की प्रमुखता होती है और लगभग हर आदमी के भीतर हीनता के भाव होते हैं।[1] जूंग ने भी फ्रायड के लिबिडो सिद्धांत को अस्वीकार किया और अपने सिद्धांत को 'एनालिटिकल साइकालॉजी' का नाम दिया। उसने 'अन्तर्मुखी' (Introvert) और 'बहिर्मुखी' (Extrovert) धारणा का विकास किया। उसने मनोविश्लेषणीय अचेतन के स्थान पर सामूहिक अचेतन की धारणा प्रस्तुत की। उसके 'सामूहिक अचेतन' में सृष्टि के आदिकाल से लेकर मनुष्य के वर्तमान जीवन तक के समस्त मिथ और अन्धविश्वास जिन्हें उसनें 'आर्किटाइप्स' या आद्य रूप कहा, घूर्णित-आवर्तित होते रहते हैं। वे सम्भवतः वंशाणुओं (जीन्स) के द्वारा एक पीढ़ी से दूसरी पीढ़ी में प्रतिरोपित होते हैं। ये 'आद्य रूप' स्वप्नों और विभ्रमों (Delusions) में प्रकट होते हैं।[2]

यद्यपि इन विरोधी विचारधाराओं ने मनोविश्लेषण की आधारभूत मान्यताओं का खंडन किया और कुछ हद तक मनुष्य के आन्तरिक जीवन के कुछ नवीन पक्षों पर प्रकाश भी डाला, पर फ्रायड ने जिन मानव मन के रहस्यों का उद्घाटन किया उन्हें, कुछ फेर-बदल के साथ, व्यापक स्वीकृति मिली। साहित्य में अभिव्यक्त होने वाले यथार्थवाद के विकास में इन मान्यताओं का, साथ ही परवर्ती मान्यताओं का भी, महत्त्वपूर्ण योग है।

अठारहवीं शताब्दी के उत्तरार्द्ध से लेकर उन्नीसवीं शताब्दी के अन्त तक वैज्ञानिक आविष्कारों के विस्फोट तथा वैचारिक क्रान्ति के फलस्वरूप समकालीन जीवन में जो व्यापक, क्रान्तिकारी और दूरगामी परिवर्तन हुए उन्हें साहित्य में अभिव्यक्त करने की चुनौती यथार्थवाद ने, और विशेष रूप से उपन्यास ने, स्वीकार की। सच पूछें तो उपन्यास का जन्म ही इन नयी परिस्थितियों के साथ, इनकी अभिव्यक्ति के अनिवार्य माध्यम के रूप में हुआ। जैसा हम देख चुके हैं, उपन्यास का जन्म यूरोप में अठारहवीं शताब्दी के पूर्वार्द्ध में ही हो चुका था[3] और उसके साथ ही यथार्थवाद के सिद्धान्त की नींव भी पड़ गयी। यह उल्लेखनीय है कि दार्शनिक

1. द स्टोरी ऑफ़ साइकोएनालिसिस, पृ० 130।
2. उपरिवत् पृ० 136।
3. द्रष्टव्य, प्रस्तुत शोध प्रबन्ध, पृ० 11-12।

चिन्तन के रूप में यथार्थवाद का विकास लगभग साथ-साथ हुआ। हॉब्स और लॉक के यथार्थवाद-सम्बन्धी विचार सत्रहवीं शताब्दी में ही उनकी रचनाओं के माध्यम से सामने आ चुके थे। उन्नीसवीं शताब्दी के आरम्भ में यथार्थवादी दार्शनिक विचारधारा ने और भी जोर पकड़ा। इस प्रसंग में कॉम्टे (Comte) के 'कोर्स डे फ़िलासॉफ़ी पॉज़िटिव' (1830) का नाम लिया जाता है। कॉम्टे के वैज्ञानिक छानबीन पर आधारित प्रत्यक्षवाद (पॉज़िटिविज़्म) ने समाजशास्त्र को एक प्रमुख विज्ञान बना दिया। उसने निश्चित तथ्यों को ही सत्य के एकमात्र मापदंड के रूप में स्वीकार किया। फ़ायरबाख (Feuarbach) द्वारा धर्म की मानवशास्त्रीय आलोचना (1841) ने मनुष्य का 'ब्रह्म' से सम्बन्ध काट दिया और उसे अपने परिवेश से, यानी "संसार जैसा है" और जिसे वह खुद निर्मित या पुनर्निर्मित कर सकता है, जोड़ दिया। विज्ञान की प्रगति और अब तक अव्याख्यायित प्राकृतिक तथ्यों पर उसकी पकड़ ने कलाकार को अपना ध्यान इस संसार की उपलब्धियों पर केन्द्रित करने के लिए तथा आत्माभिव्यक्ति के माध्यम के रूप में उसका अंकन करने के लिए प्रेरित किया। 1839 ई० में डागुअरे (Daguerre) द्वारा फ़ोटोग्राफ़ी के आविष्कार ने कलाकार के समक्ष एक ऐसी शैली का नमूना प्रस्तुत किया जो यथातथ्य, प्रातिनिधिक और यथार्थ के निकट हो। इसने कलाकार के संसार को, और सामान्यतः अपने अस्तित्व को, देखने की प्रविधि को प्रभावित किया। यह एक ऐसी वैज्ञानिक प्रक्रिया थी जो दृश्यों, तथ्यों और प्रसंगों को नितान्त विश्वसनीय रूप में अभिलेखित कर देती थी। कोर्बेट (Courbet) की चित्रकारियों का भी यथार्थवादी आन्दोलन पर प्रभाव पड़ा। कोर्बेट कला में किसी भी प्रकार के आदर्शीकरण का घोर विरोधी था। उसने क्लासिकी और स्वच्छन्दतावादी दोनों धारणाओं और रुचियों को अस्वीकार किया और यह विचार प्रस्तुत किया कि केवल यथार्थवाद ही प्रजातान्त्रिक है। उसके लिए किसान और मजदूर ही चित्रकार के लिए सबसे उपयुक्त और सम्माननीय विषय थे। शैम्पफ्लुएरी (Champhleury) ने 'ले रियलिज़्म' (1857) में कोर्बेट के दृष्टिकोण को साहित्य में लागू करते हुए सुझाव दिया कि उपन्यास में आपवादिक चरित्रवाले या भीमाकार नायकों को छोड़कर आम आदमी का चित्रण किया जाना चाहिए तथा उसे जीवन के प्रति, चाहे वह सुन्दर हो या कुरूप, सदाचार से भरा हो या कदाचार से, ईमानदार होना चाहिए और उसकी भाषा सरल-सादी होनी चाहिए। आलोचकों के अनुसार पेशे के रूप में पत्रकारिता के उदय ने सूक्ष्म निरीक्षण, शैली की उन्मुक्तता और व्यापक महाकाव्यीय चित्रांकन को प्रेरित किया।[1]

1. कैसेल्स इन्साइक्लोपीडिया ऑफ़ लिटरेचर (पूर्वोद्धृत), पृ० 473।

यूरोपीय साहित्य और यथार्थवाद

यूरोप में उपन्यासों के माध्यम से समकालीन जीवन के यथार्थ के चित्रण का प्रयास जारी था, पर साहित्यिक आन्दोलन के रूप में 'यथार्थवाद' का उदय फ्रांस में 1830-40 ई० में हुआ और उन्नीसवीं शताब्दी के उत्तरार्ध में यह यूरोपीय साहित्य की निश्चित प्रवृत्ति बन गया। 'यथार्थवाद' के फ्रेंच पर्याय 'ले रियलिज्मि' (Le Realisme) पद का सबसे पुराना प्रयोग मर्कुरे फ्रांकाइस दु X'XC सिक्ले (Mercure Francais du X'XC Siecle) में प्राप्त होता है।[1] वहाँ यह पद एक ऐसे दृष्टिकोण या मत को निर्दिष्ट करता है जिसके अनुसार यथार्थवाद प्रकृति की प्रतिच्छवि (कॉपी) है और साहित्य में सत्य के चित्रण को महत्त्व देता है। यथार्थवाद श्रेण्यवाद (क्लासिसिज़्म), स्वच्छन्दतावाद (रोमांटिसिज़्म) और 'कला के लिए कला' के सिद्धांत को स्वीकार नहीं करता। श्रेण्यवाद या क्लासिसिज़्म क्लासिकी लेखकों की शैलियों, नियमों, प्रविधियों, रूढ़ियों, विषयवस्तुओं और संवेदनाओं के प्रभाव को संकेतित करता है। किसी भी देश का प्राचीन साहित्य, जो प्रथम कोटि के श्रेष्ठ साहित्य के रूप में स्वीकृति प्राप्त कर चुका होता है, श्रेण्य साहित्य की संज्ञा पाता है। क्लासिकीय साहित्य की विशेषताएँ ही श्रेण्यवाद कहलाती हैं।[2] सत्रहवीं और अठारहवीं शताब्दी में फ्रांस में श्रेण्यवाद अपने उत्कर्ष पर था, पर इंग्लैंड में भी इसका काफी जोर था।

स्वच्छन्दतावाद श्रेण्यवाद के प्रति विद्रोह से उत्पन्न साहित्यिक आन्दोलन था। यद्यपि स्वच्छन्दतावाद की प्रकृति का ठीक-ठीक निर्धारण आज भी आलोचकों के लिए सरदर्द का विषय है,[3] पर अतिशय कल्पनाशीलता, अतिशय आत्मनिष्ठ दृष्टिकोण, अतिशय भावुकता, रहस्यवादिता, रूपहीनता (Formlessness), समस्त स्वीकृत विधान के प्रति विद्रोह आदि इसकी प्रमुख विशेषताएँ हैं।

---

1. कड्डन, ए डिक्शनरी ऑफ़ लिटरेरी टर्म्स, पृ० 545।
2. सामान्य अर्थ में 'श्रेण्य' पद का प्रयोग उस साहित्य के लिए होता है जिसमें कम से कम निम्नलिखित विशेषताएँ हों—सन्तुलन, अन्विति, अनुपात, संयम और वह चीज जिसे विंकेलमान ने 'भद्र सरलता और मौन भव्यता' (नोबल सिम्प्लिसिटी एंड क्वाएट ग्रैन्ज्योर) कहा था।—आई० सी० बी०, पृ० 35।
3. एफ़०एल० ल्यूकस (F.L. Lucas) ने अपनी पुस्तक 'द डिक्लाइन एण्ड फ़ॉल ऑफ़ द रोमांटिक आइडियल' (1948) में 'रोमांटिसिज़्म' की 11,396 परिभाषाओं का हवाला दिया है। बारजन (Barzun) ने अपने 'क्लासिक, रोमांटिक एण्ड मॉडर्न (1961) में 'रोमांटिसिज़्म' की 18 विशेषताएँ बतायी हैं, जिसमें कड्डन ने अपनी ओर से सात और विशेषताएँ जोड़ देने का सुझाव दिया है। (देखें, कड्डन, पृ० 122)।

अठारहवीं शताब्दी के बिल्कुल प्रारम्भ में ही इंग्लैंड में काव्य संवेदना और अनुभूति में रोमानी प्रवृत्ति के संकेत मिलने लगे थे। आलोचकों ने रिचार्डसन के 'पमीला' (1750 ई०), 'क्लैरिसा हार्लो' (1747 ई०) और 'सर चार्ल्स ग्रैण्डीसा' (1754 ई०) में, गोल्ड स्मिथ के 'द विकार ऑफ़ वेकफ़ील्ड' (1766 ई०) में, स्टर्न के 'सेण्टिमेण्टल जर्नी' (1768 ई०) में, हेनरी मैकेन्जी के 'द मैन ऑफ़ फ़ीलिंग' (1771 ई०) में तथा हेनरी ब्रूक के 'जुलियट ग्रेनविल' और 'द हिस्टरी ऑव द ह्यूमन हार्ट' (1774 ई०) में रोमानी प्रवृत्तियों की प्रधानता देखी हैं। इनके अतिरिक्त प्रेवो की 'मेनोन लेस्काँ' (1735 ई०), रूसो की 'ल नोवेले' (1761 ई०) और गेटे की 'डी लाइडेन डेस युंगेन वेर्दर्स' (1774 ई०) रोमानी धारा का प्रतिनिधित्व करनेवाली औपन्यासिक कृतियाँ मानी जाती हैं।[1]

यथार्थवाद और स्वच्छन्दतावाद का अन्तर स्पष्ट करने के लिए स्वच्छन्दतावाद की एक विशेषता का उल्लेख आवश्यक है। सत्रहवीं शताब्दी में फ्रांसीसी भाषा में 'रोमानेस्क' (Romanesques) और रोमाण्टिक (Ramantique) इन दो शब्दों का प्रयोग प्रचलित था। 'रोमानेस्क' का अर्थ था कुछ कल्पनापूर्ण, विचित्र, दूरस्थ और अतिशयोक्तिपूर्ण, जबकि 'रोमाण्टिक' का अर्थ था कोमल, भद्र, भावप्रवण और अवसादपूर्ण। परवर्ती अर्थ में इसका प्रयोग समस्त अठारहवीं शताब्दी में होता था। अठारहवीं सदी के अन्त और उन्नीसवीं सदी के प्रारम्भ में स्वच्छन्दतावाद यूरोपीय साहित्य में स्थापित हो चुका था।

उन्नीसवीं शताब्दी के तीसरे दशक में साहित्य में जिस यथार्थवाद (Le Realisme) की प्रतिष्ठा हुई वह अतीत की महान साहित्यिक परम्पराओं के विश्वसनाय अनुकरण पर नहीं बल्कि प्रकृति द्वारा प्रदत्त आदर्शों पर आधारित है। कला के आदर्शों के लिए क्लासिकल प्रतिमानों और स्वच्छन्दतावादियों के आत्मनिष्ठ दृष्टिकोण दोनों को अस्वीकार करते हुए यथार्थवाद ने कलाकार को एक विशेष मिशन या लक्ष्य प्रदान किया जो 'कला के लिए कला' सिद्धान्त का विरोधी था और उससे अपने समय की महान युगधाराओं में सक्रिय हिस्सेदारी निभाने तथा उसका मूल्यांकन करने की अपेक्षा रखता था। श्रेण्यवाद ने साधारण व्यक्तियों के (जो उस समय निम्न मध्यवर्ग के व्यक्ति थे) जीवन के चित्रण तथा समकालीन विचारों के विकास के लिए अपना दरवाजा बन्द कर लिया था अथवा उनके चित्रण को कला के निकृष्टतर रूपों, जैसे कॉमेडी या लोकप्रिय कथा, तक सीमित कर दिया था। अब जीवन की सभी समस्याएँ, सभी स्थानीय रंग, सभी समकालीन रीति-रिवाज और घटनाएँ, चाहे वे रुचिकर हों या अरुचिकर, आलोचनात्मक साहित्य निरूपण के लिए मूल्यवान विषय बन गयीं। साहित्यिक

1. कड्डन, ए डिक्शनरी ऑफ़ लिटरेरी टर्म्स (पूर्वोद्धृत), पृ० 567।

शब्दावली दैनंदिन जीवन के प्रत्येक पक्ष से जुड़ गयी।[1]

यथार्थवाद साहित्य में, सच्चाई और ईमानदारी के साथ, अनुभव की प्रामाणिकता और गहरी समझ के साथ, जीवन का यथातथ्य अंकन है। इस प्रकार वह आदर्शीकरण को, यानी चीजों और स्थितियों के सुन्दर न होने पर भी उन्हें सुन्दर रूप में प्रस्तुत करने को, अथवा अतिलौकिक और लोकोत्तर अनुभवों या वस्तुओं के चित्रण को महत्त्व नहीं देता। आदर्शलोक या 'यूटोपिया' वह है जहाँ सब कुछ मनोनुकूल होता है। उदाहरण के लिए गोस्वामी तुलसीदास द्वारा कल्पित रामराज्य या कल्पवृक्ष युक्त इन्द्रलोक। संसार की समस्त भाषाओं में, कहीं न कहीं, ऐसे आदर्शलोक की, जहाँ मनुष्य को किसी अभाव या कष्ट का सामना नहीं करना पड़ता, जहाँ सभी क्षेत्रों में प्राचुर्य है, यहाँ तक कि प्रकृति भी मनुष्य की इच्छाओं के अनुरूप कार्य करती है, कल्पना मिलती है। इस प्रकार के कल्पना लोकों के उदाहरण होमर के 'ओडिसी', प्लेटो के 'रिपब्लिक', एण्ड्रे के 'क्रिस्टिनोयोलिस (1619 ई०), बेकन के 'न्यू ऐटलाण्टिस' (1626 ई०), सैमुअल गॉट (Gott) के 'न्यू जेरुसेलम' (1648 ई०), हॉब्स के 'लेवियाथन' (1651 ई०) में मिलते हैं। यथार्थवाद में इस प्रकार के आदर्शलोकों के लिए कोई स्थान नहीं होता। यहाँ तक कि जो आदर्शलोक वैज्ञानिक आधार और तर्कपूर्ण सम्भावनाओं पर निर्मित होता है वह भी समकालीन अनुभव क्षेत्र की वस्तु न होने के कारण यथार्थवाद की परिधि में नहीं आता। उदाहरण के लिए टॉमस मूर के कल्पित आदर्शलोक (1516 ई०) को लिया जा सकता है, जिसकी कुछ विशेषताएँ हैं, निजी सम्पत्ति का अभाव, निःशुल्क सार्वभौम शिक्षा, प्रतिदिन छह घंटे का शारीरिक श्रम, उपयोगितापरक वस्त्र, निःशुल्क चिकित्सा, नागरिक भोजनालयों में भोजन आदि। यद्यपि रूस, चीन आदि समाजवादी देशों में मूर का यह आदर्शलोक प्रायः यथार्थ बन चुका है, पर जिस कालावधि में मूर ने यह कल्पना की थी, उस समय वह यथार्थ नहीं था। इसी प्रकार उन्नीसवीं शताब्दी के अन्तिम चरण में रचित आदर्शलोक वाली अनेक रचनाएँ जैसे बुलवर लिटन कृत 'द कमिंग रेस' (1881), एडवर्ड बेलामी कृत 'लुकिंग बैकवर्ड' (1888), विलियम मॉरिस कृत 'ए ड्रीम ऑन जॉन बूल' (1888), थियोडोर हर्त्स्का (Hertzka) कृत 'फ्रीलैंड' आदि अपनी सारी वैज्ञानिक संभावनाओं और तार्किक संगति के बावजूद यथार्थवादी नहीं कहला सकतीं। यथार्थवाद के लिए अनुभव की प्रामाणिकता अनिवार्य है।

इसी आधार पर, अर्थात् अनुभव की कसौटी पर खरा न उतरने के कारण, अलौकिक और लोकोत्तर अनुभव भी यथार्थवाद की परिधि में नहीं आ पाते।

1. कैसेल्स इन्साइक्लोपीडिया ऑफ़ लिटरेचर (पूर्वोद्धृत), पृ० 472।

वैसे अनेक आलोचक और ईश्वर में आस्था रखने वाले अन्य लोग सूर, तुलसी, कबीर, मीरा अथवा महादेवी की कविताओं में व्यक्त ईश्वर-भावना या रहस्यानुभूति को यथार्थ मानने के लिए स्वतन्त्र हैं, पर आधुनिक अर्थों में उन्हें यथार्थवादी साहित्य नहीं माना जा सकता, क्योंकि उनकी मान्यता के पीछे तर्कातीत आस्था है न कि प्रत्यक्ष इन्द्रिय-बोध।

इस प्रकार, कुल मिलाकर, यथार्थ का सम्बन्ध प्रत्यक्ष, ठोस, सामान्य, व्यावहारिक, दैनन्दिन जिन्दगी से है। V. d'a Sala Pinto के अनुसार यथार्थवाद कला का वह तत्त्व है जो वास्तविकता के सच्चे अंकन, अर्थात् वह जिस रूप में सामान्य मानव-चेतना को प्रतीत होती है उसी रूप में प्रस्तुत करने से सम्बद्ध होता है।[1]

जैसा पहले कहा जा चुका है, साहित्यिक आन्दोलन के रूप में 'यथार्थवाद' का उदय 1830-40 ई० में हुआ। तब से लेकर आज तक इस आन्दोलन का विकास भिन्न-भिन्न देशों के साहित्य में भिन्न-भिन्न रूपों में होता रहा है। इसमें कोई सन्देह नहीं कि यथार्थवादी आन्दोलन का प्रमुख वाहक उपन्यास रहा है। उपन्यासों के माध्यम से ही यथार्थवाद के विभिन्न स्वरूप आकार ग्रहण करते रहे हैं। साहित्यिक यथार्थवाद के स्वरूप निर्धारण में उपन्यासकारों के साथ-साथ कुछ महत्त्वपूर्ण समालोचकों का भी योगदान माना जा सकता है।

यों तो डीफ़ो और रिचार्डसन से लेकर हम चाहें तो और भी पहले जा सकते हैं—उन्नीसवीं शताब्दी के प्रथम चरण के अनेक उपन्यासकारों की रचनाओं में यथार्थ की अभिव्यक्ति के प्रयास देखे जा सकते हैं, पर यथार्थवाद के प्रथम महत्त्वपूर्ण उपन्यासकार—फ्रांस के उपन्यासकार बलजाक और स्तेन्दल हैं। बलजाक ने उन्नीसवीं शताब्दी के तीसरे दशक में उपन्यास लिखना शुरू किया—उसका पहला महत्त्वपूर्ण उपन्यास 'ले देर्नियै शोवाँ' (Le Dernear Chouan) 1829 ई० में प्रकाशित हुआ—और मृत्युपर्यंत (1850 ई०) उपन्यास जगत् पर छाया रहा। स्तेन्दल भी बलजाक का समकालीन था। स्तेन्दल और बलजाक से लेकर एन्थनी पॉवेल (Anthony Powell)[2] और हेनरी विलियम्सन[3] तक यूरोपीय यथार्थवाद

---

1. प्रिस्टन इनसाइक्लोपीडिया ऑफ़ पोएट्री एंड पोएटिक्स, द मैकमिलन प्रा० लि०, लन्दन, 1975, पृ० 685।
2. एन्थनी पावेल की 12 खंडों में प्रकाशित उपन्यास शृंखला 'ए डान्स टु द म्यूज़िक ऑफ़ टाइम' का पहला खंड 'ए क्वेश्चन ऑफ़ अपब्रिंगिंग' 1951 में प्रकाशित हुआ।
3. 15 खंडों में प्रकाशित 'क्रॉनिकल ऑफ़ एंसिएण्ट सनलाइट' (1951-69)।

के अनेक रूप देखने को मिलते हैं और जिसे लेकर आलोचकों में काफी मतभेद रहा है और आज भी है। यह मतभेद व्यक्ति की अन्दरूनी दुनिया के चित्रण, समाज के सही स्वरूप और उसकी समस्याओं के चित्रण, व्यक्ति और समाज के परस्पर सम्बन्ध के चित्रण, व्यक्ति के परिवेश के चित्रण तथा किसी भी कारण से, उपन्यासकारों और साहित्यचिन्तकों द्वारा इनमें से किसी एक पक्ष से प्रतिबद्ध होने के फलस्वरूप उत्पन्न हुआ है। यथार्थवाद के सही स्वरूप के निर्धारण के लिए इन विचारधाराओं का अवलोकन अपेक्षित है।

आलोचनात्मक यथार्थवाद, प्राकृतिकवाद और समाजवादी यथार्थवाद

यथार्थवाद-सम्बन्धी विभिन्न दृष्टिकोणों के लिए तीन पद विशेष प्रचलित हैं—'आलोचनात्मक यथार्थवाद', 'प्राकृतिकवाद' और 'समाजवादी यथार्थवाद'। एक चौथा पद भी विवेचन की सुगमता के लिए जोड़ा जा सकता है—'मनोवैज्ञानिक यथार्थवाद'। इनमें 'आलोचनात्मक' यथार्थवाद की प्रवृत्ति सबसे पुरानी है, क्योंकि आलोचनात्मकता यथार्थवाद की प्रमुख और अनिवार्य विशेषता है। 'आलोचनात्मक यथार्थवाद' की प्रवृत्ति, डीफो, रिचार्डसन या उनके पहले के उपन्यासकारों की कृतियों में ही नहीं, साहित्य की अन्य विधाओं में भी कमोबेश मिलती है। पर प्रमुख या दबंग प्रवृत्ति के रूप में 'आलोचनात्मक यथार्थवाद' बलजाक और स्तेन्दल की कृतियों में ही सर्वप्रथम उभरता है। 'आलोचनात्मक' यथार्थवादी धारा के अन्य यूरोपीय उपन्यासकार पुश्किन[1] (1832-36), लर्मोन्टोव[2] (1819-40), गोगोल[3] (1842), डिकेन्स[4] (1836-1853), एन्थनी

1. प्रमुख उपन्यास : दुब्रोत्स्की (1833) और ए कैप्टेन्स डॉटर (1836)।
2. प्रमुख उपन्यास : ए हीरो ऑफ़ आवर टाइम (1839-40)।
3. प्रमुख उपन्यास : डेड सोल्स (1842)।
4. प्रमुख उपन्यास : स्केचेज़ बाई बॉज (1836), द पोस्थमस पेपर्स ऑफ़ द पिकविक क्लब (1837), ओलिवर ट्विस्ट (1838), द ओल्ड क्यूरियसिटी शॉप (1841), बार्नाबाइ रूज़ (Barnaby Rudge, 1841), क्रिसमस कैरोल (1843), मार्टिन शज़लविट (Martin Chuzzlewit, 1844), डोम्बे एण्ड सन (1848), डेविड कॉपरफ़ील्ड (1850) तथा ब्लीक हाउस (1853)।

ट्रोलोप[1] (1855-1873), थैकरे[2] (1844-1857). ब्रोण्टे बहनें[3] (1847-48), जार्ज इलियट[4] (1857-1876), तुर्गनेव[5] (1859-76), लेव तोल्सतोय[6] (1865-1900), टॉमस हार्डी[7] (1871-1896), आर० एल० स्टीवेन्सन[8] (1883-1896), मार्क रदरफ़ोर्ड[9] (1881-85), जार्ज गिस्सिग[10] (1891-1903), जॉर्ज मूर[11] (1885-1930) आदि हैं।

1. प्रमुख उपन्यास : द वार्डेन (1855), वार्चेस्टर टावर्स (1857), द लास्ट क्रोनिकल ऑफ़ बार्सेट (1867), द इयुस्टेस डाइमण्ड्स (1873)।
2. प्रमुख उपन्यास : बेरी लिण्डन (1844), वैनिटी फ़ेयर (1847-48), पेण्डेनिस (1848-50), एसमण्ड (1852), द न्यूकम्स (1853) और द वर्जीनियन्स (1857)।
3. एमिली ब्रोण्टे का उपन्यास : वुदरिंग हाइट्स (1847), शार्लोट ब्रोण्टे का उपन्यास : जेन आयर (1847), ऐन ब्रोण्टे का उपन्यास : एग्नेस ग्रेस (1847) तथा द टीनाण्ट ऑफ़ विलडफ़ेल हॉल (1848)।
4. प्रमुख उपन्यास : सीन्स ऑफ़ क्लैरिकल लाइफ़ (1857), एडम बीड (1859), द मिल ऑन द फ़्लाश (1860), साइलस मार्नर (1861), रोमोला (1862-63), फ़ैलिक्स होल्ट (1866), डेनियल डेरोण्डा (1874-76)।
5. 'ए नेस्ट ऑफ़ जेण्टिल फ़ोक (1859), फ़ादर्स एन्ड सन्स (1862), स्मोक (1867), और 'वर्जिन स्वायल' (1876)।
6. प्रमुख उपन्यास : युद्ध और शान्ति (1865-72), अन्ना करेनिना (1875-76), पुनरुत्थान (1900)।
7. प्रमुख उपन्यास : अण्डर द ग्रीनवुड ट्री (1872), फ़ार फ़ॉम द मैडिंग क्राउड (1874), द रिटर्न ऑफ़ द नेटिव (1878), द ट्रम्पेट मेजर (1880), द मेयर ऑफ़ केस्टर ब्रिज (1886), द वूडलैण्डर्स (1887), टेल ऑफ़ द डी उवेरविलेस (1891), तथा जूड द आवसक्योर (1896)।
8. प्रमुख उपन्यास : ट्रेजर आइलैंड (1883), किडनैप्ड (1886), द मास्टर बैलेण्ट्रे (1888) तथा अपूर्ण 'वेयर ऑफ़ हर्मिस्टर (Weir of Hermis tor, 1896)।
9. प्रमुख उपन्यास : द ऑटोबायोग्राफ़ी ऑफ़ मार्क रदरफ़ोर्ड (1881) तथा मार्क रदरफ़ोर्ड डेलिवरेन्सेज़ (1885)।
10. प्रमुख उपन्यास : न्यू ग्रब स्ट्रीट (1891), बॉर्न इन एक्ज़ाइल (1892), द ओल्ड वुमेन (1893) तथा द प्राइवेट पेपर्स ऑफ़ हेनरी राइकोफ्ट (1903)।
11. प्रमुख उपन्यास : ए ममर्स वाइफ़ (1885), एस्थर्स वाल्टर्स (1894)।

यों तो यथार्थवाद के विकास की सही और मूल धारा 'आलोचनात्मक यथार्थ' की धारा ही है, पर इसके स्वरूप का विवेचन करने के पूर्व 'प्राकृतिकवाद' के विकास तथा उसकी विशेषताओं पर दृष्टि डाल लेना सुविधाजनक होगा।

ऐतिहासिक दृष्टि से 'प्राकृतिकवाद' का आन्दोलन 'यथार्थवाद' के आन्दोलन के बाद शुरू हुआ और इसी कारण कुछ लोग 'प्राकृतिकवाद' को 'यथार्थवाद' का विकास मानते हैं। पर यह भ्रम है। क्योंकि एक तो जिस समय 'प्राकृतिकवाद' का थोड़ा जोर था उस समय 'आलोचनात्मक यथार्थवाद' की धारा अपने प्रकर्ष पर थी, दूसरे 'प्राकृतिकवाद' 'यथार्थवाद' के एक गौण और सतही पक्ष का अनावश्यक और अतिशयोक्तिपूर्ण विस्फोट था, जो बाद में स्वयं अपनी मौत मर गया।

यों 'प्राकृतिकवादी' आन्दोलन के पुरस्कर्ता एमिल ज़ोला माने जाते हैं पर स्पष्ट आन्दोलन का रूप धारण करने के पूर्व यह विचारधारा छिटपुट रूप से उसके पूर्व से ही चली आ रही थी। विद्वानों के अनुसार शैम्पफ़्लुएरी (Champfleury) के यथार्थवादी सिद्धान्तों में तथा बेरांगेर (Beranger), टॉमस हूड, कैमिसो (Chamisso) और फ्राइलिग्राथ (Freiligrath) की सामाजिक गीतियों, बुइख्नेर (Buichner) के नाटकों तथा सू (Sue) और गुत्सको (Gutzko) के उपन्यासों, यहाँ तक कि ह्यूगो के 'ले मिजराबुल' (Les Miserables) में भी 'प्राकृतिकवाद' का पूर्वाभ्यास मिलता है। प्राकृतिकवादी दृष्टिकोण के विकास में डार्विन के जीवविज्ञानविषयक सिद्धान्तों, समाज के अध्ययन में कॉम्टे द्वारा वैज्ञानिक विचारों के प्रयोग और टेन द्वारा साहित्य की समस्याओं में नियतिवादी सिद्धान्तों (डिटर्मिनिस्टिक थियरी) का विनियोग आदि का प्रमुख योगदान माना जाता है। डार्विन की 'द ओरिजिन ऑफ़ स्पीशीज' 1859 में प्रकाशित हो चुकी थी। जैसा हम पहले बता चुके हैं, उन्नीसवीं शताब्दी के पूर्वार्द्ध में ही कॉम्टे के 'प्रत्यक्षवाद' या 'पाज़िटीविज़्म' ने समाज के अध्ययन में वैज्ञानिक विचारों के उपयोग द्वारा समाजशास्त्र को एक प्रमुख विज्ञान बना दिया। बाद में टेन ने काम्टे के सिद्धान्तों का साहित्य के क्षेत्र में प्रयोग किया।[1] इस विचारधारा के अनुसार समस्त मनोवैज्ञानिक दशाएँ और मानवीय कार्य भौतिक कारणों के परिणाम होते हैं। संसार में समस्त दृश्य और ज्ञात पदार्थ प्रकृति के अंग हैं और इसलिए वैज्ञानिक जानकारी के क्षेत्र के भीतर हैं। किसी भी अतिप्राकृतिक यथार्थ का अस्तित्व

1. विशेष रूप से 'हिस्तरी दे ल लितरातूर आंग्ले' (Histoire de le Litterature Anglaise, 1863-64) और 'नाउवे एस्से दे क्रिटीक एत द हिस्तरी' (Nauveaux Essais de critique et de Historie, 1865) में।

नहीं है।

सच पूछें तो कॉम्टे, डार्विन या टेन की विचारधारा का सही प्रतिनिधित्व यथार्थवादी आन्दोलन में हुआ है। 'प्राकृतिकवाद' भी इससे जुड़ा तो अवश्य है पर वह इसे एकांगी बनाकर इसके स्वरूप को किंचित् विकृत कर देता है। वह 'यथार्थ' को दस्तावेज का रूप दे देता है जहाँ प्राकृतिक और जीवन विषयक तथ्यों का, जिन्हें हम नंगी आँखों और उंगलियों से देख और छू सकते हैं, समस्त ब्योरों के साथ वर्णन होता है। सर्वप्रथम इस मान्यता को आधार बनाकर गांकर्ट बन्धुओं (Goncourt brothers) ने 'जर्मिनी लासेर्त्यू' (Germinie Lacerteus, 1865) नामक उपन्यास लिखा जिसमें एक नौकरानी की गन्दी, कुरूप, जुगुप्सोत्पादक जिन्दगी का ब्योरों के साथ चित्रण और परीक्षण किया गया है। विद्वानों ने गांकर्ट बन्धुओं को ही 'प्राकृतिकवाद' की वास्तविक नींव डालने का श्रेय दिया है। एमिल ज़ोला ने, जो 'प्राकृतिकवादी' आन्दोलन के पुरस्कर्ता और पुरोधा माने जाते हैं, इस उपन्यास की बहुत प्रशंसा की थी।

1865 में ही क्लॉड बर्नर्ड (Claude Bernerd) की पुस्तक 'इंट्रोडक्शन टु द स्टडी ऑफ़ एक्सपेरिमेंटल मेडिसिन' प्रकाशित हुई जिसने, और साथ ही टेन के परिवेश पर जोर देनेवाले सिद्धांत ने, ज़ोला के प्राकृतिकवादी उपन्यास के सिद्धांत को वैज्ञानिक आधार प्रदान किया।

ज़ोला ने अपने उपन्यासों तथा निबन्धों द्वारा 'प्राकृतिकवादी' विचारों और आन्दोलन को प्रकर्ष पर पहुँचाया। 1867 में उसने 'थेरेसे राक्वीं' (Therese Raquin) नामक उपन्यास लिखा जिसके दूसरे संस्करण की भूमिका (1868) में उसने अपने को प्राकृतिकवादी (Naturalistic) कहा और अपने उपन्यास को 'साहित्यिक शल्य वैज्ञानिक' शवपरीक्षा की संज्ञा दी। इसके बाद उसने एक बीस खंडी उपन्यास चक्र 'रूगों माक्वा' (Rougon-Macquart, 1871-93) की रचना की जिसमें उसका लक्ष्य फ्रांस के 'द्वितीय साम्राज्य' के अन्तर्गत एक परिवार का प्राकृतिक और सामाजिक इतिहास प्रस्तुत करना था। इन बीस उपन्यासों में सर्वाधिक प्रसिद्ध हैं 'ल एस्सोम्वाय' (L' Assomoir, 1877) और 'जर्मिनाल' (Germinal, 1885)। 1880 ई० में ज़ोला ने 'प्रयोगवादी उपन्यास' (Le Roman experimental) शीर्षक एक लेख प्रकाशित कराया जिसमें उसने लिखा कि उपन्यासकार को वैज्ञानिक की तरह नैतिक रूढ़ियों और पूर्वकल्पित सिद्धान्तों से तटस्थ रहकर प्रयोग करना चाहिए। उसके अनुसार उपन्यासकार को अपनी रचना में, जिसे सावधानीपूर्वक तैयार किए हुए दस्तावेज पर आधारित होना चाहिए, पूर्णतः अनासक्त और आवेगरहित होकर किसी घटना या दृश्य का परीक्षण करना तथा निर्विवाद निष्कर्ष प्रस्तुत करना चाहिए। उसके विचारों से मनुष्य की जिन्दगी और उसके कार्यव्यापार परिवेश और आनुवंशिकता द्वारा

निर्धारित होते हैं और उपन्यासकार का काम यह है कि वह जैसा इसे देखता है उसी रूप में उसकी चीर-फाड़ करे, जीवन की शव परीक्षा करे। ज़ोला के विचार से रचनात्मक साहित्य (विशेषकर उपन्यास) वैज्ञानिक तथ्यों पर आधारित होना चाहिए तथा रचनात्मक साहित्यकारों को अपनी रचनाओं में तटस्थता और गवेषणा का दृष्टिकोण अपनाना चाहिए। उपन्यास में परिवेश का यथातथ्य चित्रण तथा पात्रों का शरीर वैज्ञानिक आनुवंशिकता से सम्बन्ध होना अपेक्षित है। वह अतिलौकिक, तर्कातीत और आध्यात्मिक को बिलकुल ही नकार देने की वकालत करता है तथा मनुष्य के 'मनौवैज्ञानिक' दृष्टिकोण के प्रति, जहाँ समस्त ऐन्द्रिय और नैतिक तथ्य अपने नैसर्गिक कारणों से घटित होते हैं, कठोर संसक्ति या जुड़ाव की माँग करता है। उसके अनुसार लेखक का विषय मनुष्य है, जो प्रकृति का अभिन्न अंग है और जिसकी कोई स्वतंत्र इच्छा (फ्री विल) नहीं होती, जो प्रकृति के दो आधारभूत नियमों, आनुवंशिकता और परिवेश द्वारा निर्मित होता है। ज़ोला के अनुसार कलाकृति चित्त (टेम्परामेंट) के माध्यम से देखा हुआ प्रकृति का एक नुक्कड़ (कार्नर) है। ज़ोला ने अपने उपर्युक्त उपन्यासों में इस विचारधारा को सशक्त ढंग से प्रस्तुत किया है। उसकी चित्रण प्रविधि वैज्ञानिक रूप से क्लिनिकल (चिकित्सेय) है, ठीक वैसी जैसी रोगविज्ञानी और शरीरविज्ञानी की होती है। स्वाभाविक है कि वह चिकित्सक की तरह रोगी की शारीरिक विकृतियों, रोग के लक्षणों को देखता है, उसकी आत्मा की तलाश नहीं करता। ज़ोला की औपन्यासिक कृतियों में बहुत कुछ ऐसा है जिसे उत्तेजनात्मक (Sensetional) और अतिनाटकीय की संज्ञा दी जा सकती है और ध्यातव्य है कि उसने मानव अस्तित्व के बीभत्स पक्षों पर ही अधिक ध्यान केन्द्रित किया है, समाज के कमजोर, दरिद्र, दलित और शोषित वर्ग के कुरूप, नग्न और रोगग्रस्त पक्षों के अंकन की प्रधानता उसकी रचनाओं में है।

ज़ोला स्कूल के प्रमुख उपन्यासकार मोपासाँ और ह्यूसमन्स (Huysmans) थे। मोपासाँ के दो प्रमुख उपन्यास 'युनी वाई' (Une-Vie, 1883) और 'बेल एमी' (Bel-Ami, 1875) हैं। ह्यूसमन्स ने 'अ रेबर्स' (A rebours, 1884) और 'ला बास' (La-bas, 1891) नामक प्रसिद्ध उपन्यासों की रचना की थी। इन कृतियों में ज़ोला के प्राकृतिकवादी सिद्धान्तों की कमोबेश अभिव्यक्ति हुई है। पर ज़ोला का प्राकृतिकवादी स्कूल जल्दी ही विघटित हो गया और उसके अनुयायी युवा फ्रांसीसी प्राकृतिकवादी हताशा, भ्रान्ति और सिनिसिज़्म के शिकार हो गये।

संक्षेप में, प्राकृतिकवादी दृष्टिकोण वाले उपन्यासकारों ने सामाजिक परिवेश के चित्रण पर ज्यादा ध्यान दिया और विशेष रूप से उसकी खामियों तथा मनुष्य की कमजोरियों और दोषों का विस्तारपूर्वक निरूपण किया। ध्यानपूर्वक देखें तो

'प्राकृतिकवाद' 'यथार्थवाद' की विरोधी विचारधारा नहीं है। उसकी यह मान्यता कि जिस चीज का भी अस्तित्व है वह प्रकृति का अंग है और उसकी व्याख्या प्राकृतिक और भौतिक कारणों से की जा सकती है, अतिलौकिक, आध्यात्मिक या इतर-सामान्य कारणों से नहीं, यथार्थवाद में भी स्वीकृत है। यथार्थवाद सामाजिक परिवेश के महत्त्व को भी स्वीकार करता है। वस्तुतः 'प्राकृतिकवाद' और 'यथार्थवाद' का अन्तर यह है कि जहाँ 'प्राकृतिकवाद' अपने को मानव जीवन के सत्य के एक संकुचित और संकीर्ण पक्ष—जीवशास्त्रीय, आनुवंशिक और पारिवेशिक—से जोड़कर अपना क्षेत्र सीमित कर लेता है, वहाँ यथार्थवाद मनुष्य के सम्पूर्ण भौतिक यथार्थ की कलात्मक प्रस्तुति के प्रति समर्पित है।

मानव जीवन का सम्पूर्ण यथार्थ क्या है? मनुष्य एक प्राकृतिक और सामाजिक परिवेश में रहता है। प्राकृतिक परिवेश भी मनुष्य के जीवन को एक हद तक प्रभावित करता है, पर सामाजिक परिवेश ही मनुष्य की नियति को अन्तिम रूप प्रदान करता है। जिस आर्थिक-सामाजिक-राजनीतिक व्यवस्था में आदमी जन्म लेता और पलता-बढ़ता है वह उसकी नियति को हद दर्जे तक प्रभावित करती है। यदि यह व्यवस्था सामन्तवादी या पूँजीवादी व्यवस्था है तो उसमें कई आर्थिक वर्ग होते हैं। एक वर्ग शोषकों का होता है जो अपने वर्ग स्वार्थ की रक्षा के निमित्त हर चीज का—साहित्य, धर्म, ज्ञान-विज्ञान और बौद्धिक उपस्करणों से लेकर शोषण और दमन तक—इस्तेमाल करता है। दूसरा वर्गशोषितों का, जीवन की भौतिक-सांस्कृतिक सुविधाओं से वंचित गरीब लोगों का, होता है, जो शोषक वर्ग की धूर्तता और दमन का शिकार बनकर जीवनयापन करता है और उससे निरन्तर संघर्ष की स्थिति में होता है। इनके बीच एक मध्यम वर्ग होता है जिसके स्वार्थ कहीं उच्चवर्ग से जुड़ते हैं और कहीं निम्न वर्ग से। व्यक्ति अन्ततः किसी न किसी वर्ग का सदस्य होता है और विभिन्न वर्गों के आपसी संघर्ष में उसकी भी भूमिका होती है जो उसकी नियति निर्धारित करती है। यह सही है कि व्यक्ति और समाज के सम्बन्ध इतने सरल नहीं होते कि उन्हें केवल 'संघर्ष का सम्बन्ध' कहकर छुट्टी पा ली जाए। मनुष्य निरन्तर संघर्ष में नहीं जी सकता, वह किसी न किसी प्रकार सामंजस्य भी स्थापित करता है। पर जिस समाज व्यवस्था में वर्ग-भेद जितना अधिक होता है वहाँ सामंजस्य की स्थिति उतनी ही तीव्र होती है। विशेषाधिकारसम्पन्न बहुसुविधाभोगी उच्च वर्ग तथा कमोबेश सुविधाभोगी उच्च मध्य वर्ग सामंजस्य का हिमायती और आकांक्षी होता है तथा वर्ग संघर्ष के दर्शन को अस्वीकार करने की मानसिकता में जीता है, जबकि शोषित और जीवन की सभी सुविधाओं से वंचित वर्ग संघर्ष को ही अपनी मुक्ति का साधन मानता है, और सामंजस्य के द्वंद्व से जीवन की जटिलता जन्म लेती है जो साहित्य में, विशेषकर उपन्यास में यथार्थवादी चित्रण का आधार बनती है।

मनुष्य के जीवन-यथार्थ के असंख्य आयाम और रूप हैं जिन्हें गिना पाना सम्भव नहीं है। यदि एक तरफ प्राणरक्षा और शारीरिक सुख के निमित्त मनुष्य को श्रम, संघर्ष और चुनाव करना पड़ता है तो दूसरी तरफ उसकी भावनात्मक, आवेगात्मक या मनोवैज्ञानिक समस्याएँ भी होती हैं। मनुष्य के अस्तित्व के सारे प्रश्न उसकी जीवशास्त्रीय आवश्यकताओं तथा मानसिक स्थितियों से जुड़े हुए हैं। समस्त मानवीय सम्बन्ध इन्हीं से जन्म लेते हैं और जटिल से जटिल, सूक्ष्म से सूक्ष्म या सुकुमार से सुकुमार रूप ग्रहण करते हैं। जीवन का यथार्थ मनुष्य के समस्त भौतिक और आवेगात्मक संघर्ष और सामंजस्य, मानवीय सम्बन्धों की व्यापकता, जटिलता और सुकुमारता तथा सामाजिक परिवेश और उसके अस्तित्व के कुल द्वन्द्वात्मक सम्बन्ध का पर्याय है और यथार्थवाद इसके वैज्ञानिक, सौन्दर्यशास्त्रीय या काव्यात्मक चित्रण का प्रयास।

'यथार्थवाद' 'प्राकृतिकवाद' की तरह आनुवंशिकता और 'परिवेश' को अनावश्यक महत्त्व नहीं देता। जीववैज्ञानिक आनुवंशिकता को तो यथार्थवाद शायद ही महत्त्व देता है, यों उसे पूर्णतः नकार देना भी यथार्थवाद की विशेषता नहीं है। इसी प्रकार प्राकृतिक परिवेश को भी 'यथार्थवाद' में 'प्राकृतिकवाद' की तरह अतिरंजित महत्त्व नहीं प्राप्त होता, पर यथार्थवाद उसकी भी उपेक्षा नहीं करता। जहाँ तक सामाजिक परिवेश की बात है, यथार्थवाद उसे उतना ही महत्त्व देता है जितना प्राकृतिकवाद, पर जहाँ प्राकृतिकवाद सामाजिक परिवेश का वैज्ञानिक तथ्यों के रूप में विवरण प्रस्तुत करता है, वहाँ यथार्थवाद ब्योरों को अधिक महत्त्व न देकर उसकी गहराई में प्रवेश करने का प्रयास करता है। प्राकृतिकवाद सामाजिक परिवेश का फोटो चित्र प्रदान करता है तो यथार्थवाद उसका फोटो चित्र के साथ एक्सरे चित्र भी प्रस्तुत करता है। 'प्राकृतिकवाद' की भाषा भी वैज्ञानिक और विवरणात्मक होती है, जबकि यथार्थवाद की भाषा बिम्बों की भाषा होती है। प्राकृतिकवाद सामाजिक परिवेश को तथ्य के रूप में प्रस्तुत करता है, जबकि यथार्थवाद उसे, अधिकतर, संकेतित और ध्वनित करता है। उदाहरण के लिए प्राकृतिकवादी किसी गरीब मुहल्ले की निर्धनता का चित्र प्रस्तुत करने के लिए वहाँ की झोंपड़ियों, गलियों, नालियों और घरों के भीतरी दृश्यों का, अर्धनग्न पात्रों और भूख से बिलबिलाते बच्चों का ब्योरेवार वर्णन करेगा जबकि यथार्थवादी दस पैसे पाकर खुशी से नाच उठने वाले बच्चे या मिठाई के लिए दिये गये पैसों से चिमटा खरीद लाने वाले बच्चे को देखकर विह्वल हो जाने वाली बूढ़ी माँ या दादी के आँसुओं का अंकन करके ही सन्तोष करेगा।[1] 'यथार्थवाद' सतह पर तैरने वाले यथार्थ को उतना महत्त्व नहीं देता जितना जीवन की गहराइयों में प्रवाहित होने वाले यथार्थ की धाराओं को।

1. प्रेमचंद की 'ईदगाह' शीर्षक कहानी का सन्दर्भ।

'यथार्थवाद' समाज और व्यक्ति के जटिल सम्बन्धों का वैज्ञानिक अध्ययन और बिम्बों की भाषा में कलात्मक अंकन करता है। प्रारम्भिक यथार्थवादियों की कृतियाँ हमें तत्कालीन जीवन का चित्र प्रदान करती हैं। यूरोप में, विज्ञान के विकास तथा पूँजीवादी अर्थव्यवस्था के प्रसार के साथ-साथ जैसे-जैसे बुर्जुआ सम्बन्ध विकसित और वर्ग-प्रतिरोध अधिकाधिक तीव्र होता गया, कला और साहित्य में यथार्थ के विश्लेषण की ओर झुकाव बढ़ता गया, जिसका स्वाभाविक परिणाम था मानव-परिवेश का विश्लेषण। विश्लेषण यथार्थवाद की अपरिहार्य तात्त्विक विशेषता है। उपन्यास में समाज का विश्लेषण कितना वैज्ञानिक है, मानव सम्बन्धों का विश्लेषण कितनी गहराई के साथ किया गया है, यही 'यथार्थवाद' की मौलिक पहचान है। मानववादी आदर्शों और वास्तविकता के बीच के अन्तर तथा विसंगतियों के मूल कारणों की गहराई में प्रवेश करना, अन्तर्विरोधों के सार का परीक्षण करना यथार्थवाद की अनिवार्य प्रकृति है।

यथार्थवादी रचनाकार विशिष्ट घटनाओं और तथ्यों के पीछे कार्यरत विविध सामाजिक शक्तियों की गति और प्रति-गति (Movement and Counter mevement) के सामान्य नक्शे या पैटर्न की खोज करता है। इस प्रकार यथार्थ-वाद लेखक द्वारा यथार्थ की पहचान पर निर्भर होता है। उपन्यास में यथार्थ की यह पहचान पात्रों के चरित्र और उनके जीवन की घटनाओं के माध्यम से ही व्यक्त होती है। यथार्थवादी लेखक कथानायक के आन्तरिक संसार का, उसकी वैयक्तिक विशेषताओं का—जिसे हम चरित्र कहते हैं—परीक्षण और वर्णन नाना प्रकार की, पर प्रारूपिक या टिपिकल परिस्थितियों की उपज के रूप में करता है। ये परिस्थितियाँ नायक की नियति के साथ कार्य-कारण सम्बन्ध में गुँथी होती हैं।

यथार्थवादी उपन्यास में पात्रों का प्ररूपीकरण होता है, कथा के पात्र अपनी व्यक्तिगत विशेषताओं से युक्त होने पर भी समग्र रूप से किसी वर्ग-विशेष के प्ररूप या टाइप होते हैं। मनोवैज्ञानिक उपन्यासों में, जिनका विकास विशेष रूप से बीसवीं शताब्दी के प्रथम चरण में हुआ, पात्रों का प्ररूपीकरण नहीं होता। मनोवैज्ञानिक उपन्यासों के पात्र समाज के असम्बद्ध और कटे हुए प्राणी होते हैं, जबकि यथार्थवादी उपन्यास का प्रारूपिक पात्र सामाजिक शक्तियों की उपज होता है। यथार्थवादी लेखक सामाजिक परिवेश का, उन प्रारूपिक दशाओं का, जो पात्रों के भाग्य का निर्माण करती हैं, गहरा और अन्तर्गामी विश्लेषण करता है।

यथार्थवादी लेखक सतत परिवर्तमान यथार्थ के विकास के अनुसंधान तथा सामाजिक सम्बन्धों के विश्लेषण द्वारा समकालीन व्यक्तिगत और सामाजिक जीवन का प्रामाणिक चित्र प्रस्तुत करता है। वह अपने युग के मूलभूत द्वन्द्व

को, जो नायकों के आन्तरिक व्यक्तित्व, चिन्तन और व्यवहार को अनुकूलित करता है, चित्रित करता है तथा सामाजिक बुराइयों और असंगतियों के स्रोतों की तलाश करता है। वह सामाजिक परिस्थितियों और पात्रों की निजी जिन्दगी की गहराई में पूरे तौर से प्रवेश करता है, उनके आपसी सम्बन्धों का परीक्षण करता है, उनके एक-दूसरे पर पड़ने वाले प्रभाव को उद्घाटित करता है। यथार्थवाद जीवन को उसकी सम्बद्ध सम्पूर्णता में देखने की जीवन दृष्टि है, जिसमें व्यक्ति और समाज के सम्पर्क और सम्बन्ध एक-दूसरे से कार्य-कारण रूप में अनुकूलित होते हैं।

इसी प्रविधि ने उन्नीसवीं शताब्दी के यूरोपीय उपन्यासकारों को—स्तेन्दल और बलजाक, डिकेन्स, थैकरे और ब्रोण्टे बहनें, गोगोल और लियो तोलसतोय आदि—नये पूँजीवादी सम्बन्धों में, जो सामन्तवाद के खंडहर में पनप रहे थे, व्याप्त अन्तर्विरोधों का उद्घाटन तथा विश्लेषण करने की वैज्ञानिक दृष्टि प्रदान की। इन रचनाकारों में समाज और उसके साथ अनिवार्य रूप से गुँथे मनुष्य के जीवन सत्यों की तलाश की तीव्र भावना थी। उन्होंने समकालीन पूँजीवादी व्यवस्था के अन्तर्विरोधों के उद्घाटन तथा जीवन के चित्रण और अनुसंधान में बुर्जुआ समाज के प्रति 'आलोचनात्मक' रुख अपनाया। इसी विशेषता के आधार पर उन्हें 'आलोचनात्मक यथार्थवादी' की संज्ञा प्राप्त हुई। इस तथ्य से इन्कार नहीं किया जा सकता कि ये 'आलोचनात्मक यथार्थवादी' लेखक ही तत्कालीन सामाजिक विकास के अन्तर्विरोधों को देखने-समझने तथा बुर्जुआ चेतना और सामाजिक व्यवस्था की मुख्य विशेषताओं का विश्लेषण करने में सफल हुए।

बलजाक और स्तेन्दल : आलोचनात्मक यथार्थवाद के पुरस्कर्ता

जैसा कहा जा चुका है 'आलोचनात्मक यथार्थवाद' के पुरस्कर्ता बलजाक और स्तेन्दल माने जाते हैं। बलजाक ने 1816 से लेकर 1848 तक लगातार उपन्यास लिखे, जिन्हें समग्र रूप में उसने 'कामदी ह्यूमेन' (Comedie Humaine) की संज्ञा दी, जो असन्दिग्ध रूप से तत्कालीन फ्रांसीसी समाज का—फ्रांसीसी क्रान्ति (1789) से लेकर 1848 की समाजवादी क्रान्ति तक का—विश्वकोशीय अध्ययन और अपने युग का क्रान्तिकारी चित्रण है। एन्जेल्स ने 'कामदी ह्यूमेन' को फ्रांसीसी समाज का आश्चर्यजनक यथार्थवादी इतिहास बताया था। यह काल, फ्रांस में, राजतन्त्र के पतन, नेपोलियन के उदय, सामंतवाद के क्रमश: पतन और पूँजीवाद या बुर्जुआ समाज के विकास का काल था। बलजाक खुद राजतन्त्रवादी वैधतावादी (लेजिटिमिस्ट) और कैथलिक धर्मानुयायी था: उसकी राजनीतिक और धार्मिक विचारधारा पुराने सामन्ती फ्रांस की थी, पर उसका मनुष्य के प्रति दृष्टिकोण वैज्ञानिक और यथार्थवादी

था । उसकी 'मानवीय कामदी' की अवधारणा फ्रांसीसी क्रान्ति की देन थी ।

राल्फ फॉक्स ने बलजाक को फ्रांस का 'साहित्यिक नेपोलियन' कहा है । जिस प्रकार नेपोलियन ने राजनीति में सामंती व्यवस्था का उन्मूलन कर दिया, उसी प्रकार बलजाक ने साहित्य में सामंती भावना को समाप्त कर दिया । उसने अपने उपन्यासों के रूप में समाज का 'प्राकृतिक इतिहास' प्रस्तुत करने का संकल्प किया । 'कामदी ह्यू मेन' की भूमिका में उसने अपना दृष्टिकोण स्पष्ट किया है कि वह मनुष्य को उसके सामाजिक परिवेश में, अपने समाज की उपज के रूप में, देखता है और उसका अध्ययन वैज्ञानिक रूप में करने की आवश्यकता का अनुभव करता है ।

मनुष्य और जिस समाज में वह रहता है उसके वैज्ञानिक अध्ययन की प्रतिज्ञा ही बलजाक के यथार्थवाद की शुरुआत है। वह अपने उपन्यासों में गहरी अन्तर्दृष्टि, प्रबल विश्लेषण-क्षमता और तीव्र मानवीय संवेदना के साथ तत्कालीन जमींदार-अभिजात वर्ग के पतन और उसके खंडहर पर उगती और फैलती हुई पूंजीवादी व्यवस्था का चित्रण करता है । वह दिखाता है कि किस प्रकार यह भद्र समाज, जो उसका आदर्श समाज है, क्रमशः अभद्र, असंस्कृत, कुरुचिसम्पन्न, पैसे के लिए जान देने वाले नये धनिकों के सामने घुटने टेकता या उसके प्रभाव में भ्रष्ट होता जा रहा है । निस्संदेह बलजाक की सहानुभूति इस भद्र समाज के साथ है, पर वह जानता है कि यह वर्ग मिट जाने के लिए अभिशप्त है । परिणामतः 'कामदी ह्यू मेन' भद्र समाज के पतन का शोकगीत बन गयी है। अपने 'किसान' (The Peasants, 1844) नामक उपन्यास में बलजाक ने फ्रांस के नष्ट होते हुए भूमिपति रईसों की मार्मिक ट्रेजेडी प्रस्तुत की है। बलजाक ने उन आर्थिक कारणों का सूक्ष्म और गम्भीर विश्लेषण किया है जिनके फलस्वरूप फ्रांसीसी अभिजात वर्ग विनाश का शिकार हुआ । बलजाक के समाज-विश्लेषण ने उसे इस निष्कर्ष पर पहुँचाया कि बुर्जुआ समाज और अभिजात वर्ग के संघर्ष में बुर्जुआ समाज की विजय निश्चित है । अतः बुर्जुआ समाज के प्रति तीव्र घृणा और अभिजात वर्ग के प्रति अपने गहरे मानसिक लगाव के बावजूद बलजाक यथार्थ से आँखें नहीं चुराता । वह संवेदनशील तटस्थता के साथ अभिजात वर्ग के पतन का चित्रण करता है । वह बुर्जुआ समाज के पात्रों को शक्तिशाली व्यक्तियों के रूप में अंकित करता है जिनमें जबरदस्त इच्छाशक्ति और असीम ऊर्जा है, जो गुण उसके अत्यन्त आदर्शीकृत अभिजात पात्रों में शायद ही है। यही नहीं, अभिजातवर्गीय पात्रों को रंगमंच पर प्रस्तुत करते समय बलजाक का उन पर व्यंग्य भी कम तीखा नहीं है । इसके अतिरिक्त वह जिन व्यक्तियों की प्रशंसा करता है वे गणतंत्री नायक (रिपब्लिकन हीरो) हैं जो बलजाक के जीवन-काल में (1830-36) जन-समूह का प्रतिनिधित्व करते थे । इस प्रकार बलजाक ने अपनी रचनाओं में उस

वर्ग और राजनीतिक विचारधारा की पक्षधरता नहीं की जिसके साथ उसकी स्पष्ट सहानुभूति थी। इसके विपरीत उसने अभिजात वर्ग के पतन और पूँजीवादी व्यवस्था की विजय का चित्रण किया। जैसा एन्जेल्स ने लिखा है, यह यथार्थवाद की विजय थी।

पर बलजाक ने अभिजात समाज पर नव बुर्जुआ समाज की विजय दिखाकर ही संतोष नहीं कर लिया। उसने बुर्जुआ समाज की अमानवीय प्रकृति, उससे पैदा होने वाले सामाजिक विखंडीकरण, पूँजीवादी विकास के ऋणात्मक पक्षों का, उसके वास्तविक अन्तर्विरोधों का, बहुत ही धारदार चित्रण किया। बलजाक के नायक अपने निजी स्वार्थ की पूर्ति में पागलपन की हद तक प्रयत्नशील दिखाई पड़ते हैं। उनका आंतरिक संसार इस सर्वग्रासी वासना का शिकार बना रहता है। बलजाक के उपन्यासों के अनेक पात्र—पेरे गोरियो, गोबसेक, लूसीं दे रूवेम, कोइन्ते बन्धु, गावेर्ती, पेरे ग्रांदे आदि—धन की वासना के पीछे पागल हैं। ये पात्र इतने आत्मकेन्द्रित और अपने निजी हितों की पूर्ति में संलग्न हैं कि अन्य व्यक्तियों के हितों या सामान्य हितों की बिलकुल ही चिंता नहीं करते। बलजाक ने अपने पात्रों को इस रूप में प्रस्तुत करके तत्कालीन बुर्जुआ समाज की वास्तविक प्रकृति का उद्‌घाटन किया जो किसी भी प्रकार, मानवीय मूल्यों की सर्वथा उपेक्षा कर, धन जमा करने की प्रवृत्ति का प्रतीक बना हुआ था। उसने निजी और सार्वजनिक जीवन के प्रत्येक क्षेत्र में प्रविष्ट स्वार्थ की भावना का, इतिहासकार की सावधानी और सम्पूर्णता के साथ, चित्रण किया है। किस प्रकार यह स्वार्थ-मनोवृत्ति व्यक्तियों के मन को विकृत और दूषित बना डालती है तथा मानव सम्बन्धों में कटुता पैदा कर देती है, किस प्रकार पारिवारिक सम्बन्ध, भाईचारा, मित्रता, प्रेम, व्यक्तिगत ईमानदारी, शासन तंत्र, समाचारपत्र, नाट्यगृह, प्रकाशन व्यवसाय, कला और बैंक-व्यवसाय---सर्वत्र स्वार्थ और आत्मलीनता का बोलबाला हो जाता है, जिसके फलस्वरूप जिंदगी एक ऐसी युद्धभूमि बन जाती है जहाँ कमजोरों के लिए कोई जगह नहीं होती और नैतिक मूल्य तथा मानवीय अच्छाइयाँ पैरों तले कुचली जाती हैं, इसका बलजाक ने अद्वितीय चित्रण किया है। इसके साथ ही बलजाक ने अपने काल के उस संघर्ष का भी चित्रण किया है, जा न केवल व्यक्ति और व्यक्ति अथवा व्यक्ति और समाज के बीच का संघर्ष था, वरन् बुर्जुआ समाज में धनी वर्ग के विरुद्ध निर्धन वर्ग का भी संघर्ष था।

बलजाक के यथार्थ चित्रण की सबसे बड़ी विशेषता यह है कि उसने व्यक्ति जीवन, समाज जीवन और इतिहास को संश्लिष्टता में परखने और प्रस्तुत करने का प्रयास किया है। उसने अत्यन्त यथार्थवादी तरीके से जीवन के सही रूप को उसकी गतिशीलता और सम्पूर्णता में अभिव्यक्त किया है। उसने अपने उपन्यासों में (विशेषकर 'द पीजेण्ट्स' में) अभिजात वर्ग की ही नहीं, छोटे किसानों की

ट्रेजेडी भी प्रस्तुत की है जो सूदखोर महाजन से कर्ज लेकर जमीन का 'मालिक' बनता है और इस प्रकार महाजन के खूनी पंजों का शिकार बन जाता है।

बलजाक 'द पीजेण्ट्स' में तीन प्रकार के संघर्ष का चित्रण करता है—जमींदार और किसान का संघर्ष, सूदखोर महाजन और किसान का संघर्ष तथा महाजन और जमींदार का संघर्ष। सूदखोर साहूकार जमींदार और किसान दोनों का शत्रु और शोषक है। बलजाक ने इन सभी परस्पर संघर्षरत खेमों का प्रतिनिधित्व करने के लिए प्रचुर मात्रा में प्ररूप (टाइप) पात्रों की सृष्टि की है जो अपने पक्ष में प्रत्येक आर्थिक, राजनीतिक, वैचारिक तथा अन्य हथियारों का प्रयोग करते हैं।

बलजाक अपने उपन्यासों में बुर्जुआ समाज के विकास का, परम्परागत शिल्प उद्योगों के स्थान पर आधुनिक पूंजीवादी उत्पादन प्रणाली का, चित्रण करता है। वह दिखाता है कि किस प्रकार महाजनी के बल पर जमा किया हुआ धन अन्ततः गाँव और शहर के पूंजीवादी शोषण का आधार बनता है तथा पुरानी सामाजिक व्यवस्था और विचारधारा नयी बुर्जुआ व्यवस्था के आक्रमण के सामने घुटने टेक देती है।

बलजाक का एक अन्य उपन्यास है 'लॉस्ट इल्यूजन्स' जिसमें यह दिखाया गया है कि किस प्रकार बुर्जुआ व्यवस्था में मनुष्य की अन्तरात्मा पूंजीवाद के घेरे में कैद हो जाती है और मानव-मूल्य तथा बौद्धिक, साहित्यिक और कलात्मक कार्य-कलाप भी आर्थिक वस्तु में रूपान्तरित हो जाते हैं, नफाखोरी की वस्तु बन जाते हैं जिनका व्यापार पूंजीवादी सट्टेबाज करता है। यही नहीं, जो इस व्यवस्था में शोषित हैं वे भी अपने को बेचकर शोषक बनने की कोशिश करते हैं।

इस प्रकार बलजाक अपने समय के समाज को उसकी समस्त द्वन्द्वात्मकता में प्रस्तुत करता है। वह अपने को कभी भी सतही फोटोग्राफीय प्राकृतिकवादी चित्रण में सीमित नहीं करता, यद्यपि वह सर्वत्र और विस्तार के साथ परिवेश का सच्चा चित्र प्रस्तुत करता है। उसके पात्र कहीं भी वैसा कुछ भी नहीं कहते, सोचते या अनुभव करते जो उनकी सामाजिकता से नहीं उभरता। बलजाक का यथार्थवाद एक तरफ तो पात्रों की व्यक्तिगत चारित्रिक विशेषताओं की समान रूप से पूर्ण और मनोवैज्ञानिक प्रस्तुति पर और दूसरी तरफ उन विशेषताओं पर, जो अपने वर्ग का प्रतिनिधित्व करने के कारण प्रारूपिक हैं; निर्भर है। सामाजिक दृष्टि से सही और गहन चिन्तन से युक्त विषयों को प्रस्तुत करने के लिए वह हमेशा अत्यन्त स्पष्ट, पैनी और व्यंजक अभिव्यक्ति की तलाश करता है।

यथार्थवादी उपन्यासकार से गलती प्रायः वहाँ हो जाती है जहाँ वह समकालीन जीवन के चित्रण के साथ-साथ उसका समाधान भी प्रस्तुत करने का प्रयास करता है। यह गलती बलजाक ने भी की है। बलजाक यह तो अनुभव करता है कि चूंकि

पूँजीवाद मनुष्य को सुखी नहीं बना सकता, इसलिए वह मिट जाने को अभिशप्त है। पर जब वह पूँजीवादी प्रगति की खामियों को दूर करने के लिए उपायों पर विचार करने लगता है तो वह एक प्रकार के रूढ़िवादी आदर्शवाद की शरण में चला जाता है। वह सुझाव देता है कि धार्मिक-नैतिक मूल्यों पर आधारित अभिजात वर्ग का शासन बिना समकालीन सम्पत्ति-निर्भर सम्बन्धों को समाप्त किए, या निजी स्वामित्व के सिद्धान्त को उन्मूलित किए, केवल उन पर नियन्त्रण लगाकर, सामाजिक कल्याण को सम्भव बना सकता है। यह समाधान बलजाक के पूर्वग्रहों पर आश्रित होने के कारण वैज्ञानिक नहीं है। इसके बावजूद बलजाक विश्व-साहित्य का अग्रपांक्तेय यथार्थवादी लेखक है, इस तथ्य को अस्वीकार नहीं किया जा सकता।

स्तेन्दल बलजाक का समकालीन दूसरा महान यथार्थवादी उपन्यासकार है। यद्यपि 'ले कामदी ह्यूमेन' की तुलना में स्तेन्दल की रचनाओं का विषय-परिसर सीमित है, पर उसने भी बहुत स्पष्टतापूर्वक, वरन् बलजाक से कहीं ज्यादा धारदार और तीव्र रूप में, तत्कालीन बुर्जुआ समाज के अन्तर्विरोधों का उद्‌घाटन किया। इसका कारण कदाचित् यह है कि स्तेन्दल ने समाज का अध्ययन एक जनतन्त्रवादी लेखक के रूप में किया। उसके सामने यह तथ्य बलजाक की अपेक्षा कहीं ज्यादा साफ था कि बुर्जुआ समाज जनता के वास्तविक हितों का दुश्मन है। बलजाक का जीवन का विजन, उसके रूढ़िवादी दृष्टिकोण से जुड़े रहने के कारण, कुछ हद तक धुँधला था, जिससे स्तेन्दल मुक्त था।

स्तेन्दल की रचनाएँ यथार्थवाद की विश्लेषणात्मक प्रकृति का स्पष्ट उदाहरण प्रस्तुत करती हैं। स्तेन्दल ने मनुष्य को नैतिक, मनोवैज्ञानिक और शरीरशास्त्रीय विशेषताओं के समुच्चय के रूप में देखा। अपने युग की सच्ची उपज होने के कारण वह जानता था कि मनुष्य का आन्तरिक या आत्मिक जगत् उसके परिवेश पर निर्भर है और वह प्रत्यक्ष या अप्रत्यक्ष रूप में भौतिक कारणों से चालित या निर्देशित होता है। वह मानता है कि बुर्जुआ समाज में आदमी अपने ही भीतर बन्द जीवाणु (मोनाड) बन जाता है, क्योंकि निजी स्वार्थों का संघर्ष लोगों को एक-दूसरे से अलग-थलग कर देता है। वह यह भी समझता है कि पूंजीवादी व्यवस्था मानव स्वभाव को विकृत और भ्रष्ट कर देती है और सर्वभक्षी आत्मलीनता (ईगोइज्म) मानव मूल्यों और मानवीय अच्छाइयों का धीरे-धीरे दम घोंट देती है। पूंजीवादी व्यवस्था किस प्रकार क्रमशः आम आदमी की आत्मा को कलुषित तथा उसके सुखी होने की आशाओं को चूर-चूर कर देती है, यही स्तेन्दल की कृतियों का मुख्य विषय है।

मनुष्य के आत्मिक और नैतिक संसार पर सामाजिक परिवेश के प्रभाव का विश्लेषण करने के क्रम में स्तेन्दल ने अपना ध्यान अपने नायकों के चरित्र निर्माण

पर केन्द्रित किया है। उसने सामाजिक स्थितियों और परिवेश का वर्णन बहुत कम किया है। उसने अपने पात्रों की निजी जिन्दगी में ही समस्त युग की मूलभूत प्रवृत्तियों को केन्द्रित करने का प्रयास किया है। इस जीवनीपरक प्रविधि के प्रयोग में स्तेन्दल अपने पूर्ववर्ती उपन्यासकारों का ही अनुगमन करता है, पर वह उसे एक नया, बिल्कुल भिन्न अर्थ दे देता है। कार्य व्यापार को मानव सम्बन्धों के क्षेत्र में रूपान्तरित करके, मानव-मस्तिष्क को समस्त नाटक का प्रेरणा स्रोत या मेन स्प्रिंग बनाकर तथा आलोचनात्मक यथार्थ में मनोवैज्ञानिक विश्लेषण की कला का विकास कर वह यथार्थ को और भी धारदार बना देता है। इसके फलस्वरूप स्तेन्दल के पात्रों का चरित्र अपने युग के समस्त कमीनेपन, घिनौनी जीवन दृष्टि और संघर्षशीलता को प्रतिबिम्बित करता है।

स्तेन्दल अपने उपन्यासों में मनुष्य के आचरण और व्यवहार के मूल में कार्यरत प्रेरणाओं का, जो प्रत्यक्षतः या परोक्षतः उसके निजी स्वार्थों द्वारा अनुकूलित होती हैं, अध्ययन करता है। उसके साथ ही वह पात्रों की भावनाओं और मनोवेगों का पूर्ण रूप से विश्लेषण करता है। यदि डी ल'मोर (De l'amaur) में वह तर्कपूर्ण विश्लेषण द्वारा प्रकटतः नितान्त अबौद्धिक मनोवेग (irrational passion) के अन्तरतम रहस्यों में प्रवेश करने की कोशिश करता है तो अपनी परवर्ती कृतियों में वह मनुष्य की मनोवैज्ञानिक और सामाजिक स्थितियों का चित्रण संश्लिष्ट रूप में, एक इकाई के रूप में, करता है। स्तेन्दल ने मनुष्य के व्यक्तित्व और उसके चरित्र की सामान्य संरचना में उसके परिवेश, समाज और वर्ग की प्रारूपिक विशेषताओं को देखने का प्रयास किया। उसके औपन्यासिक पात्र सिग्नोर बालेनोड, मोन्स्योर जे टेनाल, काउंट मोस्का और रासी आदि सभी सामाजिक प्ररूप (सोशल टाइप्स) हैं। पर स्तेन्दल उनकी प्ररूपता को उनके आन्तरिक संसार का मनोवैज्ञानिक दृष्टि से अध्ययन करते हुए, जो किन्हीं विशिष्ट परिस्थितियों में उनके कार्य व्यापार को अनुकूलित करता है, उजागर करता है।

स्तेन्दल ने उपन्यास की तुलना उस दर्पण से की है जो राजमार्ग पर इस प्रकार रखा हुआ है कि वह स्वच्छ नीले आकाश और सड़क के किनारे के कीचड़ दोनों को प्रतिबिम्बित करता है। स्तेन्दल के नायक भी उस दर्पण की तरह हैं जो मनुष्य के उदात्त और अधम, उदार और अहंकारी, स्वार्थरहित और स्वार्थयुक्त स्वभाव को प्रतिबिम्बित करता है। यह विशेषता स्तेन्दल के पात्रों को आश्चर्यजनक प्रामाणिकता, सप्राणता और सम्पूर्णता प्रदान करती है। स्तेन्दल अपने पात्रों की परस्पर विरोधी गतिविधियों, विभिन्न विचारों और भावनाओं के विकास और द्वन्द्व का मनोवैज्ञानिक विश्लेषण करता है और इस क्रम में वह कहानी वर्णन की कला में आन्तरिक एकालाप (इंटर्नल मोनोलोग) प्रविधि का प्रयोग करता है, जिसकी सहायता से वह अपने पात्रों के हृदय में दूर तक गहराई में प्रवेश करने में

सफल होता है।

स्तेन्दल मानव चेतना पर बुर्जुआ समाज के हानिकारक प्रभाव का भी व्यापक विश्लेषण करता है। जूलीन सोरेल, जो खुले स्वभाव और ऊँचे आदर्शों वाला व्यक्ति है तथा जिसका चरित्र बहुत ही दृढ़ और निर्भीक है और जिसकी सामाजिक न्याय के निमित्त किए जाने वाले संघर्ष में शामिल होने की पूरी सम्भावना है, अभिजात-वर्गीय परिवेश में, जिससे वह घृणा करता है, व्यक्तिगत लाभ के लिए अपने आदर्शों के साथ एक के बाद एक समझौता करता है। बुर्जुआ समाज की सामाजिक आत्मलीनता (सोशल ईगोइज़्म) उसकी अन्तरात्मा को कलुषित कर देती है और उसे बुर्जुआ पूर्वग्रहों का गुलाम, नितान्त व्यक्तिवादी तथा इस सिद्धान्त का अनुगामी बना देती है कि "इस जीवन रूपी स्वार्थ के मरुप्रदेश में हर आदमी केवल अपने-को देखता है।" जूलीन सोरेल विश्व साहित्य के औपन्यासिक पात्रों की पंक्ति में पहला है जिन्हें पूँजीवाद भ्रष्ट करता है।[1] इस प्रकार का दूसरा परवर्ती महत्त्व-पूर्ण पात्र है दोस्तोएव्स्की के 'अपराध और दंड' (1866) का रेस्कोलनिकोव। ये पात्र अपने समाज में व्याप्त भयंकर और अस्वाभाविक स्थितियों के प्रभाव में इस व्यक्तिवादी विचारधारा के शिकार हो जाते हैं कि विशिष्ट व्यक्तियों को अपने लक्ष्यों और उद्देश्यों की पूर्ति के निमित्त अन्य लोगों के हितों को बलिदान करने का अधिकार है। यह पूँजीवादी व्यवस्था का अनिवार्य परिणाम है, जो व्यक्ति के भीतर आत्मलीनता (ईगोइज़्म) की भावना पैदा करतो है तथा उसकी पूरी प्रकृति को दूषित कर देती है। स्तेन्दल बुर्जुआ समाज में मनुष्य के धनात्मक व्यक्तित्व के क्षरण और ह्रास का विश्लेषण करता है।

बलजाक और स्तेन्दल से जिस आलोचनात्मक यथार्थवाद की पक्की नींव पड़ी उसकी इमारत को पुष्ट और भव्य बनाने वाले प्रमुख यूरोपीय लेखकों में पुश्किन लार्मोण्टोव, गोगोल, डिकेन्स, एन्थनी ट्रोलोप, थैकरे, ब्रोण्टे बहनें, जार्ज इलियट, तुर्गनेव, लेव तोल्सतोय, टॉमस हार्डी, आर० एल० स्टीवेन्सन, जार्ज गिसिंग, जार्ज मूर आदि हैं, जिनकी चर्चा पहले की जा चुकी है। इनकी औपन्यासिक कृतियों में आलोचनात्मक यथार्थवाद की अभिव्यक्ति नाना रूपों में हुई है। भारत में जब उपन्यास का जन्म हुआ तो भारतीय लेखकों के समक्ष यथार्थवाद का यही सैद्धांतिक स्वरूप था। इसके बाद ही यूरोप में 'प्राकृतिकवाद', सोवियत रूस में 'समाजवादी यथार्थवाद' और पश्चिमी देशों में मनोवैज्ञानिक यथार्थवाद, नवयथार्थवाद आदि का उदय और विकास हुआ।

---

1. ए हिस्टरी ऑफ़ रियलिज़्म, ले० बोरिस सुचकोव, प्रोग्रेस पब्लिशर्स, मास्को, 1973, पृ० 113।

2

प्रेमचंद की यथार्थ-सम्बन्धी अवधारणा

यद्यपि हिन्दी उपन्यास अपने जन्म से ही यथार्थवाद से जुड़ गया और प्रेमचन्द के उर्दू से हिन्दी में आगमन के पूर्व उसमें यथार्थ चित्रण की प्रवृत्ति दिनोंदिन बढ़ती ही गयी पर हिन्दी उपन्यास में यथार्थवाद के सच्चे प्रतिष्ठापक प्रेमचन्द हैं। अपनी उर्दू रचनाओं—'असरारे मआविद उर्फ देवस्थान रहस्य,' 'हमखुर्मा व हम-सवाब,' और 'जलवये ईसार'—में ही प्रेमचन्द ने अपने यथार्थवादी रुझान का परिचय दे दिया था, पर यथार्थ की सही तस्वीर उनके 'सेवासदन' से 'मंगलसूत्र' तक के उपन्यासों में ही उभरी।*

यथार्थवाद के स्वरूप का विवेचन हम कर चुके हैं। स्वयं प्रेमचन्द ने भी अपने कई आलोचनात्मक निबन्धों में 'यथार्थ' और 'यथार्थवाद' के सम्बन्ध में अपने विचार व्यक्त किये हैं। प्रेमचन्द के उपन्यासों में चित्रित यथार्थवाद का विवेचन करने के क्रम में स्वयं उनके यथार्थवाद-सम्बन्धी विचारों का अवलोकन आवश्यक है। इन्हें देखने से पता चलता है कि 'यथार्थवाद' के सम्बन्ध के प्रेमचन्द की दृष्टि बहुत साफ और तर्कसंगत नहीं थी। यों प्रेमचन्द के जमाने तक पश्चिमी साहित्य जगत में 'यथार्थवाद' साहित्यिक आन्दोलन के रूप में स्थापित और प्रतिष्ठित हो चुका

---

* प्रेमचन्द के 1918-36 की अवधि में प्रकाशित उपन्यास हैं :

1. सेवासदन, 1918 (प्रकाशन काल) 2. प्रेमाश्रम, 1922 (प्रकाशन काल)
3. रंगभूमि, 1925 (") 4. कायाकल्प, 1926 (प्रकाशन काल)
5 निर्मला, 1927 (") 6. प्रतिज्ञा, 1929 (प्रकाशन काल)
7. गबन. 1931 (") 8. कर्मभूमि, 1932 (प्रकाशन कल)
9. गोदान, 1936 (") 10. मंगलसूत्र (अपूर्ण), 1936 (रचनाकाल)

था, पर प्रेमचन्द को सम्भवतः उसका गम्भीर अध्ययन करने का अवसर नहीं मिला था। यही कारण है कि प्रेमचन्द 'यथार्थवाद' को बहुत अच्छी निगाह से नहीं देखते। एक जगह वे कहते हैं कि "अगर हम यथार्थ को हू-ब-हू खींचकर रख दें, तो उसमें कला कहाँ है? कला केवल यथार्थ की नकल का नाम नहीं है।"[1] "यह समझना भूल होगी कि कहानी जीवन का यथार्थ चित्र है।"[2] दूसरी जगह वे कहते हैं, "···यथार्थवादियों का कथन है कि संसार में नेकी-बदी का फल कहीं मिलता नजर नहीं आता, बल्कि बहुधा बुराई का परिणाम अच्छा और भलाई का बुरा होता है।"[3] अपने 'उपन्यास' शीर्षक लेख में प्रेमचन्द 'यथार्थवाद' और 'आदर्शवाद' पर किंचित् विस्तार से विचार करते हुए कहते हैं कि "यथार्थवादी चरित्रों को पाठक के सामने उनके यथार्थ, नग्न रूप में रख देता है। उसे इससे कुछ मतलब नहीं कि सच्चरित्रता का परिणाम बुरा होता है या कुचरित्रता का अच्छा—उसके चरित्र अपनी कमजोरियाँ या खूबियाँ दिखाते हुए अपनी जीवन-लीला समाप्त करते हैं।···यथार्थवाद हमारी दुर्बलताओं, हमारी विषमताओं और हमारी क्रूरताओं का नग्न चित्र होता है। और इस तरह यथार्थवाद हमको निराशावादी बना देता है, मानव चरित्र पर से हमारा विश्वास उठ जाता है, हमको अपने चारों तरफ बुराई ही बुराई नजर आने लगती है।"[4]···"इसलिए वही उपन्यास उच्चकोटि के समझे जाते हैं, जहां यथार्थ और आदर्श का समावेश हो। उसे आप 'आदर्शोन्मुख यथार्थवाद' कह सकते हैं। आदर्श को सजीव बनाने ही के लिए यथार्थ का उपयोग होना चाहिए और अच्छे उपन्यास की यही विशेषता है।"[5] प्रेमचन्द स्पष्ट शब्दों में अपने को आदर्शवादी कहते हैं।[6] उनके अनुसार "आदर्शवाद हमें ऐसे चरित्रों से परिचित कराता है, जिनके हृदय पवित्र होते हैं, जो स्वार्थ और वासना से रहित होते हैं, जो साधु प्रकृति के होते हैं।···'रियलिज़्म' यदि हमारी आँखें खोल देता है तो 'आइडियलिज़्म' हमें उठाकर किसी मनोरम स्थान में पहुँचा देता है।··· उपन्यासकार की सबसे बड़ी विभूति ऐसे चरित्रों की सृष्टि करना है जो अपने सद्व्यवहार और सद्विचार से पाठक को मोहित कर लें।"[7]

यदि हम प्रेमचन्द की 'यथार्थ'-सम्बन्धी अवधारणा का विश्लेषण करें तो

---

1. कहानी कला-2, कुछ विचार, संपादित, 1973, पृ० 33।
2. उपरिवत्, पृ० 32।
3. उपरिवत्, पृ० 30।
4. उपन्यास, कुछ विचार, पृ० 50।
5. उपरिवत्।
6. उपन्यास, विविध प्रसंग-3 (सं० अमृतराय), पृ० 35।
7. उपरिवत्।

उसमें अनेक असंगतियाँ, चिन्तन की अपरिपक्वता और तत्कालीन विश्व साहित्य में यथार्थवादी आन्दोलन के विकास के प्रति प्रेमचन्द का अपरिचय दिखाई पड़ेगा। वस्तुतः प्रेमचन्द जिस 'यथार्थवाद' को इतना नापसन्द करते हैं वह यथार्थवाद का एक विशेष रूप—'प्राकृतिकवाद' या 'नेचुरलिज़्म' है, जिसे अनेक विचारक 'यथार्थवाद' की संज्ञा देना भी पसन्द नहीं करते। 'यथार्थवाद' का असली रूप 'आलोचनात्मक यथार्थवाद' या 'समाजवादी यथार्थवाद' है, जिसमें जीवन के गर्हित या उज्ज्वल पक्ष का एकांगी चित्रण न होकर संश्लिष्ट, सन्तुलित और वैज्ञानिक चित्रण होता है। वस्तुतः प्रेमचन्द 'आदर्शवाद' की कुछ ऐसी विशेषताएँ भी बताते हैं जो 'समाजवादी यथार्थवादी' की विशेषताएँ स्वीकार की गयी हैं। मसलन्, वे कहते हैं कि "आदर्शवाद...साहित्य को समाज का दर्पण-मात्र नहीं मानता, बल्कि दीपक मानता है, जिसका काम प्रकाश फैलाना है।"[1] समाजवादी यथार्थवादी भी साहित्य के सम्बन्ध में ठीक यही विचार रखते हैं। प्रेमचन्द यदि 'आदर्शवादी' हैं तो इसी अर्थ में। प्रेमचन्द का 'आदर्शोन्मुख यथार्थवाद' उनके उपन्यासों और कहानियों में 'समाजवादी यथार्थवाद' या कम से कम 'आलोचनात्मक यथार्थवाद' के पर्याय के रूप में सामने आता है। प्रेमचन्द का 'आदर्शवाद' वैसे संसार की सृष्टि नहीं करता जहाँ मनुष्य "थोड़ी देर के लिए उड़कर पहुँच जाना चाहता है, जहाँ उसके चित्त को ऐसे कुत्सित भावों से (जिसे यथार्थवाद प्रस्तुत करता है।[2]) नजात मिले, वह भूल जाए कि चिन्ताओं के बन्धन में पड़ा हुआ है, जहाँ उसे सजीव, सहृदय, उदार प्राणियों के दर्शन हों, जहाँ छल और कपट, विरोध और वैमनस्य का ऐसा प्राधान्य न हो।"[3] इसी प्रकार प्रेमचन्द का आदर्शोन्मुखी यथार्थवाद ऐसे संसार के चित्रण से परहेज नहीं करता, जहाँ "नेक आदमी धक्के खाते हैं, यातनाएँ सहते हैं, मुसीबतें झेलते हैं, अपमानित होते हैं, उनकी नेकी का फल उल्टा मिलता है। बुरे आदमी चैन करते हैं, नामवर होते हैं, यशस्वी बनते हैं, उनकी बदी का फल उलटा मिलता है।"[4] निश्चय ही प्रेमचन्द निराशावादी बना देने वाले, मानवचरित्रों पर से विश्वास उठा देने वाले, चारों तरफ बुराई ही बुराई दिखाने वाले 'यथार्थवाद' या प्राकृतिकवाद को अपनी रचनाओं में प्रस्तुत नहीं करते।

अंग्रेजी में एक उक्ति प्रचलित है कि "कथाकार पर विश्वास न करो उसकी कथा पर विश्वास करो।" (डू नाट ट्रस्ट द नारेलिस्ट ट्रस्ट द टेल।) प्रेमचन्द

---

1. कहानी कला-1, कुछ विचार, पृ० 30।
2. कोष्ठक के शब्द प्रस्तुत पंक्तियों के लेखक के।
3. उपन्यास, विविध प्रसंग-3, पृ० 35।
4. उपरिवत् पृ० 34।

के यथार्थवाद को समझने के लिए हमें इस बात को नजरअन्दाज कर देना चाहिए कि वे यथार्थवाद के सम्बन्ध में क्या कहते हैं। इसके विपरीत उनकी कृतियों में यथार्थवाद का जो स्वरूप उभरकर सामने आता है, वह अधिक महत्त्वपूर्ण है और उसी का अन्वेषण इस प्रबन्ध का लक्ष्य है।

सबसे पहले हम इस बात पर विचार करें कि प्रेमचन्द के समकालीन युग का जीवन-यथार्थ क्या था और उन्होंने अपनी रचनाओं में उसे किस प्रकार प्रस्तुत करने का प्रयास किया है।

प्रेमचन्द के लेखकीय जीवन का सर्वाधिक महत्त्वपूर्ण कालखण्ड 1918-36 है, यों उनका अनुभव जगत् मोटा-मोटी रूप से 1886-1936 का पचास वर्षों का काल माना जा सकता है। इन पचास वर्षों के भारतीय जीवन के यथार्थ के कई महत्त्वपूर्ण पक्ष थे। इनमें पहली और प्रमुख बात यह है कि भारत एक पूंजीवादी विदेशी शक्ति का उपनिवेश था जिसका एकमात्र लक्ष्य देश का आर्थिक शोषण था और इस लक्ष्य की पूर्ति के लिए उसे मानवीय मूल्यों की किसी भी हद तक उपेक्षा करने, दमन और अत्याचार के किसी भी माध्यम का उपयोग करने तथा अमानवीय से अमानवीय नीतियों का उपयोग करने में कोई हिचक नहीं थी। इस युग का दूसरा यथार्थ, जो इससे अभिन्न रूप से जुड़ा हुआ था, यह था कि देश का बहुसंख्यक जनसमुदाय—किसान और किसान-मजदूर—अनेक प्रकार के शोषणों का शिकार था। विदेशी पूंजीवादी-साम्राज्यवादी शासन का अन्तिम लक्ष्य भारत के प्राकृतिक साधनों और यहाँ की जनता के श्रम का शोषण करना था, जिसके लिए उसने प्रशासन तन्त्र तथा जमींदारों और साहूकारों को अपना सहायक बना रखा था। इन शोषकणर्त्ताओं में पुरोहित वर्ग भी शामिल था। ये सभी शक्तियाँ मिलकर निम्नवर्गीय किसानों और कृषक मजदूरों का अमानवीय शोषण करती थीं। इस काल के यथार्थ का एक दूसरा पक्ष नारी की गुलामी, उसकी सामाजिक स्थिति और दयनीय परवशता थी। हिन्दुओं और मुसलमानों का साम्प्रदायिक मतभेद, जिसे ब्रिटिश साम्राज्यवादी शासन ने अपनी स्वार्थ सिद्धि के लिए और भी चौड़ा बना दिया था, इस काल का चौथा महत्त्वपूर्ण यथार्थ था। इस प्रकार इस काल के पाँचवें महत्त्वपूर्ण यथार्थ के रूप में हिन्दू समाज में अछूतों की स्थिति का उल्लेख किया जा सकता है जिसका भी राजनीतिक उपयोग करने की कोशिश ब्रिटिश साम्राज्य ने की थी। तत्कालीन यथार्थ का छठा पक्ष समाज में अनेक स्तरों पर व्याप्त अमानवीय रीति-रिवाज और कुप्रथाएँ, अशिक्षा, अंधविश्वास, सड़ी-गली मान्यताएँ, अंतर्विरोध से भरे विश्वास आदि थे जो तत्कालीन जीवन को कटु और विषाक्त बनाये हुए थे। अन्त में, पर जो बहुत ही महत्त्वपूर्ण है, तत्कालीन यथार्थ का एक महत्त्वपूर्ण पक्ष नवोदित मध्य वर्ग का था जिसकी अपनी आर्थिक, नैतिक और मूल्यगत समस्याएँ थीं।

प्रेमचन्द ने अपने उपन्यासों में उत्तर भारत के समकालीन यथार्थ के सभी पहलुओं को प्रस्तुत करने का कलात्मक प्रयास किया है। पर उन्होंने 'नग्न यथार्थवादी' या 'प्राकृतिकवादी' की तरह भारतीय जीवन के गर्हित या ऋणात्मक पक्षों का तथ्यांकन नहीं किया है। इसके विपरीत उहोंने जीवन के ऋणात्मक और धनात्मक दोनों पक्षों का सन्तुलित चित्रण किया है। इससे भी अधिक महत्त्व की बात यह है कि वे यथार्थ के तथ्यांकन से अधिक महत्त्व उसके भीतरी स्तरों के उद्घाटन तथा विश्लेषण को देते हैं। उनकी दृष्टि आलोचनात्मक है। इसके साथ ही वे समस्याओं के समाधान तथा समकालीन यथार्थ की भावी दिशा की ओर भी संकेत करते हैं। प्रेमचन्द साहित्य को समाज का दर्पण ही नहीं उसका दीपक भी मानते हैं। इस दृष्टि में वे प्रचुर स्थलों पर समाजवादी यथार्थवादी के रूप में भी सामने आते हैं। इस प्रकार प्रेमचन्द के उपन्यास साहित्य में यथार्थवाद का स्वस्थ स्वरूप उभरा है।

अगले अध्यायों में हम प्रेमचन्द के उपन्यासों में प्रस्तुत यथार्थवाद के स्वरूप पर विचार करेंगे।

3

भारतीय पराधीनता का यथार्थ और प्रेमचंद

प्रेमचन्द ने अपने काल के यथार्थ को, अपने उपन्यासों और कहानियों में, खुली आँखों से देखने, गहराई में जाकर उसकी अन्तर्धाराओं और कारणों का अनुसंधान करने तथा उसका समग्रता में विश्लेषण और अंकन करने का प्रयास किया है। उल्लेखनीय यह है कि प्रेमचन्द ने अपने युग के जीवन-यथार्थ को उसकी समग्रता में देखने, पहचानने, विश्लेषित और प्रस्तुत करने की कोशिश की थी। उदाहरण के लिए देश की गुलामी और आजादी की समस्या को लें। भारत ब्रिटिश उपनिवेशवादी नीति का शिकार तो प्रेमचन्द के जन्म के बहुत पहले ही हो चुका था, पर गुलामी के साथ ही गुलामी से मुक्ति के प्रयास भी आरम्भ हो चुके थे जिसकी एक उल्लेखनीय परिणति 1857 के स्वाधीनता-संग्राम में प्रकट हुई थी। इस प्रयास के असफल होने पर साम्राज्यवादी उपनिवेशवाद का शिकंजा और भी कसा, पर आठवें दशक में फिर दबा हुआ मुक्ति-संग्राम विभिन्न रूपों में प्रकट होने लगा और प्रेमचन्द के जन्म (1880) के बाद वाले दशक में तो मुक्ति-आन्दोलन ने संगठन का रूप भी ग्रहण कर लिया। यहाँ से लेकर 1936 तक, जिस वर्ष प्रेमचन्द का देहान्त हुआ, स्वाधीनता संग्राम अनेक प्रावस्थाओं और मोड़ों से गुजरा और प्रेमचन्द उससे मुख्यतः भावात्मक और वैचारिक स्तर पर, और यत्किंचित् व्यावहारिक स्तर पर, भी जुड़े रहे। यह कहानी हमें अमृतराय द्वारा लिखित प्रेमचन्द की जीवनी 'कलम का सिपाही', उन्हीं के द्वारा सम्पादित 'विविध प्रसंग' मेंसंकलित प्रेमचन्द के लेखों और सम्पादकीय टिप्पणियों तथा उनके पत्रों के संकलन 'चिट्ठी-पत्री' में देखने को मिल सकती है। इससे यह स्पष्ट है कि प्रेमचन्द सरकारी नौकरी में रहने पर भी (1899-1921) स्वाधीनता आन्दोलन से भावनात्मक रूप से जुड़े हुए थे। जीविकोपार्जन के रूप में सरकारी नौकरी और देशभक्ति की भावना के तनाव को झेलते हुए उन्होंने लगभग 22 वर्ष बिताये पर अन्ततः 1921 में उन्होंने सरकारी नौकरी से त्याग-पत्र दे दिया और स्वतन्त्र जीवनवृत्ति पर उतर आए। यद्यपि स्वाधीनता आन्दोलन में वे जेल नहीं गये पर उनके कई पत्रों से उनकी यह आकांक्षा व्यक्त होती है। अपनी पत्नी शिवरानी देवी को जेल जाने की सहमति प्रदान कर तो जैसे उन्होंने स्वयं जेल न जाने की क्षतिपूर्ति कर ही दी। तात्पर्य यह

कि प्रेमचन्द भारतीय स्वतन्त्रता आन्दोलन से बहुत गहराई और ईमानदारी से जुड़े हुए थे जिसकी अभिव्यक्ति उनके उपन्यासों में विविध रूपों में हुई है।

किन्तु देश की गुलामी और आजादी की समस्या प्रेमचन्द के लिए मात्र भावनात्मक अथवा राष्ट्र-प्रेम की अनुभूति की समस्या नहीं थी। यह समस्या हमारे जीवन के सभी भौतिक पक्षों से जुड़ी हुई थी। ब्रिटिश उपनिवेशवाद अजगर की तरह भारतीय जीवन को अपने गुंजलक में कसे हुए था और जोंक की तरह उसकी प्राण-शक्ति को चूस रहा था। इसका प्रमुख उद्देश्य देश का आर्थिक शोषण था। राज-नैतिक, सामाजिक और दूसरी समस्याएँ इसी की उपज थीं। प्रेमचन्द ने देश की गुलामी और आजादी की समस्या को उसकी सारी जटिलताओं और आयामों के साथ प्रस्तुत किया है।

ब्रिटिश सरकार भारतीय किसानों का सीधा शोषण जमीन की लगान बसूली के रूप में करती थी। प्रेमचन्द के युग तक आते-आते ब्रिटिश सरकार की शोषण-नीति के फलस्वरूप भारत एक निर्धन और परावलम्बी राष्ट्र बन चुका था। देश के सारे परम्परागत उद्योग-धन्धे नष्ट हो चुके थे और जीवन धारण के लिए अधिकांश जनता कृषि पर आश्रित हो चुकी थी। वेरा ऐन्स्टे के अनुसार 1891 ई० में कृषि पर आश्रित जनसंख्या का प्रतिशत 61.6 तथा 1921 में 73 था।[1] विरोधाभासपूर्ण स्थिति यह थी कि यद्यपि अधिकांश जनसमूह अपने जीविका निर्वाह के लिए कृषि पर आश्रित था, पर सरकार का ध्यान कृषि के विकास पर बहुत कम था। सिंचाई की व्यवस्था की तरफ से सरकार बिल्कुल उदासीन थी। रमेश चन्द्र दत्त ने भारतीय किसानों और कृषक मजदूरों की आर्थिक स्थिति का विवरण देते हुए लिखा है कि "उनके घरों पर छप्पर नहीं होता, जाड़े और बरसात से अपनी रक्षा करने के लिए उनके पास कोई साधन नहीं होता, उनकी पत्नियाँ चिथड़ों में लिपटी रहती हैं, उनके छोटे-छोटे बच्चे नंगे घूमते हैं, फ़र्नीचर नाम की कोई चीज उनके पास नहीं होती, जाड़े के दिनों में एक कम्बल भी उनके लिए विलास की वस्तु होती है।...यह एक अभिधात्मक तथ्य है, लक्षणात्मक नहीं, कि भारत के कृषि श्रमिक और उनका परिवार सामान्यत: सालों-भर अन्नाभाव से पीड़ित रहता है। बचपन से ही उनका पालन-पोषण गरीबी के बीच होता है और वे अकाल तथा महामारी के सहज शिकार हो जाते हैं। उन किसानों की स्थिति, जिनके पास जमीन है, कुछ अच्छी है। उन्हें रहने के लिए घर, पहनने के लिए वस्त्र और खाने के लिए भोजन मिल जाता है, पर कठोर भूमि कर के रूप में उनकी आय का

---

1. द एकोनॉमिक डेवलपमेण्ट ऑफ़ इंडिया, लौंगमैन्स, लन्दन, थर्ड एडीशन-रिप्रिण्टेड, 1942, पृ० 208।

अधिकांश भाग सरकार के पास चला जाता है ।[1]

भारतीय जनता की गरीबी का कुछ अनुमान इस काल में पड़े अकालों से भी लगाया जा सकता है। 1876 तथा 1907 के बीच देश में 18 अकाल पड़े, जिनमें एक करोड़ पचास लाख व्यक्तियों की मृत्यु हुई ।[2] 1900 ई० में जो अकाल पड़ा था, वह चार वर्षों तक विद्यमान रहा। 1907 में फिर वर्षा नहीं हुई जिससे 1908 की फसल नष्ट हो गयी। 1909-1917 तक कृषि की स्थिति सामान्य रही, पर 1918 में दूर-दूर तक वर्षा नहीं हुई और अकाल की स्थिति आ गयी।

इस समस्त अमानवीय स्थिति का कारण ब्रिटिश सरकार की शोषणपूर्ण नीति थी। अन्य बातों के अलावा भूमि कर बहुत अधिक था और जमींदारों तथा अमलों के द्वारा उसे निर्दयतापूर्ण वसूला जाता था। श्री रमेश चंद्र दत्त के अनुसार 1900 के लगभग सरकार आर्थिक मालगुजारी (Economic rent) का प्राय: शत-प्रतिशत भूमि कर के रूप में वसूल लेती थी और किसानों के पास अपनी मजदूरी और कृषीय संग्रह (एग्रिकल्चरल स्टाक) के नफे के बाद बहुत थोड़ा बच रहता था। प्रत्येक तीस वर्ष पर भूमि कर में परिवर्तन किया जाता था।[3] किसानों के लिए बचत कर पाना असम्भव हो जाता था और वे निर्धनता और कर्ज के बोझ के नीचे दबे रहते थे। यह कर-निर्धारण अगले तीस वर्षों के लिए रुपयों में किया जाता था और फसल हो या न हो, आर्थिक मन्दी हो या तेजी, किसानों को लगान चुकाने के लिए बाध्य होना पड़ता था। इतना ही नहीं, हर तीस वर्ष पर लगान में बढ़ोतरी हो जाती थी। आर० मुखर्जी ने अपनी 'लैण्ड प्रोब्लेम्स ऑफ़ इंडिया' नामक पुस्तक में लिखा है कि 1890-91 से 1918-19 के बीच मद्रास, बम्बई और संयुक्त प्रान्त में भूमिकर की राशि 24 करोड़ रुपये से बढ़कर 33 करोड़ रुपये हो गयी। उनके अनुसार इन तीन दशकों में संयुक्त प्रान्त में, जहाँ कृषि आय में 30 प्रतिशत की वृद्धि हुई वहाँ भूमिकर में 57 प्रतिशत की वृद्धि हो गयी।[4] इसके बाद वाले दशक में जबकि मन्दी का दौर आरम्भ हुआ भूमि कर में कोई कमी नहीं हुई, जिसके चलते किसानों के लिए भूमि कर चुकाना नितान्त कठिन हो गया।

---

1. रमेश चन्द्र दत्त, द एकोनॉमिक हिस्टरी ऑफ़ इंडिया (विक्टोरियन एज), केगल पाल, पृ० 606।
2. रजनी पामदत्त, इंडिया टुडे, बंबे पीपुल्स पब्लिशिंग हाउस लि०, 1848, पृ० 119।
3. रजनी पामदत्त, इंडिया टुडे, पृ० 213।
4. 1873 को आधार वर्ष (100) मानते हुए भारतीय कीमतों का इंडेक्स नं० 1920 में 281, 1921 में 236, 1925 में 227, 1930 में 171 और 1936 में 125 था। इंडिया टुडे, पृ० 30।

ब्रिटिश सरकार जिन माध्यमों से भारतीय जनता का शोषण कर रही थी, उनमें भूमिकर प्रमुख था। इस शोषण में उसके प्रमुख सहायक जमींदार, महाजन और भूमि कर विभाग के अमले थे। ब्रिटिश सरकार ने भूमिकर की वसूली के लिए ही जमींदारी प्रथा का निर्माण किया था। उनका लक्ष्य भारत में ब्रिटिश शासन के लिए जमींदार वर्ग के रूप में एक ऐसा सामाजिक आधार निर्मित करना था जो भूमिकर की वसूली में तो सहायक बने ही, साथ ही ब्रिटिश शासन को बनाये रखने में भी योग दे। इसके लिए जमींदारों को किसानों से वसूल किये गये भूमिकर का ग्यारहवाँ हिस्सा कमीशन के रूप में देने की व्यवस्था की गयी। पर जमींदार इससे सन्तोष नहीं करते थे। वे नाजायज रूप में किसानों से अतिरिक्त भूमिकर तथा बेगारी, चन्दा, सगुन, डाँड़ आदि वसूलते थे और सरकार इसमें कोई बाधा नहीं खड़ी करती थी। ब्रिटिश सरकार ने जमींदारों को किसानों का इच्छानुसार शोषण करने की छूट दे रखी थी। पूरा सरकारी तन्त्र प्रत्यक्ष और अप्रत्यक्ष रूप में उनका सहायक था और इसके बदले में जमींदार ब्रिटिश सरकार के बने रहने का समर्थन करते थे।

भूमिकर वसूली में ब्रिटिश शासन के दूसरे प्रमुख, पर अप्रत्यक्ष, सहायक महाजन थे। किसानों के लिए अपनी जमीन की उपज द्वारा लगान चुकाना प्रायः असम्भव था। फसल न होने अथवा मन्दी की स्थिति में लगान चुकाने के लिए महाजन से कर्ज लेना अनिवार्य हो जाता था। बागन नैश (Vaughan Nash) ने 1900 ई० में प्रकाशित 'द ग्रेट फ़ेमिन' में लिखा था कि "अधिकारी महाजन को लगान वसूली के लिए अपना प्रमुख सहायक मानते हैं।"[1] ब्रिटिश शासन व्यवस्था का यह कटु सत्य था जिसकी पुष्टि इस बात से होती है कि महाजनी के सम्बन्ध में जो नये कानून बने थे वे महाजनों के हितों की रक्षा करने वाले थे। पुराने कानून के अनुसार महाजन अपने कर्ज की वसूली के लिए किसान को जमीन से बेदखल नहीं कर सकता था। पर ब्रिटिश विधि व्यवस्था के अन्तर्गत महाजन को कुर्की या नीलामी कराने का अधिकार प्राप्त हो गया। जमीन खरीदने-बेचने की नयी व्यवस्था ने महाजनों के लिए एक सुखद शिकारगाह का सृजन कर दिया। सरकारी कानून और पुलिस की सहायता उसे सहज उपलब्ध थी। उसे मनमानी सूद-दर पर किसानों को कर्ज लेने की छूट मिली हुई थी, और यदि दिखाने के लिए कुछ कानूनी नियंत्रण था तो सरकार उसे महाजनों के खिलाफ लागू करने में कोई उत्साह या दिलचस्पी नहीं दिखाती थी। यह महाजन एक साथ अनाज-व्यापारी और सूदखोर की भूमिका अदा करता था। वह उपज होने के समय सस्ती दरों पर अनाज खरीद लेता था और उसे फिर उन्हीं किसानों को महँगे हाथों बेचता

1. इंडिया टुडे, पृ० 234।

था। इस प्रकार महाजन किसानों का निर्बाध और निर्मम शोषण करता था। धीरे-धीरे किसानों की जमीन भी उसके कब्जे में आ जाती थी और किसान उसके खेतों में काम करने वाले मजदूर या बटाईदार बनने को विवश हो जाते थे। कभी-कभी इन महाजनों के खिलाफ किसानों का विवश क्रोध उभरता था, पर उन्हें जल्द ही मालूम हो जाता था कि महाजन के पीछे पूरी साम्राज्यवादी शक्ति खड़ी है। महाजन वस्तुतः साम्राज्यवादी शोषण यन्त्र का एक अपरिहार्य छोटा पुर्जा था।

जहाँ जमींदारी प्रथा नहीं थी और सरकार रैयतवाड़ी प्रथा के माध्यम से स्वयं ही भूमिकर वसूल करती थी वहाँ सरकारी कर्मचारी किसानों के शोषण के माध्यम बनते थे। रैयतवाड़ी प्रथा विशेष रूप से दक्षिणी भारत में लागू थी।

प्रेमचन्द ने अपने उपन्यासों में जमींदारों, महाजनों और सरकारी अमलों द्वारा किसानों के क्रूर, निर्लज्ज और अमानवीय शोषण का बहुत ही व्यापक, वैविध्यपूर्ण और दर्दनाक चित्रण किया है। 'सेवासदन' का महंत जमींदार न केवल जायज-नाजायज लगान वसूल करता है, वरन् महाजनी भी करता है। सरकारी अधिकारी उसके सहायक हैं। वह यज्ञ करने के लिए सभी किसानों से हल पीछे पाँच रुपया जबरदस्ती वसूलता है, जिसे न देने पर चेतू अहीर को अपने प्राणों से हाथ धोना पड़ता है।[1] 'प्रेमाश्रम' का ज्ञानशंकर, जमींदारी का प्रबन्ध सँभालते ही, अपने स्वार्थों की पूर्ति के लिए लगान की वसूली में कड़ाई करने का आदेश अपने कारिन्दा गौस खाँ को दे देता है। "वर्षान्त पर उन्होंने बड़ी निर्दयता से लगान वसूल किया। एक कौड़ी भी बाकी न छोड़ी। जिसने रुपये न दिए या न दे सका, उस पर नालिश की, कुर्की करायी और एक का डेढ़ वसूल किया। शिकमी आसामियों को समूल उखाड़ दिया और उनकी भूमि पर लगान बढ़ाकर दूसरे आसामियों को सौंप दिया। मौरूसी और दखीलदार आसामियों पर भी करवृद्धि के उपाय सोचने लगे।...सारे इलाके में हाहाकार मच गया।"[2] वह किसानों का अन्य रूपों में भी शोषण करता है। बाजार में रुपये का दस छटाँक घी मिलता है, पर ज्ञानशंकर एक रुपये सेर के हिसाब से किसानों से घी खरीदने का आदेश देता है। जमींदार के डर से किसान बाजार से महँगी दर पर घी खरीदकर सस्ती दर पर देते हैं। जमींदार ज्ञानशंकर को इतने से ही संतोष नहीं होता। वह लखनपुर गाँव पर 'इजाफा लगान' का दावा दायर कर देता है। यद्यपि ज्ञानशंकर को इसमें सफलता नहीं मिलती, पर उसका कारिन्दा गौस खाँ किसानों पर तरह-तरह के अत्याचार करने से बाज नहीं आता। वह आसामियों की झोंपड़ी में आग लगवा देता है, क्योंकि जिस जमीन पर झोंपड़ियाँ हैं वह जमींदार की है।[3] गर्मी के

1. सेवासदन, प्रथम परिच्छेद।
2. प्रेमाश्रम, परिच्छेद 7, पृ० 41 (संस्करण 1963)।
3. प्रेमाश्रम, पृ०, 26।

महीने में गाँव के सारे तालाब सूख जाते हैं। केवल जमींदार के तालाब में पानी है। गौस खाँ तालाब से पानी लेने पर रोक लगा देता है।[1] कुछ दिनों के बाद वह सामूहिक चारागाह पर भी रोक लगा देता है।[2] उसकी हत्या के बाद जब फैजुल्लाह खाँ कारिन्दा नियुक्त होता है तो वह किसानों पर और भी जोर-शोर से दमनचक्र जारी करता है। वह किसानों पर बकाया लगान की नालिश करता है और उनके जानवर कुर्क करा लेता है। उसके अत्याचारों की कोई सीमा नहीं।[3] "किसी को चौपाल के सामने धूप में खड़ा करते, किसी को मुश्कें कसकर पिटवाते। दीन नारियों के साथ और भी पाशविक व्यवहार किया जाता, किसी की चूड़ियाँ तोड़ी जातीं, किसी के जूड़े नोचे जाते।"[4] फसल न होने के कारण लखनपुर के किसान लगान नहीं दे पाते और ज्ञानशंकर बेदखली का दावा दायर कर देता है। यद्यपि एक 'दैवी विधान' से किसान बेदखली से बच जाते हैं, पर किसान महामारी, सूखा तथा जमींदार और सरकार के साथ संघर्ष से टूट जाते हैं। एक गरीब ग्रामीण बुढ़िया के शब्दों में, "सारा गाँव बँध गया, कोई डामिल गया, कोई कैद हो गया। उनके बाल-बच्चे अब दाने-दाने को तरस रहे हैं।"[5]

'कायाकल्प' की रानी जगदीशपुर भी कहारों और चमारों से बेगार लेती हैं।[6] राजा विशाल सिंह के राजतिलक के अवसर पर प्रजा पर बड़े-बड़े अत्याचार होते हैं।[7] सारा काम बेगार से सम्पन्न होता है। इस अवसर पर होने वाले भारी खर्च के लिए हल पीछे दस रुपये चन्दा लगा दिया जाता है। रसद बेगार के रूप में वसूलने की व्यवस्था की जाती है। "फिर तो वह अन्धेर मचता है कि सारे इलाके में कुहराम पड़ जाता है।"[8] "चारों तरफ लूट-खसोट हो रही थी। गालियाँ और ठोंक-पीट तो साधारण बात थी। किसी के बैल खोल लिए जाते थे, किसी की गाय छीन ली जाती थी। कितनों ही के खेत कटवा लिए गये। बेदखली और इजाफे की धमकियाँ दी जाती थीं। जिसने खुशी से दिये, उसका तो 10 रुपये में ही गला छूटा, जिसने हीले-हवाले किये, कानून बघारा उसे 10 रुपये के बदले 20 रुपये, 30 रुपये, 40 रुपये देने पड़े।"[9] तिलकोत्सव के अवसर पर बेगारों से निर्दयता-

---

1. प्रेमाश्रम पृ० 26।
2. उपरिवत्, पृ० 27।
3. उपरिवत्, परिच्छेद 36।
4. उपरिवत्।
5. उपरिवत्, पृ० 177।
6. प्रेमचन्द, कायाकल्प, पृ० 43।
7. उपरिवत्, पृ० 103।
8. उपरिवत्, पृ० 106।
9. उपरिवत्, पृ० 106।

पूर्वक काम लिया जाता है और उन्हें खाने तक को कुछ नहीं दिया जाता। और जब वे खाना या मजदूरी माँगते हैं तो उन्हें गालियाँ दी जाती हैं और कोड़े से पीटा जाता है।[1] इसी प्रकार 'कर्मभूमि' का महन्त जमींदार लगान तो कड़ाई के साथ वसूल करता ही है, साथ-ही-साथ वह किसानों से निर्दयतापूर्वक बेगार भी करवाता है। 'गोदान' के अमरपाल सिंह, जो ऊपर से बड़े नम्र, बुद्धिजीवी और विचारशील दिखते हैं, किसानों के प्रति कोई रियायत नहीं बरतते। लगान वसूलने के लिए वे ऐसा समय चुनते हैं जब किसान सर्वाधिक विवश होते हैं। आषाढ़ में पहली वर्षा होती है। किसान खरीफ बोने के लिए हल-बैल लेकर निकलते हैं। उसी समय राय साहब का कारकुन कहला भेजता है कि जब तक लगान नहीं चुक जाएगा खेत में हल नहीं चलने दिया जाएगा। यही राय साहब का हुक्म है। किसान विवश होकर महाजनों के पास दौड़ते हैं जो उनसे ऊँची दर पर सूद वसूलते हैं।[2] राय साहब अपनी रैयतों से बड़ा अच्छा व्यवहार करते हैं पर तभी तक जब तक वे चुपचाप उनकी बात मानते रहें। वे इस सिद्धान्त पर चलते हैं कि "गुड़ से मारने वाला जहर से मारने वाले की अपेक्षा कहीं अधिक सफल हो सकता है।[3] वे किसानों से लगान के अलावा 'डाँड़', 'सगुन', 'बेगारी' आदि भी वसूल करते हैं। होरी के साथ अपनी लम्बी बातचीत में वे अपना दुखड़ा रोते हैं, समाजवाद की हिमायत और जमींदारों की आलोचना करते हैं, पर ज्यों ही कारिन्दा सूचना देता है कि बेगार करने वाले मजदूर खाना माँग रहे हैं, वे उन 'दुष्टों' को 'ठीक करने' के लिए चल पड़ते हैं।[4] होरी को आश्चर्य होता है, "अभी यह कैसी-कैसी नीति और धरम की बातें कर रहे थे और एकाएक इतने गरम हो गये।"[5]

'गोदान' का केन्द्रीय विषय है जमींदारों, महाजनों और सरकारी अमलों के शोषण के फलस्वरूप किसान की दयनीय जिन्दगी का चित्रण। होरी और उसका परिवार भारतीय कृषक वर्ग का प्रतिनिधित्व करता है। प्रेमचन्द ने बेलारी गाँव के किसानों को जमींदार, महाजन और पुलिस के शोषण की चक्की में पिसते दिखाया है। फसल हो या न हो, जमींदार लगान वसूलेगा ही, साथ ही समय-समय पर किसी धार्मिक उत्सव के लिए 'सगुन', किसी बड़े पदाधिकारी की दावत के लिए चन्दा, बेगार आदि भी किसानों को देना ही है। जमीन की बेदखली के डर से किसान महाजन से कर्ज लेता है, महाजन इतनी कड़ी सूद-दर पर कर्ज देता है कि एक बार जो किसान कर्ज के दलदल में फँसता है, वह आजीवन उससे मुक्त नहीं

1. कायाकल्प पृ० 111।
2. गोदान, आठवाँ परिच्छेद, पृ० 105-106, संस्करण 1961।
3. उपरिवत्, पृ० 57।
4. गोदान, द्वितीय परिच्छेद, पृ० 19-20।
5. उपरिवत्, पृ० 20।

हो पाता। पुरोहित भी धर्म, ईश्वर और परलोक का भय दिखाकर किसानों को लूटता है। समय-समय पर पुलिस कर्मचारी और सरकारी अमले भी किसानों का शोषण करने से बाज नहीं आते। यह भारतीय किसान, प्रेमचन्द के जमाने में, दुर्दान्त शोषण चक्र का शिकार था, जिसका चित्रण 'गोदान' में किया गया है।"[1]

प्रेमचन्द ने 'गोदान' में किसानों की आर्थिक दुरवस्था का बहुत ही प्रामाणिक और मार्मिक चित्र प्रस्तुत किया है। उपन्यास के प्रथम पृष्ठ में ही धनिया के स्वगत चिन्तन के रूप में इस परिवार की विपन्नता का चित्र उपस्थित हो जाता है: "तीन लड़के बचपन में ही मर गये। उसका मन आज भी कहता था कि अगर उनकी दवादारू होती तो वे बच जाते, पर वह एक धेले की दवा भी न मँगवा सकी थी। उसकी ही उम्र अभी क्या थी। छत्तीसवाँ साल तो था, पर सारे बाल पक गये थे, चेहरे पर झुर्रियाँ पड़ी थीं। सारी देह ढल गयी थी, वह सुन्दर गेहुआँ रंग सँवला गया था और आँखों से भी कम सूझने लगा था। पेट की चिन्ता ही के कारण तो। कभी तो जीवन का सुख न मिला।"[2] एक अन्य स्थान पर होरी स्वगत चिन्तन में निमग्न है: "इस फसल में सब कुछ खलिहान में तौल देने पर भी अभी उस पर कोई तीन सौ कर्ज थे, जिस पर कोई सौ रुपये सूद के बढ़ते जाते थे। लगान के भी अभी पच्चीस रुपये बाकी पड़े हुए थे और दशहरे के दिन सगुन के रुपयों का भी कोई प्रबन्ध करना था।"[3] होरी की विपन्नता का एक दूसरा चित्र है: "···बैसाख तो किसी तरह कटा, मगर जेठ लगते-लगते घर में अनाज का एक दाना न रहा। पाँच पेट खाने वाले और घर में अनाज नदारद। दोनों जून न मिले, एक जून तो मिलना ही चाहिए। भरपेट न मिले, आधा पेट तो मिले। निराहार कोई कै दिन रह सकता है। उधार ले तो किससे? गाँव के सभी छोटे-बड़े महाजनों से मुँह चुराना पड़ता था। मजूरी करे तो किसकी?"[4] यह दशा केवल होरी और उसके परिवार की ही नहीं, बल्कि सारे गाँव की है: "···ऐसा एक आदमी भी नहीं जिसकी रोनी सूरत न हो, मानो उनके प्राणों की जगह वेदना बैठी उन्हें कठपुतलियों की तरह नचा रही हो। चलते-फिरते थे, काम करते थे, पिसते थे, घुटते थे, इसलिए कि पिसना और घुटना उनकी तकदीर में लिखा था—जीवन में न कोई आशा है, न कोई उमंग, जैसे उनके जीवन के सारे सोते सूख गये हों और सारी हरियाली मुरझा गयी हो।···सामने जो कुछ मोटा-झोटा आ जाता वह खा लेते हैं, उसी तरह जैसे इंजन कोयला खा लेता है···उनके जीवन में स्वाद

1. डॉ० गोपाल राय, गोदान: नया परिप्रेक्ष्य, 1982, पृ० 83।
2. प्रेमचन्द, गोदान, पृ० 9।
3. उपरिवत्, पृ० 39।
4. उपरिवत्, पृ० 151-52।

का लोप हो गया है। उनसे धेले के लिए बेईमानी करवा लो, मुट्ठी-भर अनाज के लिए लाठियाँ चलवा लो। पतन की वह इंतहा है, जब आदमी शर्म और इज्जत को भूल जाता है।"[1]

प्रेमचन्द किसानों की दयनीय अवस्था और उनके शोषण का महज विवरण प्रस्तुत करके संतोष नहीं कर लेते। यदि वे केवल इतना ही करते तो अधिक-से-अधिक उन्हें प्राकृतिकवादी कहा जा सकता था, यथार्थवादी नहीं। प्रेमचन्द ने किसानों की निर्धनता के कारणों का विश्लेषण भी किया है। उनके अनुसार भारतीय किसानों की गरीबी का सबसे बड़ा कारण यह है कि वे जमींदार, महाजन, पटवारी, पुलिस और पुरोहित सबके शोषण के शिकार हैं। और ये सभी ब्रिटिश साम्राज्यवाद के दलाल हैं। वस्तुतः असल शोषक तो ब्रिटिश पूँजीवादी साम्राज्य है, जो इनकी सहायता से देश की अस्सी प्रतिशत आबादी तथा देश की अगाध प्राकृतिक सम्पदा का शोषण करता है। यही कारण है कि जब भी शोषित किसान संगठित होकर विद्रोह करते हैं ब्रिटिश सरकार जमींदारों और महाजनों की मदद के लिए आ पहुँचती है। सरकार तब तक कुछ नहीं बोलती जब तक किसान चुपचाप जमींदारों, महाजनों और सरकारी अमलों के शोषण और अत्याचार को बर्दाश्त करते रहते हैं। पर ज्यों ही वे सिर उठाते हैं सरकार अपनी पूरी ताकत से उनका दमन करने के लिए पहुँच जाती है। भारतीय स्वाधीनता आन्दोलन का यह भी एक रूप था जिसे इतिहासकारों ने प्रायः अनदेखा किया है, पर प्रेमचन्द ने इसी पर अधिक जोर दिया है। 'गोदान' का एक गौण पात्र रामसेवक कहता है : "थाना, पुलिस, कचहरी, अदालत सब हैं हमारी रक्षा के लिए लेकिन रक्षा कोई नहीं करता। चारों तरफ लूट है। जो गरीब है, बेबस है, उसकी गरदन काटने के लिए सभी तैयार रहते हैं। यहाँ तो जो किसान है, वह सबका नरम चारा है। पटवारी को नजराना और दस्तूरी न दे, तो गाँव में रहना मुश्किल। जमींदार के चपरासी और कारिन्दों का पेट न भरे तो निबाह न हो। थानेदार और कांस्टेबल तो जैसे उसके दामाद हैं, जब उनका दौरा गाँव में हो जाए, किसानों का धरम है कि वह उनका आदर-सत्कार करें, नजर-नयाज दें, नहीं तो एक रिपोट में गाँव का गाँव बँध जाए।···पादड़ी भी आ जाता है तो उसे रसद देना पड़ता है, नहीं शिकायत कर दे। और जो कहो कि इतने महकमों और इतने अफसरों से किसान का कुछ उपकार होता हो, तो नाम को नहीं।"[2]

प्रेमचन्द अनुभव करते हैं कि किसान के शोषण के मूल में उनकी अशिक्षा, धर्मभीरुता, सामन्ती मूल्यों में विश्वास तथा संगठन का अभाव है। ब्रिटिश सरकार

1. गोदान, पृ० 357-58।
2. उपरिवत्, पृ० 355।

की शिक्षा विषयक उदासीनता के मूल में उसका औपनिवेशिक स्वार्थ ही था। किसानों के समाज में व्याप्त बुराइयाँ, धर्मभीरुता, परम्परागत मूल्यों और अन्ध-विश्वासों में आस्था अशिक्षा के ही परिणाम थे। संगठन के अभाव का कारण भी किसानों का अशिक्षित होना ही था। यदि किसान संगठित हो जाएँ तो उनका शोषण अनायास रुक जाएगा। 'गोदान' का उपर्युक्त पात्र रामसेवक अपना एक अनुभव बयान करता है : "···कभी जमींदार ने गाँव पर हल पीछे दो-दो रुपये चन्दा लगाया। किसी बड़े अफसर की दावत की थी। किसानों ने देने से इनकार कर दिया। बस, उसने सारे गाँव पर जाफा कर दिया। हाकिम भी जमींदार ही का पक्ष करते हैं। यह नहीं सोचते कि किसान भी आदमी हैं, उनके भी बाल-बच्चे हैं, उनकी भी इज्जत-आबरू है। और यह हमारे दब्बूपन का फल है। मैंने गाँव में डौंडी पिटवा दी कि कोई बेसी लगान न दो और न खेत छोड़ो, हमको कोई कायल कर दे, तो हम जाफा देने को तैयार हैं, लेकिन जो तुम चाहो कि बेमुँह के किसानों को पीसकर पी जाएँ तो यह न होगा। गाँव वालों ने मेरी बात मान ली, और सबने जाफा देने से इनकार कर दिया। जमींदार ने देखा, सारा गाँव एक हो गया है तो लाचार हो गया। खेत बेदखल कर दे, तो जोते कौन ?"[1]

सच पूछें तो आजादी की लड़ाई का मुख्य पक्ष किसानों की एकता और संगठन ही था। जरूरत थी बड़े पैमाने पर संगठन के लिए रामसेवक के ढंग के बड़े नेता की। प्रेमचन्द के सामने वास्तविक जीवन में इस प्रकार का कोई नेता नहीं था। गांधी जी में संगठन की क्षमता थी, पर वे किसानों के संगठन से कतराते थे। वे अहिंसा की शर्त पर ही आन्दोलन चलाने के समर्थक थे और उन्हें आशंका थी कि किसानों का संगठन अहिंसक नहीं रह सकता। यही कारण है कि चौरीचौरा की एक नगण्य-सी हिंसात्मक घटना के कारण उन्होंने प्रस्तावित सत्याग्रह आन्दोलन, जिसमें किसानों द्वारा लगान न देने का भी कार्यक्रम शामिल था, वापस ले लिया। स्वामी सहजानन्द द्वारा चलाए जाने वाले किसान आन्दोलन को गांधी जी का समर्थन प्राप्त न था। जवाहरलाल नेहरू, सरदार वल्लभ भाई पटेल आदि किसानों के संगठन के समर्थक थे, पर गांधी जी के सामने उनकी एक न चली थी और उनकी उपेक्षा करना उनके लिए सम्भव भी नहीं था। वास्तविक जीवन में किसानों के नेतृत्व और संगठन के अभाव में प्रेमचन्द अपने कल्पना-प्रसूत संसार में भी किसानों के संगठन और वैसे नेतृत्व की योजना नहीं कर पाये। आलोचनात्मक यथार्थवाद की यही कमजोरी होती है। ऐसा नहीं कि प्रेमचन्द के औपन्यासिक संसार के किसानों में विद्रोह का भाव न हो। 'प्रेमाश्रम' में लखनपुर के किसान जमींदार के

1. प्रेमचन्द, गोदान, पृ० 355-56।

शोषण—जाफा, बेदखली, अखराज—की आलोचना तो करते ही हैं, मनोहर और उसका बेटा बलराज इस शोषण का सक्रिय विरोध भी करते हैं। वे जमींदार को कम दर पर घी देना स्वीकार नहीं करते। उनके विरोध में विद्रोह का स्वर स्पष्ट है।[1] जमींदार ज्ञानशंकर द्वारा अपमानित किए जाने पर मनोहर का विद्रोह और भी उग्र हो उठता है। जब किसानों को ज्ञानशंकर द्वारा लगान इजाफा की सूचना मिलती है तो मनोहर कहता है : "हमने तो ठान लिया है कि एक कौड़ी भी बेसी न देंगे।"[2] और बलराज तो इजाफा करने वाले का सिर तोड़ कर रख देने की घोषणा कर देता है। मनोहर कहता है : "मैं तो एक कौड़ी बेसी न दूंगा, और न खेत ही छोड़ूंगा। खेतों के साथ जान भी जाएगी और दो-चार को साथ लेकर जाएगी।"[3] बलराज कहता है : "किसी ने हमारे खेतों की ओर आँख भी उठायी तो कुशल नहीं।"[4] गाँव के अन्य किसान जमींदार से डरते हैं, पर मनोहर और बलराज निर्भय हैं। बलराज को रूस और बुलगारिया की राजनीतिक हलचलों का भी ज्ञान है। वह किसानों को बताता है कि "मेरे पास जो पत्र आता है, उसमें लिखा है कि रूस देश में कास्तकारों का राज है, वह जो चाहते हैं, करते हैं। उसी के पास कोई और देश बलगारी है। वहाँ अभी हाल की बात है, कास्तकारों ने राजा को गद्दी से उतार दिया है और अब किसानों और मजदूरों की पंचायत राज्य करती है।"[5]

मनोहर और बलराज के शोषण के खिलाफ विद्रोह को ज्ञानशंकर और उनके कारिन्दे चुनौती के रूप में लेते हैं। वे सारे गाँव पर इजाफा लगान का दावा दायर कर देते हैं। पर लखनपुर के किसान इससे विचलित नहीं होते। वे मिलकर इस अन्याय का विरोध करने का निश्चय करते हैं। "सारे गाँव में आग-सी लग गयी। बूढ़े कादिर खाँ भी, जो अपनी सहिष्णुता के लिए बदनाम थे, धीरता से काम न ले सके। भरी हुई पंचायत में, जो जमींदार का विरोध करने के उद्देश्य से बैठी थी, बोले, "इसी धरती से सब कुछ पैदा होता है और सब कुछ इसी में समा जाता है। हम भी इसी धरती से पैदा हुए हैं और एक दिन इसी में समा जाएँगे। फिर यह चोट क्यों सहें? धरती के लिए ही छत्रधारियों के सिर गिर जाते हैं, हम भी अपना सिर गिरा देंगे। इस काम में सहायता करना गाँव के सब प्राणियों का धर्म है, जिससे जो कुछ हो सके, दे।" सब लोगों ने एक स्वर से कहा, 'हम सब तुम्हारे साथ हैं, जिस रास्ते कहोगे चलेंगे और इस धरती पर अपना सर्वस्व न्यौछावर कर देंगे।'"[6]

---

1. प्रेमचन्द, प्रेमाश्रम (प्रेमोपहार, 1963), प्रथम परिच्छेद, पृ० 20-21।
2. उपरिवत्, पृ० 42।
3. उपरिवत्।
4. उपरिवत्, पृ० 42।
5. उपरिवत्, पृ० 43।
6. उपरिवत्, पृ० 94।

किसानों की इस एकता से ज्ञानशंकर चिन्तित होते हैं, पर अपनी पहुँच, प्रभाव और हाकिम परगना मिस्टर ज्वाला सिंह से अपने व्यक्तिगत सम्बन्ध के बल पर मुकद्दमा जीतने का प्रयास करते हैं। पर ज्ञानशंकर को इस प्रयत्न में सफलता नहीं मिलती और दावा खारिज हो जाता है। इसका कारण किसानों का एकजुट प्रयास तथा ज्वाला सिंह के मन में किसानों के प्रति सहानुभूति का होना है। ज्वाला सिंह को किसानों के साथ सहानुभूति दिखाने और न्याय करने का दंड तुरन्त मिल जाता है। ब्रिटिश शासन इस बात को बर्दाश्त नहीं कर सकता था कि उसका कोई हिन्दुस्तानी अफसर किसानों के साथ सहानुभूति करे और उनके पक्ष में फैसला दे। एंग्लो इंडियन पत्र तथा जमींदारों के समर्थक पत्र ज्वाला सिंह के खिलाफ अभियान छेड़ देते हैं, जिसके फलस्वरूप उनकी बदली कर दी जाती है और दर्जा घटा दिया जाता है। पर किसान जीत जाते हैं। ज्ञानशंकर की ज्वाला सिंह के फैसले के खिलाफ अपील भी खारिज हो जाती है। स्वयं ज्वाला सिंह और ज्ञानशंकर के भाई प्रेमशंकर अपील के लिए किसानों को रुपये से मदद करते हैं।

इस प्रकार किसान ज्वाला सिंह और प्रेमशंकर की मदद से अदालती लड़ाई में जमींदार से जीत जाते हैं, पर जमींदार के अत्याचार इस पराजय से और भी बढ़ जाते हैं। वह किसानों की झोंपड़ियों में आग लगवा देता है और सार्वजनिक तालाब के पानी पर रोक लगा देता है। किसान इसका भी एकजुट होकर विरोध करते हैं। सुक्खू चौधरी भी, जो जमींदार का खैरख्वाह था, इसका विरोध करता है और कहता है : "खैरख्वाही के पीछे अपना हक नहीं छोड़ सकता।"[1] इस बात को लेकर भी मुकद्दमा होता है और फिर किसानों की जीत होती है। गौस खाँ इसका बदला सुक्खू को एक झूठे मुकद्दमे में फँसाकर लेता है। सुक्खू को दो वर्ष की सजा हो जाती है। गौस खाँ ज्ञानशंकर के हुक्म से गाँव के सार्वजनिक चरागाह पर रोक लगा देता है। जब मनोहर की पत्नी और बलराज की माँ अपने जानवर चराने के लिए ले आती हैं तो गौस खाँ के चपरासी मवेशियों को घेर लेते हैं और उन्हें मवेशीखाने ले जाने का उपक्रम करने लगते हैं। बिलासी इसका डटकर विरोध करती है, जिस पर एक चपरासी उसकी गर्दन पकड़कर धकेल देता है। जब मनोहर और बलराज को इसका पता चलता है तो वे तिलमिला उठते हैं। कादिर फिर एकजुट होकर अदालत में लड़ने की सलाह देता है। पर मनोहर और बलराज बिलासी के अपमान का बदला लेने का निश्चय कर चुके हैं। दोनों रात में गौस खाँ की हत्या कर देते हैं। बलराज तथा गाँव के अन्य किसानों को बचाने के लिए मनोहर प्रातःकाल थाने में जाकर अपना अपराध कबूल कर लेता है। पर जमींदार ज्ञानशंकर इस बहाने सारे गाँव से और किसानों के साथ हमदर्दी दिखाने वाले अपने भाई प्रेमशंकर से भी बदला लेने का निश्चय करता है। अधिकारी वर्ग प्रेमशंकर के 'लोकवाद' के कारण 'पहले से ही बदगुमान' बना हुआ है।[2] इजाफा

1. प्रेमाश्रम, पृ० 104।
2. उपरिवत्, पृ० 132।

लगान वाले मुकद्दमे में किसानों की जीत भी अधिकारियों के लिए चिन्ता का कारण बनी हुई है। इसकी सजा बाबू ज्वाला सिंह को मिल चुकी है। अब प्रेमशंकर तथा किसानों से बदला लेने का अवसर मिल जाता है। लखनपुर के सभी युवकों का चालान हो जाता है। प्रेमशंकर भी हिरासत में ले लिए जाते हैं। इस मुकद्दमे में कोई भी नामी वकील प्रेमशंकर की पैरवी करने को तैयार नहीं होता, क्योंकि अधिकारी वर्ग प्रेमशंकर से कुपित है।[1] पुलिस प्रेमशंकर को सजा दिलाने के लिए जी-जान से कोशिश कर रही है। ज्ञानशंकर और ज्वाला सिंह की गवाही तथा प्रभाशंकर की पैरवी के फलस्वरूप प्रेमशंकर बरी हो जाते हैं और मनोहर हवालात में ही आत्महत्या कर लेता है, पर अन्य निर्दोष किसानों को कालापानी या लम्बी कैद की सजाएँ हो जाती हैं।

उधर ज्ञानशंकर का नया कारिन्दा फैजुल्लाह खाँ किसानों के लगान न दे पाने पर मुकदमा दायर कर देता है और बेदखली की तारीख निश्चित हो जाती है। सुक्खू चौधरी, जो अब दुनिया से विरक्त होकर परोपकार में लगा हुआ है, सारे गाँव का बकाया लगान चुकाकर किसानों को जमीन बेदखली से बचाता है।[2] डॉ० प्रियनाथ, डॉ० इर्फान अली और प्रेमशंकर के प्रयत्न से किसानों की तरफ से अपील दायर होती है। बिसेसर साह भी, जिसका हृदय-परिवर्तन हो गया है, रुपयों से और अदालत में अपना बयान बदलकर, मदद करता है। शीलमणि, श्रद्धा और मायाशंकर आदि भी अपील के लिए जोर देते हैं। अपील दायर होती है। इस बार बिसेसर साह पुलिस का सिखाया हुआ झूठा बयान नहीं देता। समाचार-पत्रों में इस मुकदमे को लेकर तरह-तरह के विचार व्यक्त किए जाते हैं। अंग्रेजी पत्र कहते हैं कि गवाह का यह रूपान्तर राष्ट्रवादियों के दुराग्रह का फल है।[3] राष्ट्रवादी पत्रों को पुलिस की आड़ में जमींदारों के अत्याचारों का भयंकर रूप दिखाई देता है।[4] डॉ० प्रियनाथ भी अपना बयान बदल देते हैं। इस प्रकार लखनपुर के सारे अभियुक्त बरी हो जाते हैं।[5] इस अवसर पर जो जुलूस निकलता है उसमें डॉ० इर्फान अली, बाबू ज्वाला सिंह, डॉ० प्रियनाथ और शहर के सैकड़ों आदमी जुलूस के साथ हैं।[6]

प्रश्न उठता है कि क्यों नहीं प्रेमचन्द ने बलराज, प्रेमशंकर या मायाशंकर को ऐसे नेता के रूप में प्रस्तुत किया जो किसानों का नेतृत्व करता है, उन्हें संगठित

---

1. प्रेमाश्रम, पृ० 135।
2. उपरिवत्, पृ० 151।
3. उपरिवत्, पृ० 216।
4. उपरिवत्।
5. उपरिवत्, पृ० 230।
6. उपरिवत्, पृ० 230।

करता है और उन्हें जमींदारों के शोषण से मुक्ति दिलाता है। वस्तुतः ऐसा करने का मतलब होता ब्रिटिश साम्राज्य के विरोध में खड़ा होना, जो 1918-19 की अवधि में, जबकि 'प्रेमाश्रम' की रचना हुई, एक मुश्किल काम था। यह काल भारतीय राजनीति में गांधी जी के प्रमुख जननेता के रूप में उभरने का काल था। गोरखपुर के नार्मल स्कूल का एक सामान्य शिक्षक यदि अपने उपन्यास में ऐसे विद्रोही नायक की कल्पना करता तो उसका क्या परिणाम होता इसका अनुमान आसानी से किया जा सकता है। जो काम गांधी जी नहीं कर सके उसकी आशा प्रेमचन्द से करना संगत नहीं होगा। 'प्रेमाश्रम' के लेखन काल के ठीक पहले गांधी जी ने चम्पारण में किसानों पर निलहे साहबों के अत्याचार के विरोध में आन्दोलन छेड़ा था और उसमें उन्हें सफलता भी मिली थी। पर वह सफलता बहुत सीमित सफलता थी। गांधी जी ने निलहे साहबों के विरोध में किसानों का संगठन करके उन्हें उनके शोषण से सर्वथा मुक्त कराने का कोई क्रान्तिकारी प्रयास नहीं किया था। उस आन्दोलन की सफलता मात्र इतनी हुई कि सरकार ने चम्पारण के किसानों को कतिपय सुविधाएँ प्रदान कीं और निलहे साहबों द्वारा उनपर किए जाने वाले अत्याचारों पर रोक लगा दी। प्रेमचन्द इस प्रकार की 'सफलता' की अपर्याप्तता को समझते थे। उन्हें तब तक रूस में हुई मजदूरों और किसानों की सफल क्रान्ति की भनक मिल चुकी थी, जिसका उल्लेख वे 'प्रेमाश्रम' में बलराज के मुख से कराते हैं। दुर्भाग्यवश प्रेमचन्द के सामने लेनिन जैसा नेता और मार्क्सवादी दर्शन का आधार नहीं था। प्रेमचन्द के सामने लेनिन की जगह गांधी जी थे और किसानों के प्रतिपक्ष में रूसी जार के स्थान पर वह ब्रिटिश साम्राज्य था, जिसमें कभी सूरज नहीं डूबता था। परिणाम यह हुआ कि प्रेमचन्द वैचारिक अन्तर्विरोध के शिकार हो गये। वे किसानों की विद्रोह भावना का चित्रण तो करते हैं, पर विद्रोह के सफल नेतृत्व की कोई कल्पना नही कर पाते। उनके सामने एक ही विकल्प बच जाता है, जमींदार के हृदय परिवर्तन और न्यासिता (ट्रस्टीशिप) का सिद्धान्त जिस पर गांधी जी भी विश्वास कर रहे थे। सामाजिक शोषण के समाधान के लिए हृदय परिवर्तन और 'ट्रस्टीशिप' के सिद्धान्त की असफलता अब प्रमाणित हो चुकी है, पर 'प्रेमाश्रम' में प्रेमचन्द इसकी असंगतियों को न देख सके। आलोचनात्मक यथार्थवाद की यही सीमा है।

'कायाकल्प' (1926) को आलोचकों ने, पुर्नजन्म, कायाकल्प, वैज्ञानिक मनोकल्पना आदि के अविश्वसनीय चित्रण के कारण, गम्भीर विवेचन के योग्य नहीं समझा है, पर जमीन्दार-किसान सम्बन्ध के व्याज से स्वाधीनता आन्दोलन का चित्रण 'कायाकल्प' की एक उल्लेखनीय विशेषता है। इसका केन्द्रीय पात्र चक्रधर विद्यार्थी जीवन से ही अपने को देश सेवा के लिए अर्पित कर चुका है। वह एम० ए० की डिग्री लेने के बाद भी नौकरी नहीं करना चाहता, क्योंकि ब्रिटिश

शासन में नौकरी करना गुलामी के समान है। उसका लक्ष्य देशसेवा है। वह एक 'सेवा समिति' की स्थापना करता है और किसानों की सभा में भाग लेता है। सरकार उसकी गतिविधियों पर नजर रखती है। दारोगा चक्रधर के पिता मुंशी वज्रधर को चेतावनी देता है कि "आप लड़के को संभालिए, नहीं तो धोखा खाइएगा।"[1] मुंशी वज्रधर कहते हैं : "मेरे इलाके के आदमी भी इन सभाओं में अब जाने लगे हैं।"[2] इससे स्पष्ट है कि उस समय तक किसानों का आन्दोलन तेज होने लगा था और प्रेमचन्द उसका चित्रण करने में रुचि लेने लगे थे।

जगदीशपुर रियासत में रैयतों से परम्परागत अधिकार के रूप में बेगारी ली जाती है। पर धीरे-धीरे रियाया बेगारी के खिलाफ आवाज उठाने लगी है। मुंशी वज्रधर कहते हैं : "सुना है, इलाके-भर के चमारों ने पंचायत की है कि जो साईसी करे, उसका हुक्का-पानी बन्द कर दिया जाए। अब तो चमारों को इलाका छोड़ना पड़ेगा, या दीवान साहब को साईस नौकर रखने पड़ेंगे।"[3] ठाकुर विशाल सिंह कहते हैं : "चारों तरफ देखते हैं कि जमाना पलट गया, यहाँ तक कि किसान-मजदूर राज्य करने लगे, पर अब भी लोगों की आँखें नहीं खुलतीं। इस देश से न जाने कब यह प्रथा मिटेगी।"[4] पर यही ठाकुर विशाल सिंह जब जगदीशपुर रियासत की राजगद्दी प्राप्त कर लेते हैं तो रियाया का वैसे ही शोषण और दमन करने लगते हैं जैसे रानी देवप्रिया किया करती थीं। उनके राजतिलक के अवसर पर धूम-धाम के साथ समारोह करने के लिए रियाया पर प्रति हल पीछे दस रुपये चन्दा लगा दिया जाता है। जो भूमिहीन किसान या कारीगर हैं, जैसे कहार, चमार बढ़ई, मिस्त्री, दर्जी आदि, उन्हें मुफ्त में खटना पड़ता है। चन्दा वसूलने के लिए रियासत के कर्मचारी किसानों पर घोर अत्याचार करते हैं। इसका वर्णन प्रेमचन्द ने निम्नलिखित शब्दों में किया है : "चारों तरफ लूट-खसोट हो रही थी। गालियाँ और ठोक-पीट तो साधारण बात थी। किसी के बैल खोल लिए जाते थे, किसी की गाय छीन ली जाती थी, कितनों के खेत कटवा लिये गये। बेदखली और इजाफे की धमकियाँ दी जाती थीं। जिसने खुशी से दिए उसका तो दस रुपये में ही गला छूटा। जिसने हीले-हवाले किए, कानून बघारा, उसे दस के बदले, बीस रुपये, तीस रुपये, चालीस रुपये देने पड़े।"[5] चक्रधर इसकी फरियाद राजा विशाल सिंह से करता है, पर कोई सुनवाई नहीं होती। मुंशी वज्रधर उलटे चक्रधर को ही इस स्थिति

1. कायाकल्प (संस्करण, 1903), पृ० 41।
2. उपरिवत्, पृ० 41।
3. उपरिवत्, पृ० 43।
4. उपरिवत्, पृ० 43।
5. उपरिवत्, पृ० 106।

के लिए जिम्मेदार ठहराते हैं : "यह सब तुम्हारे आदमियों की शरारत है। तुम्हारी समिति के आदमी जा-जाकर आसामियों को भड़काते रहते हैं। इन्हीं लोगों की शह पाकर वे सब शेर हो गये हैं, नहीं तो किसी की मजाल न थी कि चूँ करता।"[1] इससे स्पष्ट है कि चक्रधर की सेवा समिति किसानों के बीच काम करती है और उनके हितों के लिए लड़ती है। इससे स्वाधीनता की लडाई में किसानों की भूमिका के प्रति प्रेमचन्द के दृष्टिकोण का आभास मिलता है।

जगदीशपुर में किसानों पर हो रहे अत्याचार को देखकर चक्रधर के मन में भयंकर द्वंद्व मचा हुआ है। वे मनोरमा से कहते हैं : "सारा देश गुलामी की बेड़ियों में जकड़ा हुआ है, फिर भी हम अपने भाइयों की गर्दन पर छुरी फेरने से बाज नहीं आते। इतनी दुर्दशा पर भी हमारी आँखें नहीं खुलतीं। जिनसे लड़ना चाहिए, उनके तलुए चाटते हैं और जिनसे गले मिलना चाहिए, उनकी गर्दन दबाते हैं। और यह सारा जुल्म हमारे पढ़े-लिखे भाई ही कर रहे हैं। जिसे कोई अख्तियार मिल गया, वह फौरन दूसरों को पीसकर पी जाने की फिक्र करने लगता है।...हमारी शिक्षा ने हमें पशु बना दिया है।"[2] इस पर मनोरमा जनता द्वारा विद्रोह करने का समर्थन करती है।[3] इससे प्रेमचन्द की सोच का पता चलता है।

तिलकोत्सव के अवसर पर मेहमानों की सेवा के लिए जो मजदूर बेगार पकड़-कर लाये गये हैं उन्हें चार दिनों तक खाना नहीं मिलता। यदि किसी काम में तनिक भी चूक या देर हो जाती है तो राज्य के कर्मचारी उनसे गालियों और हंटरों से बात करते हैं। इस पर बेगारी में खट रहे चमार और कहार विद्रोह कर बैठते हैं। इस विद्रोह को दबाने के लिए जमींदार के कर्मचारी दमन का सहारा लेते हैं, पर किसान भी नहीं दबते। एक मजदूर तो कहता है : "हम यहाँ काम करने आये हैं, जान देने नहीं आये हैं। एक तो भूखों मरें, दूसरे लात खाएँ। हमारा जन्म इसी-लिए थोड़े ही हुआ है ?"[4] वे काम छोड़कर जाने को उद्यत हो जाते हैं। उधर रियासत की फौज किसानों पर आक्रमण करने के लिए तैयार है। राजा विशाल सिंह भी बन्दूक लेकर आ जाते हैं। उनसे वाद-विवाद करते हुए चमारों का चौधरी कहता है : "क्या अब हमारी पीठ पर कोई नहीं कि मार खाते रहें और मुँह न खोलें ? अब तो सेवा सम्मती हमारी पीठ पर है। क्या वह कुछ भी न्याय न करेगी ? हमारी राय से मेम्बर चुने जाते हैं, क्या कोई हमारी फरियाद न सुनेगा ?"[5]

1. कायाकल्प, पृ० 107।
2. उपरिवत्, पृ० 108।
3. उपरिवत्।
4. उपरिवत्, पृ० 112।
5. उपरिवत्, पृ० 113।

मजदूरों की यह आवाज उनकी अपने मानवीय अधिकारों के प्रति जागरूकता का परिचायक है। इस विद्रोह और दमन के दौरान पात्रों के मुख से जो बातें कहलायी गयी हैं वे प्रेमचन्द के राजनीतिक-आर्थिक दृष्टिकोण को अच्छी तरह व्यक्त करती हैं। मजदूर निःशंक और निर्भय बन्दूकों के सामने मरने को तैयार खड़े हैं। वे बाड़े की लकड़ियाँ और रस्सियाँ काट डालते हैं। हजारों आदमी बाड़े से निकल पड़ते हैं, मानो कोई उमड़ी हुई नदी बाँध तोड़कर निकल पड़े।[1] मजदूरों के इस सैलाव को रोकने के लिए चक्रधर कुछ सुझाव लेकर राजा साहब के पास जाते हैं। इस पर राजकर्मचारी चक्रधर पर दोषारोपण करते हुए कहता है : "हुजूर, इन्हीं लोगों ने आदमियों को उभारकर सरकश बना दिया है। ये लोग सबसे कहते फिरते हैं कि ईश्वर ने सभी मनुष्यों को बराबर-बराबर बनाया है, किसी को तुम्हारे ऊपर राज्य करने का अधिकार नहीं है, किसी को तुमसे बेगार लेने का अधिकार नहीं। प्रजा ऐसी बातें सुन-सुनकर शेर हो गयी है।•• ये लोग कहते हैं, जमीन के मालिक तुम हो। जो जमीन से बीज़ उगाये वही उसका मालिक है। राजा तो तुम्हारा गुलाम है।"[2] यह मार्क्सवादी दृष्टिकोण है, जिससे प्रेमचन्द प्रभावित दीख पड़ते हैं। इसकी पुष्टि चक्रधर के इस कथन से भी होती है : "समाज की यह व्यवस्था अब थोड़े दिनों की मेहमान है और वह समय आ रहा है, जब या तो राजा प्रजा का सेवक होगा या होगा ही नहीं।"[3]

मजदूर हिंसक विद्रोह पर आमादा हैं। कथाकार के शब्दों में : "सरकारी आदमियों की सूरत देखकर जिनके प्राण-पखेरू उड़ जाते थे, वे इस समय निःशंक और निर्भय बन्दूकों के सामने मरने को तैयार खड़े थे।"[4] चक्रधर स्थिति को सँभालने के लिए पहुँचता है। पर राजा विशाल सिंह उसकी बात नहीं सुनते और बन्दूक के कुन्दे से उस पर प्रहार कर देते हैं। चक्रधर के जमीन पर गिरते ही मजदूरों का विद्रोह उग्र रूप धारण कर लेता है। "•••पाँच हजार आदमी बाड़े को तोड़कर, सशस्त्र सिपाहियों को चीरते, बाहर निकल आये और नरेशों के कैम्प की ओर चले। रास्ते में जो कर्मचारी मिला, उसे पीटा। मालूम होता था, कैम्प में लूट मच गयी है। दूकानदार अपनी दूकानें समेटने लगे। दर्शकगण अपनी धोतियाँ सँभालकर भागने लगे। चारों तरफ भगदड़ पड़ गयी। जितने बेफिक्रे, शोहदे, लुच्चे तमाशा देखने आये थे, वे सब उपद्रवकारियों में मिल गये।'[5] इस

1. कायाकल्प, पृ० 113।
2. उपरिवत्, पृ० 116।
3. उपरिवत्, पृ० 117।
4. उपरिवत्, पृ० 114।
5. उपरिवत्, पृ० 118।

विद्रोह को दबाने के लिए अंग्रेजी कैम्प के अफसर और सिपाही गोलियाँ चलाने लगते हैं। मजदूर गोलियाँ खा-खाकर गिरने लगते हैं, पर पीछे नहीं हटते। गोरों के कैम्प में भगदड़ मच जाती है। अन्ततः विद्रोही मजदूरों का हुजूम अंग्रेजों के कैम्प पर कब्जा कर लेता है, पर उसी समय चक्रधर वहाँ पहुँच जाता है और अंग्रेजों को मजदूरों के क्रोध से बचा लेता है। इस अवसर पर मजदूर कहते हैं: "भैया, तुम सान्त-सान्त बका करते हो, लेकिन उसका फल क्या होता है। हमें जो चाहता है, मारता है, पीसता है तो क्या हमी, सान्त बैठे रहें? सान्त रहने से तो और भी हमारी दुरगत होती है। हमें सान्त रहना मत सिखाओ। हमें मारना सिखाओ, तभी हमारा उद्धार कर सकोगे।"[1] वस्तुतः यही मानसिकता उस समय सारे देश की थी, जिसे गांधी जी अहिंसा की ओर मोड़ने की कोशिश कर रहे थे। चक्रधर गांधी जी की आवाज में बोलता है: "अगर अपनी आत्मा की हत्या करके हमारा उद्धार भी होता है, तो हम आत्मा की हत्या न करेंगे। संसार को मनुष्य ने नहीं बनाया है, ईश्वर ने बनाया है। भगवान ने उद्धार के जो उपाय बताये हैं उनसे काम लो और ईश्वर पर भरोसा रखो।"[2] इस तर्क की असंगति बहुत स्पष्ट है पर इससे गांधी जी की विचारधारा की असंगतियाँ सामने आती हैं जो उस काल का यथार्थ था।

इस घटना के बाद चक्रधर गिरफ्तार कर लिया जाता है। अपनी सफाई देते हुए वह मि० जिम से कहता है: "हम लोग जनता में जागृति अवश्य फैलाते हैं, उनमें शिक्षा का प्रचार करते हैं, उन्हें स्वार्थान्ध अमलों के फंदों से बचाने का उपाय करते हैं, और उन्हें अपने आत्मसम्मान की रक्षा करने का उपदेश देते हैं। हम चाहते हैं कि वे मनुष्य बनें और मनुष्यों की भाँति संसार में रहें। वे स्वार्थ के दास बनकर कर्मचारियों की खुशामद न करें, भयवश अपमान और अत्याचार न सहें। अगर इसे कोई भड़काना समझता है तो समझे। हम तो इसे अपना कर्त्तव्य समझते हैं।[3] वह राजा साहब से कहता है: "कोई अन्याय केवल इसलिए मान्य नहीं हो सकता कि लोग उसे परम्परा से सहते आये हैं।"[4]

यह तत्कालीन परिस्थितियों में अत्यन्त साहसपूर्ण कथन है। इस पर चक्रधर को बगावत के आरोप में गिरफ्तार कर लिया जाता है। गिरफ्तारी के समय चक्रधर कहता है: "मुझे आप पकड़ सकते हैं, कैद कर सकते हैं। इससे चाहे आपको शान्ति हो, पर वह असन्तोष अणुमात्र भी कम न होगा, जिससे प्रजा का

---

1. कायाकल्प, पृ० 122।
2. उपरिवत्, पृ० 122।
3. उपरिवत्, पृ० 123।
4. उपरिवत् पृ० 124।

जीवन असह्य हो गया है। असन्तोष को भड़काकर आप प्रजा को शान्त नहीं कर सकते।"[1]

चक्रधर पर बगावत का मुकदमा चलाया जाता है, सजा से बचने के लिए उससे राजनीतिक गतिविधियों से दूर रहने के लिए प्रतिज्ञापत्र लिखाने की कोशिश की जाती है, पर चक्रधर अपने संकल्प से डिगता नहीं। मुकदमे की पेशी होने पर हजारों लोग अदालत में पहुँचते हैं। चक्रधर को दो साल की सजा सुनाई जाती है तो मजदूरों का दल इजलास के द्वार पर खड़ा होकर उसकी जयकार करता है। मनोरमा कहती है : "अदालत ने तो आपको सजा दे दी, पर इतने आदमियों में से एक भी ऐसा न होगा, जिसके दिल में आपसे सौगुना प्रेम न हो गया हो। आपने हमें सच्चे साहस, सच्चे आत्मबल और सच्चे कर्त्तव्य का रास्ता दिखा दिया।"[2]

सरकारी नौकरी से इस्तीफा देने के बाद (1921) प्रेमचन्द तनिक ज्यादा खुलकर ब्रिटिश सरकार और जमींदारों द्वारा जनता के दमन का चित्रण करने लगते हैं। 'रंगभूमि' (1925) और 'कायाकल्प' (1926) इसके प्रमाण हैं। 'रंगभूमि' में ब्रिटिश साम्राज्य से आम जनता के संघर्ष का सीधा चित्रण प्रतीकात्मक शैली में हुआ है, जिसकी चर्चा हम आगे करेंगे। 'कायाकल्प' में इस संघर्ष को जमींदार-किसान संघर्ष की आड़ में प्रस्तुत किया गया है। यहाँ भी प्रेमचन्द की आलोचना इस बात के लिए की जाती है कि उन्होंने चक्रधर को आजादी की लड़ाई के वीर और महान् नायक के रूप में प्रस्तुत नहीं किया। भारतीय स्वाधीनता का यह वह काल था, जब गांधी जी आन्दोलन स्थगित कर देश के भिन्न-भिन्न भागों में चरखा, अछूतोद्धार और अहिंसा का प्रचार कर रहे थे। देश के अन्य नेता स्वराज्य पार्टी के नेतृत्व में कौंसिलों में जाकर सरकार का नपुंसक विरोध कर रहे थे। आजादी की लड़ाई के मोर्चे पर मुर्दनी छायी हुई थी। इस स्थिति में प्रेमचन्द के उपन्यासकार के सामने भी मानो कोई राह नहीं थी। 'कायाकल्प' का चक्रधर एक सेवा समिति की स्थापना करता है जो राजनीतिक उद्देश्य से अपने को बिल्कुल अलग रखकर किसानों की छोट-मोटी समस्याओं का समाधान करती है। पर ब्रिटिश सरकार तथा जमींदारों की दृष्टि में इस प्रकार की समितियाँ भी खटकती थीं और वे उन पर कड़ी नजर रखते थे। ब्रिटिश शासन की दमनपूर्ण नीति को देखते हुए प्रेमचन्द अपने उपन्यासों में ऐसे पात्रों की सृष्टि करते हैं जो सरकार से सीधे नहीं टकराते, वे ब्रिटिश शासन को समाप्त करने के लिए आन्दोलन नहीं करते, बल्कि सेवा समितियों का संगठन करते हैं जिनका उद्देश्य जनता में शिक्षा का प्रचार करना, जागृति फैलाना, स्वार्थी कर्मचारियों के फन्दों से बचने

---

1. कायाकल्प, पृ० 125।
2. उपरिवत्, पृ० 136।

के लिए उपाय करना, आत्मसम्मान का भाव पैदा करना, सरकारी कर्मचारियों की खुशामद से बचने तथा अपमान और अत्याचार न सहने का साहस पैदा करना था। 'कायाकल्प' में चक्रधर के नेतृत्व में संचालित सेवा समिति के यही लक्ष्य हैं।[1] जैसा स्वाभाविक है ब्रिटिश शासन इसे भी बर्दाश्त नहीं करता। चक्रधर किसानों के साथ सहानुभूति रखने के कारण ब्रिटिश शासक वर्ग की दृष्टि में बागी मान लिया जाता है और उसे जेल में डाल दिया जाता है।

जेल में कैदियों के साथ भी चक्रधर की सहानुभूति हो जाती है। वह उन्हें संगठित कर ब्रिटिश शासन का तख्ता पलटने का उपक्रम तो नहीं करता पर उनके सुधार में लग जाता है और थोड़े ही दिनों में उनका हृदय जीत लेता है। जेल में कैदी दारोगा के दुर्व्यवहार से विद्रोह करते हैं। प्रेमचन्द ने जिस रूप में इस प्रसंग का चित्रण किया है उससे ब्रिटिश शासन के खिलाफ उग्र जन-विरोध का संकेत मिलता है। जेल के कैदी दारोगा को घेर लेते हैं और उसे पीटना शुरू करते हैं। चक्रधर कैदियों को समझा-बुझाकर दारोगा को मुक्त करा देता है। पर दारोगा दफ्तर में जाते ही गारद बुलाता है और कैदियों को घेर लेता हैं। कैदी सिपाहियों की बन्दूकें छीन लेते हैं। चक्रधर कैदियों को दारोगा या सिपाहियों पर प्रहार करने से रोकता है। दारोगा को बचाने में उसे संगीन की गहरी चोट भी लग जाती है। पर मि० जिम चक्रधर को इसके लिए कोई श्रेय नहीं देता। उसकी नजर में कैदियों से सहानुभूति रखने वाला आदमी खतरनाक होता है। वह चक्रधर पर नया मुकदमा चलाने का निर्णय करता है। वह चक्रधर पर इतनी रियायत भी नहीं करता कि उसे अस्पताल पहुँचवा दे। जब मनोरमा के आग्रह से राजा विशाल सिंह जिम से चक्रधर को इलाज के लिए जेल के अस्पताल से नगर के अस्पताल भेजने का अनुरोध करते हैं तो वह इस अनुरोध को उपेक्षा के साथ ठुकरा देता है। ब्रिटिश सरकार के अंग्रेज अधिकारी जिस व्यक्ति को शासन के लिए खतरा समझते थे उसके साथ कोई रियायत नहीं करते थे। उसे इस बात की आशंका है कि चक्रधर को बड़े अस्पताल में लाने से हजारों आदमी उसे रोज देखने आएँगे। "····गँवार लोग यही समझेगा कि सरकार इस आदमी पर बड़ा जुलम कर रही है। उसे देख-देखकर लोग भड़केगा।"[2] अन्त में किसी प्रकार वह चक्रधर को जेल के अस्पताल से निकालकर शहर के बड़े अस्पताल में भरती करने का आदेश देता है, पर चक्रधर अन्य घायल कैदियों को छोड़कर स्वयं यह सुविधा लेने को तैयार नहीं होता। जिम यह सूचना पाकर तिलमिला उठता है और चक्रधर को पूरी तरह कुचल देने का निर्णय करता है।[3] चक्रधर पर सरकार नया मुकदमा जारी कर

1. कायाकल्प, पृ० 123।
2. उपरिवत्, पृ० 164।
3. उपरिवत्, पृ० 168।

देती है। पर इस मुकदमे में डिप्टी मजिस्ट्रेट डॉ० गुरुसेवक सिंह चक्रधर को न केवल बरी कर देते हैं, वरन् पुरानी सजा की मीयाद भी घटा देते हैं। इसका कारण कुछ तो मनोरमा की पैरवी है और कुछ ठाकुर गुरुसेवक सिंह के भीतर सत्प्रवृत्तियों का जागरण। इस फैसले से अधिकारी मंडल में सनसनी-सी फैल जाती है। जनता के बीच गुरुसेवक के प्रति श्रद्धा बढ़ जाती है, पर अधिकारी उनके दुश्मन हो जाते हैं। मिस्टर जिम तो "ऐसा जामे के बाहर हुए कि वश चलता तो गुरुसेवक को गोली मार देते।"[1] गुरुसेवक सिंह के फैसले से चक्रधर की सजा की मीयाद तो घट जाती है, पर उन्हें आगरा जेल में भेज दिया जाता है और सेल तनहाई की सजा देकर कर्मचारियों को सख्त ताकीद कर दी जाती है कि कोई कैदी उनसे बोलने तक न पाये, कोई उनके कमरे के द्वार तक भी न जाने पाये, यहाँ तक कि कोई अधिकारी भी उनसे न बोले। साल-भर में दस साल की कैद का मजा चखाने की हिकमत निकाली जाती है।[2] यहाँ चक्रधर को 'ज्ञान' प्राप्त होता है कि "पराधीनता दंड नहीं है, यह शिक्षालय है, जो हमें स्वराज्य के सिद्धान्त सिखाता है, हमारे पुराने कुसंस्कारों को मिटाता है, हमारी मुँदी हुई आँखें खोलता है।"[3]

चक्रधर के जेल से लौटने पर उनके स्वागत की तैयारी होती है। मनोरमा की पहल पर रियासत की ओर से चक्रधर का भव्य स्वागत होता है। कथाकार के शब्दों में "रेलवे स्टेशन पर कहीं तिल रखने की जगह न थी। अन्दर का चबूतरा और बाहर का सहन आदमियों से खचाखच भरे थे। चबूतरे पर विद्यालयों के छात्र थे, रंग-बिरंग की वर्दियाँ पहने हुए, और सेवा समितियों के सेवक रंग-बिरंग की झंडियाँ लिये हुए। मनोरमा नगर की कई महिलाओं के साथ अंचल में फूल भरे सेवकों के बीच खड़ी थी।···बरामदे में राजा विशाल सिंह, उनके मुख्य कर्मचारी और शहर के रईस और नेता जमा थे।···स्टेशन के बाहर हाथी, घोड़े, बग्घियाँ, मोटर पैर जमाए खड़ी थीं, जगदीशपुर का बैंड बड़े मनोहर स्वरों में विजय गान कर रहा था। बार-बार सहस्रों कंठों से हर्षध्वनि निकलती थी जिससे स्टेशन की दीवारें हिल जाती थीं। थोड़ी देर के लिए लोग व्यक्तिगत चिन्ताओं और कठिनाइयों को भूलकर, राष्ट्रीयता के नशे में झूम रहे थे।"[4] प्रेमचन्द ने जिस उत्साह और विस्तार से इस जुलूस का वर्णन किया है, उससे उनकी राष्ट्रीयता की भावना की अभिव्यक्ति तो हुई ही है, यह उस समय का यथार्थ भी है।

---

1. कायाकल्प, पृ० 176।
2. उपरिवत्, पृ० 176।
3. उपरिवत्, पृ० 177।
4. उपरिवत्, पृ० 198।

जनता अपने राष्ट्रीय नेताओं का स्वागत इसी उत्साह और उमंग से किया करती थी। कथाकार के शब्दों में : "जुलूस चला। आगे-आगे पाँच हाथी थे, जिन पर नौबत बज रही थी। उनके पीछे कोतल घोड़ों की लम्बी कतार थी···फिर क्रम से आर्य महिला मंडल, खिलाफत सेवा समिति और स्काउटों के दल थे, तरह-तरह की झाँकियाँ थीं, उनके द्वारा राजनीतिक समस्याओं का चित्रण किया गया था। फिर भाँति-भाँति की गायन-मंडलियाँ थीं जिनमें कोई ढोल-मंजीरे पर राजनीतिक गीत गाती थी, कोई डंडे बजाकर राष्ट्रीय 'हर गंगा' सुना रही थी, और दो-चार सज्जन 'चने जोर गरम' और 'चूरन अमलबेत' की वाणियों का पाठ कर रहे थे।"[1]

यहाँ तक तो प्रेमचन्द ने अपने काल की राष्ट्रीय चेतना और साम्राज्यवाद-समर्थित सामन्तों द्वारा जनता के शोषण और दमन तथा जनता की उग्र राष्ट्रीय भावनाओं का बड़ा प्रामाणिक चित्रण किया है। पर इस जनभावना के अनुरूप नेतृत्व का निर्माण वे नहीं कर पाते। जेल से लौटने के बाद यदि चक्रधर किसानों और मजदूरों का संगठन कर ब्रिटिश साम्राज्यवाद के खिलाफ संघर्ष करता तो वह उसके चरित्र-विकास की सही दिशा होती। यों वह अनुभव करता है कि "हमारे नेताओं में यही बड़ा ऐब है कि वे स्वयं देहातो में न जाकर शहरों में जमे रहते हैं, जिससे देहातों की सच्ची दशा उन्हें नहीं मालूम होती, न उन्हें वह शीघ्र ही हाथ आती है, न जनता पर उनका वह प्रभाव ही पड़ता है जिसके बगैर राज-नीतिक सफलता हो ही नहीं सकती। मैं उस गलती में न पड़ूँगा।"[2] पर अपने लिए जो कार्यक्रम वह निर्धारित करता है उसका सक्रिय संघर्ष से बहुत कम सम्बन्ध है। वह एक रात चुपके से घर से निकल जाता है और महात्मा का वेश धारण कर दक्षिण के किसी अंचल में घूम-घूमकर किसानों की सेवा करने लगता है। पर यह सेवा किसानों की चिकित्सा, असहायों की शारीरिक सेवा आदि तक सीमित हो गयी है। चक्रधर के चरित्र की यह परिणति बड़ी दयनीय है। कुछ ऐसी ही दयनीय स्थिति उस काल के स्वाधीनता आन्दोलन के नेताओं की भी थी। गांधी जी सत्याग्रह आन्दोलन वापस लेकर चरखा, अछूतोद्धार, साम्प्रदायिक एकता के प्रचार में लग थे और अन्य नेता कौंसिलों में सरकार की नीतियों की नपुंसक आलोचना में लगे हुए थे। प्रेमचन्द ने इस समकालीन यथार्थ का विश्वसनीय चित्रण किया है, पर 'कायाकल्प' में कोई वैज्ञानिक मार्ग-दर्शन करने में उन्हें सफलता नहीं मिली है। यह प्रेमचन्द की, और आलोचनात्मक यथार्थवाद की भी, सीमा है।

---

1. कायाकल्प, पृ० 199-200।
2. उपरिवत्, पृ० 202।

'कायाकल्प' के बाद प्रेमचन्द ने 'कर्मभूमि' में, जिसका रचना-काल 1930-32 और प्रकाशन काल नवम्बर 1932 ई० है, जमींदार-कृषक संघर्ष के व्याज से ब्रिटिश सरकार के विरुद्ध जन-असन्तोष तथा स्वाधीनता आन्दोलन का अंकन किया है। इस बार जो क्षेत्र चुना गया है वह उत्तर प्रदेश में उत्तर-पश्चिम का पहाड़ी इलाका है। उपन्यास का केन्द्रीय पात्र अमरकान्त घर से भागकर इस क्षेत्र में, सेवाकार्य को उद्देश्य बनाकर, पहुँचता है। यहाँ भी किसानों और भूमिहीन मजदूरों की स्थिति अत्यन्त दयनीय है। एक बुढ़िया की झोंपड़ी में पहुँचने पर अमरकान्त की मनःस्थिति का चित्रण है : "झोंपड़ी में गया, तो उसका हृदय काँप उठा। मानो दरिद्रता छाती पीट-पीटकर रो रही है। और हमारा समाज विलास में मग्न है। उसे रहने के लिए बंगला चाहिए, सवारी को मोटर। इस संसार का विध्वंस क्यों नहीं हो जाता ?"[1] अमरकान्त किसानों की स्थिति में सुधार लाने के लिए उनका संगठन करता है। यहाँ भी एक 'सेवा समिति' कायम की जाती है जो किसानों के बीच शिक्षा, सफाई की चेतना, शराब-बन्दी आदि का प्रचार करती है। इस इलाके के जमींदार एक महन्त जी हैं। इनका वर्णन करते हुए प्रेमचन्द कहते हैं : "ठाकुरद्वारे में कोई न कोई उत्सव होता ही रहता था। कभी ठाकुर का जन्म है, कभी ब्याह है, कभी यज्ञोपवीत है, कभी झूला है, कभी जल-विहार है। आसामियों को इन अवसरों पर बेगार देना पड़ता था, भेंट न्योछावर, पूजा-चढ़ावा आदि नामों से दस्तूरी चुकानी पड़ती थी, लेकिन धर्म के मुआमले में कौन मुँह खोलता ? बेचारे एक तो गरीब, ऋण के बोझ से लदे हुए, दूसरे मूर्ख, न कायदा जानें, न कानून। महन्त जी जितना चाहें इजाफा करें, जब चाहें बेदखल करें, किसी में बोलने का साहस न था। अक्सर खेती का लगान इतना बढ़ जाता था कि सारी उपज लगान के बराबर भी न पहुँचती थी, किन्तु भाग्य को रोकर, भूखे-नंगे रहकर, कुत्तों की मौत मरकर वे खेत जोतते जाते थे।"[2]

अचानक विश्वव्यापी मन्दी का प्रकोप होता है, जो एक ऐतिहासिक सच्चाई है। किसानों के लिए पहले से निर्धारित नकद लगान दे पाना सम्भव नहीं होता। किसान अपनी सारी उपज बेचकर भी लगान नहीं चुका पाते। जमींदार, महन्त के प्यादे और कारकुन इलाके के किसानों से पहले ही खार खाये हुए हैं, क्योंकि अमरकान्त के प्रयत्न से किसानों में जागृति आ गयी है और उन्होंने कर्मचारियों को दस्तूरी देना बन्द कर दिया है। किसानों से लगान वसूली में महन्त के कर्मचारी नाना प्रकार के अत्याचार करने लगते हैं। समस्या के समाधान के लिए किसानों की सभा होती है। सभा में दो तरह के विचार सामने आते हैं। एक पक्ष उग्रवादियों

1. कर्मभूमि (संस्करण, 1968), पृ० 142।
2. उपरिवत्, पृ० 287।

का है, जिसका नेतृत्व स्वामी आत्मानन्द करते हैं। उनका विचार है कि किसान महन्त जी का मकान और ठाकुर द्वारा घेर लें। जब तक वह लगान बिलकुल न छोड़ दें, कोई उत्सव न होने दें।[1] दूसरा पक्ष अमरकान्त का है जो महन्त जी से मिलकर, किसानों के प्रति उनका दयाभाव जगाकर, समस्या का समाधान करना चाहता है। बहुमत स्वामी आत्मानन्द की तरफ़ है। इससे प्रेमचन्द के दृष्टिकोण का पता चलता है। पर समकालीन स्वाधीनता आन्दोलन के नायक गांधी जी थे जो इस प्रकार के हिंसक विद्रोह के विरोधी थे। प्रेमचन्द अपने औपन्यासिक संसार में गांधी जी की उपेक्षा नहीं कर पाते। उनका कथा-नायक अमरकान्त गांधी जी का अनुयायी है। वह हिंसा का मार्ग नहीं अपना सकता। वह एक किसान को साथ लेकर महन्त जी से मिलने जाता है। सात दिनों तक लगातार दौड़ लगाने पर महन्त जी से अमरकान्त की मुलाकात हो पाती है, पर उसे केवल पाखंडपूर्ण मीठी बातें ही मिलती हैं, लगान माफी के लिए महन्त जी सरकार को लिखने का आश्वासन देते हैं। वे सरकार को लिखते भी हैं कि सरकार जितनी मालगुजारी छोड़ दे, वे उतनी ही लगान छोड़ देंगे। पर सरकार ऐसा क्यों करने लगी? तहकीकात में ही महीनों लग जाते हैं। इधर महन्त जी सरकारी फैसले के आने तक रुपये में चार आने की छूट की घोषणा कर देते हैं और कारिन्दे बकाया वसूल करने के लिए किसानों पर जोर-जबरदस्ती करने लगते हैं। किसानों की फिर सभा होती है और इस बार अमरकान्त किसानों से लगान देना बन्द कर देने का आह्वान करता है। इसकी सूचना पाकर जिलाधीश अमरकान्त को गिरफ्तार करने का आदेश देता है। पर किसानों में विद्रोह की आग लग चुकी है। अमरकान्त को गिरफ्तार करने के लिए आये सलीम की मोटर पर पत्थर फेंके जाते हैं। जगह-जगह किसानों का जमाव लगा हुआ है। सलीम को हिंसा की आशंका है और वह गलत नहीं है। गाँव वाले सलीम की मोटर घेर लेते हैं और यदि अमरकान्त उन्हें नहीं समझाता तो सलीम की जान पर बन आती। अमरकान्त गांधीवादी मार्ग अपनाता है। वह गाँव वालों से कहता है: "पीछे हट जाओ। अगर मेरे इतने दिनों की सेवा और शिक्षा का यही फल है, तो मैं कहूँगा कि मेरा सारा परिश्रम धूल में मिल गया। यह हमारा धर्मयुद्ध है और हमारी जीत हमारे त्याग, हमारे बलिदान और हमारे सत्य पर है।"[2]

अमरकान्त के गिरफ्तार हो जाने पर किसानों का आन्दोलन और भी तेज हो जाता है। मुन्नी कई आदमियों के साथ गिरफ्तार होती है। गोली चलते-चलते

---

1. कर्मभूमि, पृ० 290।
2. उपरिवत्, पृ० 321।

बचती है।[1] सरकारी दमन का चित्रण कथाकार के शब्दों में : "पुलिस ने उस पहाड़ी इलाके का घेरा डाल रखा था। सिपाही और सवार चौबीसों घंटे घूमते रहते थे। पाँच आदमियों से ज्यादा एक जगह जमा न हो सकते थे। शाम को आठ बजे के बाद कोई घर से न निकल सकता था। पुलिस को इत्तला दिए बगैर घर में मेहमान को ठहराने की भी मनाही थी। फौजी कानून जारी कर दिया गया था। कितने ही घर जला दिये गये थे।···पाठशाला में आग लगा दी गयी थी और उसकी आधी-आधी काली दीवारें मानो केश खोले मातम कर रही थीं।"[2] यह भारतीय जनता पर ब्रिटिश उपनिवेशवाद के अत्याचार का सही चित्रण है।

पर प्रेमचन्द ने यह भी दिखाया है कि बूढ़े और बच्चे तक सरकारी कर्मचारियों का विरोध करने लगे हैं। सत्तर वर्ष की बूढ़ी सलोनी किसानों पर कोड़े लगाने वाले अफसर के मुँह पर थूक देती है और तब तक गालियाँ देती है जब तक हंटरों की मार से बेहोश नहीं हो जाती। सात-आठ वर्ष का बालक तेजा दारोगा पर ढेले फेंकता है।[3] लाला अमरकान्त की धारणा है कि "हमारे किसान अफसरों की सूरत से काँपते थे, लेकिन जमाना बदल रहा है। अब उन्हें भी मान-अपमान का ख्याल होता है।"[4]

प्रेमचन्द ने इस प्रसंग में सलीम का हृदय-परिवर्तन दिखाया है। वह आई० सी० एस० पदाधिकारी है। वह किसानों की दयनीय दशा से प्रभावित होकर सरकार के पास उनके पक्ष में रिपोर्ट देता है। परिणामस्वरूप उसकी नौकरी समाप्त हो जाती है और वह किसानों के आन्दोलन में शामिल हो जाता है। सलीम सरकारी दमन का, जो अपने तेजी पर है, विरोध करता है और गिरफ्तार होता है।

यहाँ पहुँचकर प्रेमचन्द फिर भटक गए हैं। जेल में सलीम और अमरकान्त के बीच इस आन्दोलन के प्रसंग में तर्क-वितर्क होता है और अमरकान्त अहिंसा की वकालत करता है। एकान्त होने पर वह अपने किए पर पश्चात्ताप करता है : "उसने क्यों इतनी जल्दीबाजी से काम किया? क्या किसानों की फरियाद के लिए यही एक साधन रह गया था? और किसी तरह फरियाद की आवाज नहीं उठाई जा सकती थी?"[5] अमरकान्त को कोई रास्ता नहीं सूझता। सम्भवतः कथाकार को भी कोई रास्ता नहीं सूझता। इस वैचारिक संकट में अमरकान्त के मानस पटल पर काले खाँ (उपन्यास का एक पात्र) की प्रतिमा प्रकट होती है और कहती है—"ईश्वर की शरण में जा। वहीं तुझे प्रकाश मिलेगा।"[6] निश्चय ही यह यथार्थ

1. कर्मभूमि, पृ० 333।
2. उपरिवत्, पृ० 335।
3. उपरिवत्, पृ० 339।
4. उपरिवत्, पृ० 342।
5. उपरिवत्, पृ० 374।
6. उपरिवत्।

से पलायन का स्वर है। अपने अन्तर्विरोध को ईश्वर के मत्थे डालकर प्रेमचन्द ने अमरकान्त के चरित्र के साथ न्याय नहीं किया है।

किसान आन्दोलन की जो परिणति होती है, वह भी प्रेमचन्द के वैचारिक अन्तर्विरोध और भटकाव का सूचक है। उपन्यास के अन्तिम परिच्छेद में लाला धनीराम अमरकान्त से कहते हैं : "जब मैं अपने चारों ओर फैले अन्धकार को देखता हूँ, तो मुझे सूर्योदय के सिवा उसके हटाने का कोई दूसरा उपाय नहीं सूझता।"[1] पर वे इस अन्धकार के रूप में देश की गुलामी, ब्रिटिश उपनिवेशवाद, भारत के आर्थिक शोषण, जमींदारों, महाजनों और सरकारी कर्मचारियों द्वारा गरीब जनता के आर्थिक शोषण और दमन की चर्चा नहीं करते, चर्चा करते हैं दफ्तरों में भ्रष्टाचार, समाज में व्याप्त द्वेष भावना, स्वार्थ, अज्ञान और आलस्य की। और इसे "ईश्वर की इच्छा ही दूर कर सकती है। हम अपनी पुरानी संस्कृति को भूल बैठे हैं। वह आत्मप्रधान संस्कृति थी। जब तक ईश्वर की दया न होगी, उसका पुनर्विकास न होगा और जब तक उसका पुनर्विकास न होगा, हम लोग कुछ नहीं कर सकते। इस प्रकार के आन्दोलनों में मेरा विश्वास नहीं है। इनसे प्रेम की जगह द्वेष बढ़ता है।"[2] सेठ जी के इस विचार में वास्तविक समस्या को आध्यात्मिकता के कुहासे में भटकाने की प्रवृत्ति स्पष्ट है। एक पूँजीपति का इस प्रकार सोचना सर्वथा स्वाभाविक है, पर प्रेमचन्द किसी पात्र से इसका तर्कपूर्ण जोरदार खंडन नहीं कराते, यह आश्चर्य की बात है। अमरकान्त बड़ा हल्का-सा नम्र विरोध करता है : "तो फिर हम लोग उस शुभ अवसर के इन्तजार में हाथ पर हाथ धरे बैठे रहें?"[3] सेठ जी मंजे हुए खिलाड़ी हैं, अथवा प्रेमचन्द को उनका समर्थन प्राप्त है। वे कहते हैं : "नहीं, यह आलसियों और अकर्मण्यों का काम है। हमें प्रजा में जागृति और संस्कार उत्पन्न करने की चेष्टा करते रहना चाहिए। हमारी पूरी शक्ति जाति की आत्मा को जगाने में लगनी चाहिए।"[4] पर प्रजा में 'जागृति' और 'संस्कार' उत्पन्न करना, उनकी 'आत्मा को जगाना' ये बहुत अस्पष्ट लक्ष्य हैं। स्पष्ट ही इस विचार में गांधी जी के विचारों की झलक है। लाला धनीराम यह भी कहते हैं : "मैं इसे कभी नहीं मान सकता कि आज आधी मालगुजारी माफ होते ही प्रजा सुख के शिखर पर पहुँच जाएगी। उसमें सामाजिक और मानसिक ऐसे कितने ही दोष हैं कि आधी तो क्या, पूरी मालगुजारी भी छोड़ दी जाए, तब भी उसकी दशा में कोई अन्तर न होगा। फिर मैं

1. कर्मभूमि, पृ० 399।
2. उपरिवत्, पृ० 399।
3. उपरिवत्, पृ० 399।
4. उपरिवत्, पृ० 399।

यह भी स्वीकार न करूँगा कि फरियाद करने की जो विधि सोची गयी और जिसका व्यवहार किया गया, उसके सिवा कोई दूसरी विधि न थी।"[1]

लाला धनीराम के कथन की असंगतियाँ अत्यन्त स्पष्ट हैं पर प्रेमचन्द अमरकान्त से उनका खंडन नहीं कराते। वह अपनी गलती मान लेता है। और समस्या का समाधान किस रूप में सामने आता है! लाला धनीराम सूचना देते हैं कि खुद गवर्नर साहब ने उस इलाके का दौरा किया और वहाँ के निवासियों से मिले। "उनकी आज्ञा है कि सारे कैदी छोड़ दिए जाएँ और एक कमेटी करके निश्चय कर लिया जाए कि हमें क्या करना है। उस कमेटी में तुम और तुम्हारे दोस्त मियाँ सलीम तो होंगे ही, तीन आदमियों को चुनने का तुम्हें और अधिकार होगा। सरकार की ओर से केवल दो आदमी होंगे।"[2] सलीम और अमरकान्त इस प्रस्ताव को स्वीकार कर लेते हैं। पर सलीम इसकी तहरीर चाहता है कि उन्हें कमेटी में अपने मन के आदमी चुनने का अधिकार मिलेगा और कमेटी का फैसला अन्तिम होगा। लाला धनीराम तहरीर देने का आश्वासन नहीं देते। इस पर सलीम उनके प्रस्ताव को अस्वीकार कर देता है। पर अमरकान्त सलीम को चुप कर देता है और अपना फैसला, जो स्वयं प्रेमचन्द का फैसला है, दे देता है: "हम इसके सिवा और क्या चाहते हैं कि गरीब किसानों के साथ इन्साफ़ किया जाए और जब उद्देश्य को पूरा करने के इरादे से एक ऐसी कमेटी बनायी जा रही है, जिससे यह आशा की नहीं जा सकती कि वह किसानों के साथ अन्याय करे, तो हमारा धर्म है कि उसका स्वागत करें।"[3] इस कथन पर सेठ जी कहते हैं: "कितनी सुन्दर विवेचना है। वाह! लाट साहब ने खुद तुम्हारी तारीफ की।" यह वस्तुतः प्रेमचन्द की ही आवाज है, जिससे उनका वैचारिक अन्तर्विरोध प्रकट होता है। प्रेमचन्द को इतने से ही सन्तोष नहीं होता। वे अमरकान्त से पश्चात्ताप भी कराते हैं। वह सुखदा से कहता है: "···सोच रहा हूँ कि मेरे हाथों इतनी जानमाल की क्षति अकारण ही हुई। जिस नीति से अब काम लिया गया, क्या उसी नीति से तब काम न लिया जा सकता था? उस जिम्मेदारी का भार मुझे दबाये डालता है।"[4]

अमरकान्त के इस कथन से ब्रिटिश सरकार और उसके एजेण्ट जमींदारों से किसानों के संघर्ष के सारे औचित्य पर पानी फिर जाता है। इससे प्रेमचन्द के चिन्तन की अवैज्ञानिकी ही प्रकट होती है।

---

1. कर्मभूमि, पृ० 399।
2. उपरिवत्, पृ० 400।
3. उपरिवत्, पृ० 401।
4. उपरिवत्, पृ० 403।

अपने अन्तिम उपन्यास 'गोदान' (1936) में प्रेमचन्द ने किसानों के संघर्ष का चित्रण नहीं किया है। होरी और उसके परिवार की कहानी के माध्यम से जमींदार, महाजन और सरकारी कर्मचारियों द्वारा कृषक वर्ग के शोषण तथा उनके दयनीय जीवन का यथार्थ चित्रण 'गोदान' की प्रमुख उपलब्धि है। 'गोदान' का एक युवक पात्र गोबर कृषकों की विद्रोह भावना का प्रतिनिधित्व करता है। जमींदारों और महाजनों के प्रति उसका आक्रोश कई स्थानों पर प्रकट होता है। एक स्थान पर वह कहता है : "भगवान सबको बराबर बनाते हैं। यहाँ जिसके हाथ में लाठी है, वह गरीबों को कुचलकर बड़ा आदमी बन जाता है।"[1] साल-भर शहर में रहकर जब वह अपने गाँव लौटता है तो गाँव के शोषक बड़े किसानों और पुरोहित को फटकार कर अपनी विद्रोह भावना का परिचय देता है।[2] वह न केवल झिंगुरी सिंह और दातादीन को खरी-खोटी सुनाता है, वरन् पंचों पर, जिन्होंने होरी से 'डाँड़' वसूल किया है, मुकदमा करने की धमकी भी देता है। होली के अवसर पर पंचों का स्वांग बनाकर उन्हें अपमानित करने से भी नहीं बाज आता। वह दातादीन की धमकी से विचलित नहीं होता और कहता है : "कैसी चाकरी और किसकी चाकरी ? यहाँ कोई किसी का चाकर नहीं। सभी बराबर हैं। अच्छी दिल्लगी है। किसी को सौ रुपये उधार दे दिए और उससे सूद में जिन्दगी-भर काम लेते रहे। मूल ज्यों का त्यों। यह महाजनी नहीं, खून चूसना है।"[3] वह दातादीन को मुँहतोड़ जवाब देता है : "इसी तरह तुम लोगों ने किसानों को लूट-लूट कर मजूर बना डाला और आप उनकी जमीन के मालिक बन बैठे।"[4] वह जमींदार के कारिन्दा नोखेराम की भी खबर लेता है। नोखेराम किसानों से लगान लेकर भी रसीद नहीं देता और अवसर मिलने पर उन्हें परेशान करता है। वह गोबर पर भी इसी हथियार का इस्तेमाल करता है। गोबर नोखेराम को जवाब देता है : "अच्छी बात है, आप बेदखली दायर कीजिए। मैं अदालत में तुमसे गंगाजली उठाकर रुपये दूँगा, इसी गाँव से एक सौ सहादतें दिलाकर साबित कर दूँगा कि तुम रसीद नहीं देते। सीधे-सादे किसान हैं, कुछ बोलते नहीं, तो तुमने समझ लिया है कि सब काठ के उल्लू हैं।"[5]

गोबर के इस विद्रोह के सम्बन्ध में डॉ० गोपाल राय ने ठीक ही लिखा है : "गोबर के इस कथन में जागृति और विरोध के लिए सन्नद्ध किसानों की आवाज स्पष्ट

1. गोदान, पृ० 23।
2. उपरिवत्, पृ० 215।
3. उपरिवत्, पृ० 222।
4. उपरिवत्।
5. उपरिवत्, पृ० 227।

सुनाई पड़ती है। वह जमींदार के कारिन्दे के खिलाफ सौ शहादतें दिला सकता है, इससे इस बात का संकेत मिलता है कि पिछड़ा वर्ग अब सजग हो गया है। यह वह काल है जब बिहार में स्वामी सहजानन्द सरस्वती के नेतृत्व में किसान आन्दोलन तेज हो रहा था और बंगाल तथा उत्तर प्रदेश में किसानों के संगठन जमींदारों के खिलाफ उठ खड़े हो रहे थे। गोबर निरन्तर बढ़ती हुई इस विद्रोह चेतना का प्रतीक और इस वर्ग का प्ररूप पात्र है।"[1]

यह विद्रोह चेतना धनिया में भी है। उसका विचार है कि "हमने जमींदार के खेत जोते हैं, तो वह अपना लगान ही तो लेगा। उसकी खुशामद क्यों करें, उसके तलवे क्यों सहलायें।"[2] उसकी विद्रोह चेतना का सबसे अच्छा परिचय तब मिलता है जब थानेदार होरी से रिश्वत ले रहा है। वह दारोगा तथा पंचों को ललकारती हुई कहती है: "मैं दमड़ी भी न दूँगी, चाहे मुझे हाकिम के इजलास तक ही चढ़ना पड़े। हम बाकी चुकाने को पचीस रुपये माँगते थे, किसी ने न दिया। आज अंजुली-भर रुपये दनादन निकालके दे दिए। मैं सब जानती हूँ।...ये हत्यारे गांव के मुखिया हैं, गरीबों का खून चूसने वाले, सूद-ब्याज, डेढी-सवाई, नजर-नजराना, घूस-घास जैसे भी हो, गरीबों को लूटो। उस पर सुराज चाहिए। जेल जाने से सुराज न मिलेगा। सुराज मिलेगा धरम से, न्याय से।"[3]

पर गोबर और धनिया के माध्यम से व्यक्त किसानों की यह विद्रोह चेतना जमींदारों, महाजनों तथा ब्रिटिश सरकार से सक्रिय संघर्ष का रूप नहीं लेती। यह तनिक आश्चर्य की बात है कि अपने पूर्ववर्ती उपन्यासों—'प्रेमाश्रम', 'कायाकल्प' और 'कर्मभूमि'—में प्रेमचन्द ने किसानों को सक्रिय संघर्ष का रास्ता चुनते दिखाया है, भले ही कमजोर और समझौतावादी बुर्जुआ नेतृत्व के कारण उनका संघर्ष बेकार हो जाता है, पर 'गोदान' में वे किसानों के संघर्ष का कथानक नहीं बुनते। यह उनके चिन्तन का भटकाव हो सकता है। यह भी सम्भव है कि किसानों के आन्दोलन की तर्कसंगत, वैज्ञानिक परिणति का स्पष्ट विजन न होने के कारण प्रेमचन्द ने इस विषय को छोड़ दिया हो।

इस विवेचन से स्पष्ट है कि प्रेमचन्द ने किसानों और जमींदारों के संघर्ष के चित्रण के माध्यम से ब्रिटिश उपनिवेशवाद के विरुद्ध भारतीय जनता के मुक्ति-आन्दोलन का चित्रण किया है। वस्तुतः, जैसा हम स्पष्ट कर चुके हैं, ये दोनों शक्तियाँ एक-दूसरे से जुड़ी हुई थीं और मिलकर भारतीय जनता का शोषण कर रही थीं। पर प्रेमचन्द इस संघर्ष को तर्कसंगत वैज्ञानिक परिणति प्रदान करने में

---

1. डॉ० गोपालराय, गोदान : नया परिप्रेक्ष्य (1982), पृ 86।
2. प्रेमचन्द, गोदान, पृ० 1।
3. गोदान, पृ० 118।

चूक गये हैं। वे उस वैज्ञानिक मार्क्सवादी चिन्तन से लैस नहीं थे जिससे इस समस्या का समाधान मिल सकता था। इस समस्या के समाधान के लिए पहली जरूरी शर्त थी ब्रिटिश उपनिवेशवाद की समाप्ति और समाजवादी लोकतन्त्र की स्थापना। इस लक्ष्य की प्राप्ति के लिए संघर्ष का ही रास्ता एकमात्र विकल्प था। पर प्रेमचन्द के पास इसका कोई स्पष्ट विजन न था। इस कारण वे जमींदारों तथा ब्रिटिश शासन के विरुद्ध किसानों के संघर्ष को प्रस्तुत करके भी उसे तर्क-संगत-वैज्ञानिक परिणति नहीं प्रदान कर पाये।

भारतीय स्वाधीनता आन्दोलन को प्रेमचन्द ने किसान-जमींदार संघर्ष के रूप में ही नहीं, बल्कि अन्य रूपों में भी प्रस्तुत किया है। 'रंगभूमि' (1925) इसका अच्छा उदाहरण है। डॉ० गोपालराय ने अपने एक उद्घाटक लेख में 'रंगभूमि' को पुष्ट प्रमाणों के आधार पर राजनीतिक उपन्यास की संज्ञा दी है।[1] 'रंगभूमि' का रचनाकाल 1922-24 और प्रकाशन काल 1925 ई० है। इस समय तक ब्रिटिश शासन की जड़ें गहराई में जा चुकी थीं। पर साथ ही स्वाधीनता की लड़ाई भी बहुत तेज हो चुकी थी। 1920 ई० में ही गांधी जी ने मोतीलाल नेहरू, देशबन्धु चितरंजन दास, लाला लाजपत राय आदि के सहयोग से सत्याग्रह आन्दोलन आरम्भ कर दिया था। इस आन्दोलन के कुछ महत्त्वपूर्ण मुद्दे थे : स्वदेशी का प्रचार, विदेशी वस्तुओं का बहिष्कार, सरकारी शिक्षण संस्थाओं, नौकरियों, अदालतों तथा कौंसिलों का त्याग, राष्ट्रीय स्कूलों और कॉलिजों की स्थापना, अस्पृश्यता निवारण, साम्प्रदायिक एकता, चरखे का प्रचार आदि। इसे सफल बनाने के लिए गांधी जी ने सारे देश का व्यापक दौरा किया। 8 फरवरी, 1921 को गांधी जी गोरखपुर आए और उनका भाषण सुनकर प्रेमचन्द ने 15 फरवरी, 1921 को सरकारी नौकरी से त्यागपत्र दे दिया।

इस सत्याग्रह आन्दोलन को पर्याप्त सफलता मिली। सारे देश में एक अद्भुत राजनीतिक चेतना जागृत हो गयी। सविनय अवज्ञा आन्दोलन का प्रस्ताव स्वीकृत हुआ। हजारों की संख्या में युवक स्वयं सेवक दल में शामिल हुए। 1921 में प्रिंस ऑफ वेल्स के भारत आगमन पर सारे देश में हड़तालों, प्रदर्शनों और राजनीतिक सभाओं द्वारा उनका विरोध हुआ। नेताओं की गिरफ्तारियाँ हुईं, लाठियाँ और गोलियाँ चलीं, और अन्ततः फरवरी, 1922 में गांधी जी ने बारदोली में सविनय अवज्ञा आन्दोलन आरम्भ करने की घोषणा कर दी। पर इसी बीच 2 फरवरी, 1922 को चौरीचौरा में हुए हिंसा कांड के कारण गांधी जी ने आन्दोलन वापस ले लिया। इतिहासकारों ने गांधी जी के इस फैसले को कई दृष्टियों से देखा है। गांधी जी के इस फैसले का औचित्य जो भी हो, इसने स्वाधीनता आन्दोलन के

1. डॉ० गोपालराय, रंगभूमि : एक राजनीतिक उपन्यास, रंगभूमि : पुनर्मूल्यांकन (1983), पृ० 1-26।

ज्वार को शान्त कर दिया। आन्दोलन बिखर गया और 10 मार्च, 1922 को गांधी जी भी गिरफ्तार कर लिए गये। कांग्रेस के नेता दो दलों में बँट गये। एक दल असहयोग और बहिष्कार को जारी रखना चाहता था। दूसरा दल कौंसिलों का चुनाव लड़ने के पक्ष में था। इस स्थिति में स्वाधीनता आन्दोलन का कमजोर पड़ना स्वाभाविक था। पर इसका यह मतलब नहीं कि भारतीय जनता की आजादी की आकांक्षा भी समाप्त हो गयी। प्रेमचन्द भारतीय जनता की आकांक्षाओं के प्रतीक थे, अतः 'रंगभूमि' में उन्होंने उसकी मुक्ति चेतना को वाणी प्रदान की।

'रंगभूमि' में प्रेमचन्द ने अपने समय के राजनीतिक यथार्थ का चित्रण बहुत प्रामाणिक रूप में किया है। इसके लिए वे एक प्रतीक-कथा का निर्माण करते हैं, पर अपने विवरणों में यह कथा समकालीन स्वाधीनता-आन्दोलन का पूरी तरह से प्रतिनिधित्व करती है। यह कथा मुख्य रूप से सूरदास की अपनी मौरूसी जमीन की रक्षा के लिए ब्रिटिश उपनिवेशवाद और भारतीय पूँजीवाद की सम्मिलित शक्ति से संघर्ष को लेकर चलती है, पर इसके पार्श्व में भारतीय स्वाधीनता संग्राम का पूरा जुलूस अग्रसर होता रहता है।

'रंगभूमि' के तृतीय परिच्छेद में एक 'सेवा समिति' का चित्र प्रस्तुत किया गया है जिसके संचालक एक राज परिवार के सदस्य हैं। इसके द्वारा प्रेमचन्द यह दिखाना चाहते हैं कि अब तक सामन्त वर्ग के भी कुछ लोग देश की चिन्ता करने लगे थे, पर उनकी सीमाएँ थीं। ब्रिटिश उपनिवेशवाद की आर्थिक और प्रशासनिक नीतियों का असर भारतीय सामन्तों की स्वतन्त्रता और आत्म-सम्मान पर भी पड़ता था। साथ ही, यह सामन्त वर्ग का वह प्रबुद्ध तबका था, जो अपनी सुविधाओं और विशेषाधिकारों की रक्षा करते हुए भी आम जनता के दुख-दर्द के प्रति बिल्कुल उदासीन न था। रानी जाह्नवी और कुँवर भरत सिंह भारतीय सामन्त वर्ग के इसी तबके का प्रतिनिधित्व करते हैं। उनके सहयोगी डॉ० गांगुली भी इसी वर्ग के अंग हैं। इनके द्वारा संचालित सेवा समिति के अन्तर्गत युवक स्वयं सेवकों का एक दस्ता है जिसका नायक कुँवर भरत सिंह का पुत्र विजय सिंह है। इस सेवा समिति का उद्देश्य है मेले-ठेले में यात्रियों की सहायता करना, कोई दुर्घटना हो जाने पर पीड़ितों को मदद पहुँचाना या कहीं अकाल या महामारी झैलने पर लोगों की सहायता करना। किसी भी उत्तरदायी सरकार के ये कर्त्तव्य होते हैं, पर ब्रिटिश सरकार इन सेवाओं के प्रति उदासीन थी। यहाँ तक कि इस उद्देश्य से स्थापित संस्थाओं को भी वह सन्देह की नजर से देखती थी। सरकार इस बात से आशंकित रहती थी कि इस प्रकार की संस्थाएँ कहीं राजनीतिक रूप न ले लें। पर ऐसी संस्थाओं पर कोई प्रत्यक्ष सरकारी प्रतिबन्ध न था। प्रेमचन्द ने बड़ी कुशलता से रानी जाह्नवी और कुँवर भरत सिंह द्वारा स्थापित 'सेवा समिति' को

भारतीय मुक्ति-आन्दोलन के अंकन का माध्यम बना दिया है। इस समिति का अपना एक गीत है, जो परोक्ष रूप में स्वाधीनता आन्दोलन की भावना को जागृत करता है। इस गीत की कुछ पंक्तियाँ हैं :

शान्ति-समर में कभी भूलकर धैर्य नहीं खोना होगा,
वज्रप्रहार भले सिर पर हो, नहीं किन्तु रोना होगा।
देश दाग को रुधिर वारि से हर्षित हो धोना होगा,
देश कार्य की भारी गठरी सिर पर रख ढोना होगा।
आँखें लाल, भवें टेढ़ी कर, क्रोध नहीं करना होगा,
बलिवेदी पर तुझे हर्ष से चढ़कर कट मरना होगा।
होगी निश्चय जीत धर्म की यही भाव भरना होगा,
मातृभूमि के लिए जगत में जीना औ' मरना होगा।[1]

इस गीत में 'शान्ति समर' में धैर्य न खोने, 'मातृभूमि' के लिए जीने और मरने, पराधीनता के कलंक को रुधिरवारि से धोने, हिंसा का मार्ग न अपनाने आदि का स्पष्ट कथन है, जो उस काल में गांधी जी के नेतृत्व में चल रहे स्वाधीनता आन्दोलन की विशेषताएँ थीं।

इस सेवा समिति का पहला कार्यक्रम राजस्थान का बनता है और विनय सिंह के नेतृत्व में उसका एक जत्था अकाल पीड़ितों की सहायता के लिए उदयपुर रियासत को अपना कार्यक्षेत्र बनाता है। उदयपुर को कथा का घटनास्थल बनाने का मुख्य लक्ष्य देशी रियासतों में, जिन्हें राजनीतिक आजादी नाम को भी न थी, जनता की दयनीय स्थिति तथा उसके असन्तोष का चित्रण करना है। स्वयं सेवक दल के राजस्थान प्रयाण का वर्णन स्वाधीनता संग्राम में प्राणों की आहुति देने वाले स्वतंत्रता सेनानियों के वर्णन के समान है : "राष्ट्रीय गान हो रहा था, यात्री नंगे सिर, नगे पैर, एक-एक कुर्त्ता पहने, हाथ में लकुटी लिए, गरदनों में एक-एक थैली लटकाए चलने को तैयार थे। सबके सब प्रसन्न बदन, उल्लास से भरे हुए, जातीयता के गर्व से उन्मत्त थे, जिनको देखकर दर्शकों के मन गौरवान्वित हो रहे थे।"[2] राजा महेन्द्र कुमार अपनी पत्नी इन्दु से इसका वर्णन करते हुए कहते है : "बड़ा ही मनोहर दृश्य था। कई हजार मनुष्यों ने जब यात्रियों पर पुष्प-वर्षा की तो सारी भूमि फूलों से ढँक गयी। सेवकों का राष्ट्रीय गान इतना भावमय, इतना प्रभावोत्पादक था कि दर्शकवृन्द मुग्ध हो गये।"[3] इस वर्णन में प्रेमचन्द की राष्ट्रीय चेतना मुखरित है। साथ ही, यह उस काल का राष्ट्रीय यथार्थ भी है।

---

1. रंगभूमि (संस्करण, 1965), पृ० 29-30।
2. उपरिवत्, पृ० 95।
3. उपरिवत्, पृ० 169।

विनय सिंह का सेवक दल राजस्थान पहुँचकर ग्रामीणों को संगठित करता है, पंचायतें कायम करता है और उन्हें स्वावलम्बी बनाने का प्रयत्न करता है। इन संगठनों के फलस्वरूप "अब लोग वन्य जन्तुओं को भगाने के लिए पुलिस के यहाँ नहीं दौड़े जाते, स्वयं संगठित होकर उन्हें मार भगाते हैं, जरा-जरा-सी बात पर अदालतों के द्वार नहीं खटखटाने जाते, पंचायतों में समझौता कर लेते हैं, जहाँ कहीं कुएँ न थे, वहाँ अब पक्के कुएँ हो गये हैं, सफाई की ओर भी लोग ध्यान देने लगे हैं, दरवाजे पर कूड़े-करकट के ढेर नहीं जमा किये जाते।"[1]

सेवा दल के सदस्य बीमार लोगों की चिकित्सा करते हैं, लोगों के पारस्परिक कलह मिटाते हैं।[2] इतना ही नहीं, सेवा दल जगह-जगह किसानों के लिए किसान सभाएँ कायम करता है, किसानों को बेगार न करने और नाजायज कर न देने के लिए प्रेरित करता है। सरदार नीलमणि विनय सिंह को फटकारते हुए कहते हैं : "कोई कोटा में कृषकों की सभाएँ बनाता फिरता है, कोई बीकानेर में बेगार की जड़ खोदने पर तत्पर हो रहा है, कोई मारवाड़ में रियासत के उन करों का विरोध कर रहा है, जो परम्परा से वसूल होते आये हैं। आप लोग साम्यवाद का डंका बजाते फिरते हैं। आपका कथन है, प्राणिमात्र को खाने-पहनने और शान्ति से जीवन व्यतीत करने का समान स्वत्व है।"[3]

इससे स्पष्ट है कि विनय सिंह का सेवा दल केवल राहत कार्य न कर आम जनता को समाजवाद के मार्ग पर ले जा रहा है। जनता के शोषण और दमन पर आधारित सामन्ती व्यवस्था इसे कैसे बर्दाश्त करती ? अतः विनय सिंह पर डाकुओं से मिले होने का अपराध मढ़कर उन्हें गिरफ्तार कर लिया जाता है।

उदयपुर की रियासत के खिलाफ वीरपाल सिंह के नेतृत्व में आतंकवादियों का दल भी सक्रिय है। इस दल की कोई राजनीतिक आकांक्षा नहीं है, वह केवल अधिकारियों द्वारा प्रजा पर किये जाने वाले अत्याचार और दमन की प्रतिक्रिया की उपज है और उसका कार्यक्रम सरकारी खजाना लूटना, अधिकारियों की हत्या करना आदि तक सीमित है।[4] वीरपाल विनय सिंह को आम जनता की स्थिति का हवाला देते हुए उसे कहता है : "ये लोग प्रजा को दोनों हाथों से लूट रहे हैं। इनमें न दया है न धर्म है। हमारे भाई ही भाई-बन्द पर, हमारी ही गरदन पर छुरी चलाते हैं। किसी ने जरा साफ कपड़े पहने और ये लोग उसके सिर हुए। जिसे घूस न दीजिए, वही आपका दुश्मन है···दिन-दहाड़े खून कीजिए, पर पुलिस

---

1. रंगभूमि, पृ० 179-180।
2. उपरिवत्।
3. उपरिवत्, पृ० 194।
4. उपरिवत्, पृ० 183।

की पूजा कर दीजिए, आप वेदाग छूट जाएँगे। आपके बदले कोई बेकसूर फाँसी पर लटका दिया जाएगा।···राजा है, वह काठ का उल्लू···या तो विलायत की सैर करेगा या यहाँ अंग्रेजों के साथ शिकार करेगा, सारे दिन उन्हीं की जूतियाँ सीधी करेगा।···प्रजा जिये या मरे, उसकी बला से।"[1]

वीरपाल का यह कथन केवल देशी रियासतों पर नहीं, बल्कि काफी दूर तक, शेष भारत पर भी लागू था। लगभग सारे ब्रिटिश भारत की यही स्थिति थी। ब्रिटिश भारत में राजाओं के स्थान पर जमींदार और ताल्लुकेदार थे जो किसानों का शोषण करने में कोई कोर-कसर नहीं छोड़ते थे। तत्कालीन देशी रियासतें भी ब्रिटिश साम्राज्यवाद के नियन्त्रण में थीं, उन्हें कोई राजनीतिक स्वतंत्रता तो नहीं थी, पर प्रजा का शोषण और दमन करने की पूरी छूट थी, शर्त केवल यह थी कि वे ब्रिटिश सरकार की सारी बातें मानते चलें। 'रंगभूमि' में इस राजनीतिक यथार्थ का चित्रण हुआ है। क्लार्क के एक कथन से रियासतों में अंग्रेज पोलिटिकल रेडिजेण्ट के अधिकारों का पता चलता है। वह सोफिया से कहता है: "उसका अधिकार सर्वत्र, यहाँ तक कि राजा के महल के अन्दर भी होता है। रियासत का कहना ही क्या, वह राजा के खाने, सोने, आराम करने का समय तक नियत कर सकता है। राजा किससे मिले, किससे दूर रहे, किसका आदर करे, किसकी अव-हेलना करे, यह सब बातें एजेंट के अधीन हैं।···बस, यों समझो कि वह रियासत का खुदा होता है।"[2]

स्पष्टत: वीरपाल का उदयपुर की रियासत के खिलाफ हिंसात्मक संघर्ष ब्रिटिश शासन के विरुद्ध उत्तर भारत में चल रहे आतंकवादी संघर्ष का ही चित्रण है। प्रेमचन्द ने इस कथानक की योजना द्वारा ब्रिटिश सरकार के खिलाफ जारी स्वतन्त्रता संग्राम के हिंसात्मक पक्ष का चित्रण किया है। स्वाधीनता की लड़ाई में प्रेमचन्द गांधी जी के अहिंसा मार्ग की ओर झुके हुए जान पड़ते हैं। वे वीरपाल की कथा द्वारा हिंसा मार्ग का तथा विनय सिंह की कथा द्वारा अहिंसा मार्ग का चित्रण करते हैं। प्रेमचन्द वीरपाल की निन्दा तो कहीं नहीं करते पर अपना समर्थन विनय सिंह को देते जान पड़ते हैं। विनय अहिंसा मार्ग का अनुयायी है और काफी हद तक भटका हुआ भी है। उसे भारतीय राजाओं की सहृदयता, उदारता, चारित्रिक श्रेष्ठता आदि में आस्था है। वह जेल से भागने के वीरपाल के प्रस्ताव को अस्वीकार कर देता है और न्यायालय से निर्दोष सिद्ध हो जाने के बाद ही मुक्त होने का अपना निश्चय व्यक्त करता है। वह वीरपाल से कहता है: "इस राज्य को हम लोगों ने सदैव गौरव की दृष्टि से देखा है, महाराजा साहब को आज भी हम उसी श्रद्धा की दृष्टि से देखते हैं। वह उन्हीं सांगा और प्रताप के वंशज

1. रंगभूमि, पृ० 183।
2. उपरिवत्, पृ० 254।

हैं, जिन्होंने हिन्दू जाति की रक्षा के लिए अपने प्राणों की आहुति दे दी थी।···राज्य पर दोषारोपण करके हम अपने को उस महान् वस्तु के अयोग्य सिद्ध करते हैं, जो हमारे जीवन का लक्ष्य और इष्ट है।"[1]

विनय का यह कथन गांधी जी के आचरण से मिलता-जुलता है। जब 1922 में ब्रिटिश सरकार ने गांधी जी पर मुकदमा चलाया था तो उन्होंने सरकार से स्वयं को कड़े से कड़ा दंड देने का अनुरोध किया था, क्योंकि वे सरकार के विरुद्ध जनता को भड़काने के लिए अपने को दोषी मानते थे। ब्रिटिश सरकार के प्रति गांधी जी की आस्था भी बरकरार थी और वे 'अपने जीवन के लक्ष्य और इष्ट' के लिए परम्परागत नैतिक मूल्यों पर दृढ़ बने रहने के आग्रही थे।

पर विनय का चरित्र गांधी जी की तरह दृढ़ नहीं है। वह बहुत जल्द उत्तेजित हो जाता है। राजस्थान से पलायन कर वह बनारस आ जाता है, और यहाँ पहुँच कर उग्रवाद की ओर झुक जाता है। कथाकार पाठकों को सूचित करता है कि "जब से सोफिया और बिनय सिंह आ गये थे, सेवक दल बड़ी उन्नति कर रहा था। उसकी राजनीति की गति दिन-दिन तीव्र और उग्र होती जाती थी।"

'रंगभूमि' की राजस्थान-सम्बन्धी कथा के माध्यम से प्रेमचन्द समकालीन राजनीति के कई पक्षों का चित्रण करते हैं। क्लार्क उदयपुर की रियासत का पोलिटिकल रेजिडेण्ट बनने पर वहाँ के विभिन्न नगरों का दौरा करता है। उसके स्वागत में राज्य की ओर से जोरदार तैयारियाँ होती हैं, पर सामान्य जनता उदासीन ही रहती है। यह वर्णन 1921 में प्रिंस ऑफ वेल्स के भारत आगमन प्रसंग का स्मरण कराता है, जबकि सरकार की तरफ से उनका प्रत्येक नगर में भव्य स्वागत होता था पर जनता उनका स्वागत हड़तालों, प्रदर्शनों और राजनीतिक सभाओं में विरोध-प्रदर्शन से करती थी। क्लार्क के स्वागत का वर्णन कथाकार के शब्दों में द्रष्टव्य है : "सड़कों के दोनों तरफ सशस्त्र सिपाहियों की सफें खड़ी कर दी गयी हैं कि प्रजा की अशान्ति का कोई चिह्न भी नजर न आने पाये। सभाएँ करने की मनाही कर दी गयी है।"[2] क्लार्क के स्वागत में "फूलों की वर्षा हो रही थी, पर छतों से नहीं, सिपाहियों के हाथों से। नगर में कहीं आनंदोत्सव का चिह्न नहीं है, सियापा-सा छाया हुआ है, न पग-पग पर जयध्वनि है, न कोई रमणी आरती उतारने आती है, न कहीं गाना-बजाना है। मानो किसी पुत्र-शोक-मग्न माता के सामने विहार हो रहा हो।"[3]

प्रेमचन्द भिन्न-भिन्न प्रसंगों की योजना करके ब्रिटिश शासन के विरुद्ध जन-भावना का चित्रण करते है। क्लार्क की गाड़ी से दबकर एक व्यक्ति की मृत्यु हो जाती

---

1. रंगभूमि, पृ० 191।
2. उपरिवत्, पृ० 269।
3. उपरिवत्, पृ० 269।

है। इसके विरोध में जनता क्लार्क का बँगला घेर लेती है। कथाकार इसका वर्णन निम्नलिखित शब्दों में करता है : "जब राजभवन के निकट पहुँचे तो इतनी भीड़ देखी कि एक-एक कदम चलना मुश्किल हो गया और भवन से एक गोली के टप्पे पर तो उन्हें विवश होकर रुकना पड़ा। सिर ही सिर दिखाई देते थे। राजभवन के सामने बिजली की एक लालटेन जल रही थी और उसके उज्ज्वल प्रकाश में हिलता, मचलता, रुकता, ठिठकता हुआ जन-प्रवाह इस तरह भवन की ओर चलता जा रहा था, मानो उसे निगल जायेगा। भवन के सामने सिपाहियों की एक कतार संगीनें चढ़ाये चुपचाप खड़ी थी।"[1]

वीरपाल के दल द्वारा सोफिया के अपहरण के बाद तो जो सरकारी दमनचक्र चलता है, वह ब्रिटिश शासनकाल में स्वाधीनता आन्दोलन के अमानवीय दमन का ही प्रतिनिधित्व करता है। "सन्देह मात्र से लोग फाँस दिये जाते थे और उनको कठोरतम यातनाएँ दी जाती थीं। साक्षी और प्रमाण की कोई मर्यादा न रह गयी थी। इन अपराधियों के भाग्य निर्णय के लिए एक अलग न्यायालय खोल दिया गया था। उसमें मँजे हुए प्रजाद्रोहियों को छाँट-छाँटकर नियुक्त किया गया था। यह अदालत किसी को छोड़ना न जानती थी। किसी अभियुक्त को प्राणदंड देने के लिए सिपाही की शहादत काफी थी।"[2] क्लार्क जब दौरे पर निकलता है तो "एक अंग्रेजी रिसाला साथ ले लेता है और इलाके के इलाके उजड़वा देता है, गाँव के गाँव तबाह करवा देता है, यहाँ तक कि स्त्रियों पर अत्याचार करता है।"[3]

शासन की दमनात्मक कार्रवाइयों से उत्तेजित होकर सोफिया आतंकवादी आन्दोलन पर उतर आती है। उसके नेतृत्व में वीरपाल का दल सरकारी खजाने को लूटता है और आतंक का माहौल पैदा कर देता है। पर प्रेमचन्द हिंसा और आतंक की राजनीति के समर्थक नहीं हैं, इसलिए बड़े आकस्मिक और अस्वाभाविक ढंग से यह कथा समाप्त हो जाती है। इससे न केवल आतंकवादी आन्दोलन की लक्ष्य-हीनता का यथार्थ सामने आता है, वरन् प्रेमचन्द का गांधीवाद की ओर झुकाव भी प्रकट होता है।

राजस्थान के कथा प्रसंग के द्वारा प्रेमचन्द ने स्वाधीनता आन्दोलन के प्रति अंग्रेजों के रुख का चित्रण भी किया है। ब्रिटेन के प्रधानमंत्री लायड जार्ज ने अपने 2 अगस्त, 1922 के पार्लियामेंट में दिये गये भाषण में कहा था कि "मुझे वह समय बिलकुल नहीं दिखाई पड़ता जब ब्रिटिश सिविल सर्विस के मार्गदर्शन और सहायता के बिना भारतीय अपना काम चला सकें।" उसने यह भी कहा कि "ब्रिटेन किसी

1. रंगभूमि, पृ० 302।
2. उपरिवत, पृ० 305।
3. उपरिवत्, पृ० 306।

भी परिस्थिति में भारत में अपने उत्तरदायित्व का त्याग नहीं करेगा।"[1] रंगभूमि का अंग्रेजी अधिकारी विलियम क्लार्क लिबरल दल का है, पर वह भी उतना ही साम्राज्यवादी है जितना कंजरवेटिव दल का कोई सदस्य। जब सोफिया क्लार्क से विनय के प्रति हमदर्दी व्यक्त करने की सिफारिश करती है तो क्लार्क जवाब देता है: "जो सहानुभूति साम्राज्य की जड़ खोखली कर दे, विद्रोहियों को सर उठाने का अवसर दे, प्रजा में अराजकता का प्रचार करे, उसे मैं अदूरदर्शिता नहीं पागलपन समझता हूँ।"[2] वह अन्यत्र कहता है: "हमारा साम्राज्य तभी तक अजेय रह सकता है, जब तक प्रजा पर हमारा आतंक छाया रहे।...हमें अपना राज्य प्राणों से भी प्रिय है, और जिस व्यक्ति से हमें क्षति की लेशमात्र भी शंका हो, उसे हम कुचल डालना चाहते हैं, उसका नाश कर देना चाहते हैं, उसके साथ किसी भाँति की रियायत, सहानुभूति, यहाँ तक कि न्याय का व्यवहार भी नहीं कर सकते।"[3]

क्लार्क के इस कथन से अंग्रेजों की साम्राज्यवादी नीति पर प्रकाश पड़ता है और प्रेमचन्द की राजनीतिक समझ का पता चलता है। क्लार्क सोफिया के नेतृत्व में चल रहे आन्दोलन को 'बोलशेविक आन्दोलन' कहता है।[4]

राजस्थान में वीरपाल सिंह, सोफिया और विनय सिंह के द्वारा चलाया जाने वाला आन्दोलन किसी निष्कर्ष पर नहीं पहुँच पाता। यह कथा बहुत कमजोर ढंग से समाप्त हो जाती है, पर प्रेमचन्द ने इस कथा के द्वारा उस काल की राजनीतिक सच्चाई का चित्रण तो किया ही है। उधर बनारस में रानी जाह्नवी के नेतृत्व में कार्यरत सेवा समिति सरकार की आँखों का काँटा बनी हुई है। स्वयंसेवकों की बिदाई के समारोह में राजा महेन्द्र कुमार का शामिल होना सरकारपरस्त अखबारों की सुर्खियों का विषय बन जाता है। उनमें यह विचार व्यक्त किया जाता है कि "सेवा समितियाँ...कालान्तर में विद्रोह और अशान्ति का केन्द्र बन जाती हैं।"[5]

इस बीच दो बातें और होती हैं। एक यह कि सेवा समिति 'रंगभूमि' के केन्द्रीय पात्र सूरदास के भूमि-संघर्ष से जुड़ जाती है और प्रभुसेवक सेवा समिति में शामिल हो जाता है। सेवा समिति का नायक बनते ही प्रभुसेवक उसे राजनीतिक संस्था बना देता है। यह भी उल्लेखनीय है कि प्रभुसेवक गांधी जी के मार्ग

---

1. डॉ० ताराचन्द, हिस्ट्री ऑफ फ्रीडम मूवमेंट इन इंडिया (भाग 4), पृ० 44।
2. रंगभूमि, पृ० 209।
3. उपरिवत्, पृ० 281।
4. उपरिवत्, पृ० 389।
5. उपरिवत्, पृ० 170।

का पूर्णतः अनुयायी नहीं है । विनय के उदयपुर में कैद कर लिए जाने का समाचार पाकर वह अपनी प्रतिक्रिया निम्न शब्दों में व्यक्त करता है : "प्रजा की सहन-शक्ति की भी कोई सीमा होनी चाहिए और होती है। उसकी अवहेलना करके कानून ही नहीं रह जाता। उस समय उस कानून को भंग करना ही प्रत्येक विचारशील प्राणी का कर्त्तव्य हो जाता है।"[1] वह आगे कहता है : "जब तक हम खून से डरते रहेंगे, हमारे स्वत्व भी हमारे पास आने से डरते रहेंगे। उनकी रक्षा भी तो खून ही से होगी । राजनीति का क्षेत्र समर क्षेत्र से कम भयावह नहीं है। उसमें उतरकर रक्तपात से डरना कापुरुषता है।'[2] प्रभुसेवक के इन कथनों से उग्रवादी हिंसक आन्दोलन की झलक मिलती है। वह वर्तमान व्यवस्था को ध्वंस करने की बात करता है।[3] उसकी राय है कि आसामी असहयोग कर दें और साल-भर तक जमीन परती पड़ी रहने दें ।[4] गांधी जी इस प्रकार के आन्दोलन के समर्थक नहीं थे। पर प्रभुसेवक को उपन्यासकार से मिलने वाले मौन समर्थन से प्रतीत होता है कि प्रेमचन्द गांधीवाद के अन्धानुयायी नहीं थे ।

प्रभुसेवक के नेतृत्व में सेवा समिति को व्यापक लोकप्रियता प्राप्त होती है। उसके सदस्य आजादी के सच्चे सिपाही हैं, "सबके सब एक रंग में रँगे हुए थे, राष्ट्रीयता के मद में चूर, न धन की चिन्ता, न घर-बार की फिक्र, रूखा-सूखा खाने वाले, मोटा पहनने वाले, जमीन पर सोकर रात गुजार देते थे, घर की जरूरत न थी, कभी-कभी वृक्ष के नीचे पड़े रहते, कभी किसी झोंपड़े में। हाँ, उनके हृदयों में उच्च और पवित्र देशोपासना हिलोरें ले रही थी।"[5] स्वाधीनता के सैनिकों का यह चित्रण उस काल के राजनीतिक यथार्थ की सच्ची तस्वीर है।

'रंगभूमि' की मुख्य कथा सूरदास को केन्द्र बनाकर चलती है। उसके पास थोड़ी मौरूसी जमीन है जिसे उपन्यास का एक पात्र जान सेवक सिगरेट का कारखाना स्थापित करने के लिए लेना चाहता है। जब सूरदास अपनी जमीन बेचने को राजी नहीं होता तो जान सेवक सरकार की सहायता से उसका अधि-ग्रहण करा लेता है और वहाँ कारखाना बन जाता है। फिर मजदूरों के लिए बस्ती बनाने के लिए पूरा पांडेपुर, जहाँ सूरदास भी रहता है, खाली करा लिया जाता है।

पर सूरदास अपनी जमीन और झोंपड़ी यों ही नहीं छोड़ देता । इसके लिए

1. रंगभूमि, पृ० 258 ।
2. उपरिवत्, पृ० 259 ।
3. उपरिवत्, पृ० 417 ।
4. उपरिवत्, पृ० 406 ।
5. उपरिवत्, पृ० 418 ।

वह घोर संघर्ष करता है और अन्ततः गोली खाकर प्राण दे देता है। प्रेमचन्द ने सूरदास की संघर्ष कथा को भारतीय जनता और ब्रिटिश सरकार के संघर्ष का लघु रूप बना दिया है। सूरदास की संघर्ष-गाथा भारतीय मुक्ति संग्राम का प्रतीक बन गयी है।

इस संघर्ष-कथा द्वारा प्रेमचन्द ने भारत में ब्रिटिश उपनिवेशवाद के सही स्वरूप को उद्घाटित करने का प्रयास किया है। ब्रिटिश साम्राज्य वस्तुतः पूँजीवादी उपनिवेशवाद था जिसका एक मात्र लक्ष्य भारत का आर्थिक शोषण था। 'रंगभूमि' में प्रेमचन्द ने ब्रिटिश सरकार और छोटे सामन्तों की सहायता से उभरते हुए भारतीय पूँजीवाद और उसके द्वारा आम जनता के शोषण का चित्र प्रस्तुत किया है। जनता इस शोषण के खिलाफ संघर्ष करती है, पर उसकी पराजय होती है, जो बिल्कुल स्वाभाविक है।

जैसा हम जानते हैं, पूंजीवाद वैज्ञानिक औद्योगीकरण का सहचर है और किसान-मजदूरों के शोषण पर फलता-फूलता है। यदि उसे उपनिवेशवाद का साथ मिल जाता है तो उसकी और भी उन्नति होती है। ब्रिटिश पूँजीवाद को उपनिवेशवाद की सहायता मिल गयी थी। ऐतिहासिक परिस्थितियों ने भारत को ब्रिटेन का उपनिवेश बना दिया था। ब्रिटेन के उद्योगपति भारत का जोंक की तरह शोषण कर रहे थे। देखा-देखी भारतीय पूँजीवाद भी अपने लिए अवसर ढूंढ़ रहा था। यों तो सामान्यतः ब्रिटेन का पूँजीपति वर्ग भारतीय पूँजीपतियों को पनपने का अवसर नहीं देता था, पर यदि सरकार को किसी भारतीय पूँजीपति की अपने प्रति निष्ठा का विश्वास हो जाता था तो वह उद्योग स्थापित करने में उसकी सहायता करती थी। यह उल्लेखनीय है कि पूँजीवादी औद्योगीकरण का उद्देश्य जनहित नहीं, मुनाफा होता था। 'रंगभूमि' का जान सेवक कृषि विकास में योग देने वाले यन्त्रों या बिजली उत्पादन का कारखाना नहीं स्थापित करता, वह सिगरेट का कारखाना खोलता है। पूंजीवाद ऐसे ही उद्योगों को प्राथमिकता देता है जो अधिक से अधिक नफा दे सके, चाहे उससे जनता का कितना भी अहित क्यों न हो। गांधी जी इसी कारण औद्योगीकरण के विरोधी थे।

सूरदास और जान सेवक के संघर्ष में एक मनोरंजक तथ्य उभरकर सामने आता है। कुंवर भरत सिंह और डॉ० गांगुली आदि मानवीय संवेदना के आधार पर सूरदास का समर्थन करते हैं, पर जब उनके वर्ग के हितों पर आघात पहुँचने की सम्भावना होती है तो वे तुरन्त जान सेवक की सहायता करने लगते हैं। इस प्रसंग के द्वारा प्रेमचन्द ने सामन्त वर्ग के मानवता-प्रेम, देशभक्ति, समाज-सेवा आदि के खोखलेपन का पर्दाफाश किया है। यह वर्ग वहीं तक समाज सेवा और देशप्रेम का राग अलापता है जहाँ तक उसके हितों और अहं से उनकी टक्कर नहीं होती।

ब्रिटिश सरकार, पूंजीपतियों और सामन्तवर्ग की सम्मिलित शक्ति के साथ जनता के संघर्ष की कथा, सूरदास की जमीन छिन जाने के बाद आरम्भ होती है। सरकार सूरदास को केवल एक हजार मुआवजा देने का फैसला करती है, जिसे सूरदास अस्वीकार कर देता है। प्रभुसेवक सरकार की निरंकुशता और शोषण का पर्दाफाश करते हुए कहता है : "रुपये न लोगे तो जप्त हो जाएँगे। यहाँ तो सरकार इसी ताक में रहती है कि किसी तरह प्रजा का धन उड़ा लें। कुछ टैक्स के बहाने से, कुछ किसी रोजगार के बहाने से, कुछ किसी बहाने से हजम कर लेती है।"[1] जब सूरदास न्याय की दुहाई देता है तो प्रभुसेवक कहता है : "सरकार यहाँ न्याय करने नहीं आयी है, राज्य करने आयी है। न्याय करने से उसे कुछ मिलता है? कोई समय था जब न्याय को राज्य की बुनियाद समझा जाता था। अब वह जमाना नहीं है। अब व्यापार का राज्य है, और जो इस राज्य को स्वीकार न करे, उसके लिए तारों का निशाना मारने वालों की तोपें हैं।"[2]

प्रभुसेवक के इस कथन से ब्रिटिश साम्राज्यवाद की वास्तविक प्रकृति पर प्रकाश पड़ता है। इसका प्रमाण पांडेपुर के अधिग्रहण के प्रसंग में भी मिलता है। न तो ग्रामीणों को समुचित मुआवजा दिया जाता है, न उन्हें कहीं बसाने का व्यवस्था की जाती है। सूरदास इस फैसले को स्वीकार नहीं करता। वह जीते जी अपनी झोंपड़ी न छोड़ने का निश्चय व्यक्त करता है: "जब तक कोई न बोलेगा पड़ा रहूँगा। कोई हाथ पकड़कर निकाल देगा, बाहर जा बैठूंगा। वहाँ से उठा देगा, फिर आ बैठूंगा। जहाँ जन्म लिया है, वहाँ मरूँगा। अपना झोंपड़ा जीते जी न छोड़ा जाएगा। मरने पर जो चाहे ले ले। बाप-दादा की जमीन खो दी, अब इतनी निशानी रह गयी है, इसे न छोड़ूंगा। इसके साथ आप भी मर जाऊँगा।"[3] सूरदास के इस कथन में गांधी जी द्वारा प्रतिपादित अहिंसा और सत्याग्रह की स्पष्ट झलक मिलती है।

पांडेपुर को खाली कराने के लिए पुलिस बुलायी जाती है जो बड़ी निर्दयता से ग्रामवासियों के घरों से सामान निकालकर बाहर फेंकती है, लूटपाट करती है और विरोध करने पर डंडे बरसाती है। इस प्रसंग के द्वारा प्रेमचन्द ने ब्रिटिश राज्य की पुलिस के अमानवीय स्वरूप का यथार्थ चित्र प्रस्तुत किया है।

अन्ततः सूरदास की झोंपड़ी भी गिरा देने का आदेश होता है। जनता इसका विरोध करती है। आक्रामक जनसमूह को रोकने के लिए गली के मुँह पर सिपाही संगीनें चढ़ाये तैनात हैं। भीड़ पत्थर फेंकना आरम्भ करती है, जिसका जवाब पुलिस

1. रंगभूमि, पृ० 365।
2. उपरिवत्।
3. उपरिवत्, पृ० 464।

गोलियों से देती है। कई आदमियों के साथ सेवा समिति का एक प्रमुख कार्यकर्त्ता इन्द्रदत्त शहीद हो जाता है।

इस घटना के बाद प्रेमचन्द ने एक अद्भुत प्रसंग की कल्पना की है। इन्द्रदत्त के शहीद हो जाने पर भी जनसमूह आगे बढ़ने से रुकता नहीं। पुलिस अधीक्षक फायर का हुक्म देता है। पर हवलदार और पुलिस के जवान उसकी आज्ञा नहीं मानते। उनके पीछे जनसमूह जय-जयकार करते हुए आगे बढ़ता है। ब्रिटिश शासन के विरुद्ध सशस्त्र पुलिस का विद्रोह भारतीय स्वाधीनता संग्राम के इतिहास में अनहोनी घटना नहीं है। 23 अप्रैल, 1930 को पेशावर में 18वीं रॉयल गोरखा राइफल्स की दूसरी बटालियन की दो टुकड़ियों ने अपने अफसर के आदेश के बावजूद निहत्थे प्रदर्शनकारियों पर गोली चलाने से इनकार कर दिया था और कोर्ट मार्शल की सजा स्वीकार कर ली थी। यह भी ऐतिहासिक तथ्य है कि इसके लिए गांधी जी ने सिपाहियों की ही निन्दा की थी, जबकि आम जनता की दृष्टि में सिपाहियों का यह कार्य वीरतापूर्ण था। उल्लेखनीय यह है कि इतिहास में जो घटना 1930 ई० में घटी उसकी हू-ब-हू कल्पना प्रेमचन्द ने उसके लगभग छह वर्ष पूर्व कर ली थी और इसके सम्बन्ध में गांधी जी की तुलना में ज्यादा सही दृष्टिकोण का परिचय दिया था। प्रेमचन्द अहिंसा के मार्ग का परित्याग नहीं करते, क्योंकि 'रंगभूमि' के विद्रोही सिपाही आत्मसमर्पण कर देते हैं। विनय सिंह भी सलाह देता है : "उनसे कहना कि भागें नहीं, जो कुछ किया है, उसका यश लेने से न डरें।"[1] इस अप्रत्याशित घटना और बदले हुए माहौल पर राजा महेन्द्र कुमार और पुलिस सुपरिण्टेण्डेण्ट दोनों स्तम्भित हैं। कथाकार के शब्दों में "उनकी आँखों के सामने एक ऐसी घटना हो रही थी जो पुलिस के इतिहास में एक नूतन युग की सूचना दे रही थी, जो परम्परा के विरुद्ध, नीति के विरुद्ध थी। सरकार के वे पुराने सेवक, जिनमें कितनों ही ने अपने जीवन का अधिकांश प्रजा का दमन करने में ही व्यतीत किया था, यों बढ़ते हुए चले जाएँ।"[2]

पुलिस की गोलियों से शहीद हुए लोगों की शवयात्रा के वर्णन द्वारा भी प्रेमचन्द ने स्वाधीनता संग्राम के एक पक्ष का चित्रण किया है। स्वतन्त्रता सेनानियों के शहीद होने पर उस समय शवयात्राओं का ऐसा ही दृश्य होता था :

"अर्थियों के पीछे कोई दस हजार आदमी, नंगे पाँव, सिर झुकाये चले जाते थे। पग-पग पर समूह बढ़ता जाता था, चारों ओर लोग दौड़े चले जाते थे। लेकिन किसी के मुख पर शोक या वेदना का चिह्न न था, न किसी की आँख में आँसू थे, न किसी के कंठ से आर्त्तनाद की ध्वनि निकलती थी। इसके प्रतिकूल

1. रंगभूमि, पृ०479।
2. उपरिवत्, पृ० 479।

लोगों के हृदय गर्व से फूले हुए थे, आँखों में स्वदेशाभिमान का मद भरा हुआ था। यदि इस समय रास्ते में तोपें चढ़ा दी जातीं, तो भी जनता के कदम पीछे न हटते।"[1]

आजादी की लड़ाई के दौरान भारतीय जनता के मूक क्रोध, स्वाभिमान, दृढ़ निश्चय और अहिंसा में आस्था की बड़ी सशक्त अभिव्यक्ति इन पंक्तियों में हुई है।

पुलिस के दमन के बाद सरकार के विरुद्ध जनता का संघर्ष और भी दृढ़ और तेज हो जाता है। मजदूर हड़ताल कर देते हैं और दुगुनी-तिगुनी मजदूरी पर भी पांडेपुर के खाली मकानों को गिराने का काम स्वीकार नहीं करते।[2] बाहर से बुलाये गये मजदूर भी स्थिति देखकर काम करने को तैयार नहीं होते। सरकारी अधिकारी बर्कन्दाजों और तहसील के चपरासियों से यह काम कराना चाहते हैं, पर "उनके सामने सैकड़ों युवक, जिनमें कितने ही ऊँचे कुलों के थे, हाथ बाँधकर खड़े हो जाते हैं।" इस सत्याग्रह का नेतृत्व विनय सिंह और सेवा समिति के के सदस्य कर रहे हैं।

इस 'अपराध' में सरकार विनय सिंह को उसकी रियासत के अधिकार से वंचित कर देती है, पर विनय अपने पिता के अनुरोध पर भी सेवा दल से अलग नहीं होता। पांडेपुर में पुलिस का दमन चक्र और भी तेज हो जाता है। पुलिस की सहायता के लिए गोरखा रेजिमेण्ट बुलायी जाती है। सेवक दल के सदस्यों की गिरफ्तारी आरम्भ हो जाती है और उन्हें पुलिस की हिरासत में शारीरिक यातनाएँ दी जाने लगती हैं। पर सूरदास पर गोली चलाने या उसके झोंपड़े में आग लगाने की हिम्मत पुलिस को नहीं पड़ती।[3] हजारों नगरवासी रोज वहाँ पहुँच जाते हैं। आत्मसमर्पण की हवा-सी चल पड़ी है। सरकार नगरवासियों को पांडेपुर न जाने के लिए चेतावनी देती है। आन्दोलन का दमन करने के लिए क्लार्क को राजपूताने से बुलाया जाता है।

'रंगभूमि' में स्वाधीनता संग्राम की रणभूमि बने पांडेपुर का रोमांचक वर्णन दिया गया है : "गिरे हुए मकानों की जगह सैकड़ों छोलदारियाँ खड़ी हैं और उनके चारों ओर गोरखे खड़े होकर चक्कर लगा रहे हैं। किसी की गति नहीं है कि अन्दर प्रवेश कर सके। हजारों आदमी आसपास खड़े हैं, मानो किसी विशाल अभिनय को देखने के लिए दर्शकगण वृत्ताकार खड़े हों। मध्य में सूरदास का झोंपड़ा रंगमंच के समान स्थिर था। सूरदास झोंपड़े के सामने लाठी लिए खड़ा

---

1. रंगभूमि, पृ० 490।
2. उपरिवत्, पृ० 480।
3. उपरिवत्, पृ० 490।

था, मानो सूत्रधार नाटक का प्रारम्भ करने को खड़ा है। सेवक दल के युवक झोंपड़े के सामने रातोंरात ही पहुँच गये थे।"[1] इसी बीच जान सेवक भी पांडेपुर पहुँच जाता है। भीड़ उसे घेर लेती है। उसकी रक्षा के लिए पुलिस अधिकारी गोरखों की एक टुकड़ी भेजता है। स्थिति की गम्भीरता को देखकर सूरदास भैरो के कन्धे पर सवार होकर जनसमूह को सम्बोधित करता है : "आप लोग वास्तव में मेरी सहायता करने नहीं आये, मुझसे दुश्मनी करने आये हैं। हाकिमों के मन में, फौज के मन में, पुलिस के मन में जो दया और धरम का ख्याल आता, उसे आप लोगों ने जमा होकर क्रोध बना दिया है। मैं हाकिमों को दिखा देता कि एक दीन, अन्धा आदमी एक फौज को कैसे पीछे हटा देता है, तोप का मुँह कैसे बन्द कर देता है, तलवार की धार कैसे मोड़ देता है। मैं धरम के बल से लड़ना चाहता था।···"[2]

सूरदास अभी जनता को सम्बोधित कर ही रहा है कि क्लार्क उसे गोली मार देता है। सूरदास को गोली लगते ही जनता नैराश्य और क्रोध से पागल हो जाती है। सेवक दल जनता को शान्त करने का प्रयास करता है, पर कोई असर नहीं होता। भीड़ सिपाहियों पर आक्रमण करने के लिए ईंट-पत्थर जमा करने लगती है। इसका अन्त निश्चय ही भीषण रक्तपात में होता, पर तभी विनय सिंह के आत्म बलिदान से शोक का वातावरण छा जाता है और भीड़ शान्त हो जाती है। विनय सिंह की मृत्यु को कथाकार ने एक स्वाधीनता सेनानी की मृत्यु के रूप में चित्रित किया है। उसकी शवयात्रा का वर्णन द्रष्टव्य है : "हजारों आदमियों का जमघट, गलियाँ तंग और कीचड़ से भरी हुई, पग-पग पर फूलों की वर्षा. सेवक दल का राष्ट्रीय संगीत···।"[3]

विनय सिंह के बलिदान स्थल का वर्णन कथाकार निम्नलिखित शब्दों में करता है :

"यह स्थान अब मुसलमानों का शहीदगाह और हिन्दुओं की तपोभूमि के सदृश हो गया था। जहाँ विनय सिंह ने अपनी जीवन लीला समाप्त की थी, वहाँ लोग आते, तो पैरों से जूते उतार लेते। कुछ भक्तों ने वहाँ पत्र-पुष्प चढ़ा रखे थे।"[4]

अस्पताल में सूरदास की भी मृत्यु हो जाती है। उसकी शवयात्रा का वर्णन भी किसी शहीद की शवयात्रा के रूप में प्रस्तुत किया गया है। सूरदास की

1. रंगभूमि, पृ० 492।
2. उपरिवत्, पृ० 496।
3. उपरिवत्, पृ० 504।
4. उपरिवत्, पृ० 515।

शवयात्रा में सोफिया, डॉ० गांगुली, रानी जाह्नवी, कुँवर भरत सिंह, नायक राम, जान सेवक, महेन्द्र कुमार के साथ-साथ क्लार्क तक शामिल होता है। विनय सिंह की शवयात्रा से सूरदास की शवयात्रा की तुलना करते हुए कथाकार कहता है : "अन्तर केवल इतना था कि उस दिन लोगों के हृदय शोक से व्यथित थे, आज विजय गर्व से परिपूर्ण। वह एक वीरात्मा की मृत्यु थी, यह एक खिलाड़ी की अन्तिम लीला।"[1] सूरदास की मृत्यु पर क्लार्क की प्रतिक्रिया है : "हमें आप (राजा महेन्द्र कुमार) जैसे मनुष्यों से भय नहीं, भय ऐसे मनुष्यों से है, जो जनता के हृदय पर शासन कर सकते हैं। यह राज्य करने का प्रायश्चित है कि इस देश में हम ऐसे आदमियों का वध करते हैं, जिन्हे इंग्लैंड में हम देवतुल्य समझते।"[2]

एक अंग्रेज अधिकारी पात्र से सूरदास के प्रति यह उद्‌गार व्यक्त कराकर प्रेमचन्द ने स्वाधीनता संग्राम के प्रति अपने दृष्टिकोण का परिचय दिया है।

सूरदास की मृत्यु के बाद उसकी मूर्ति की स्थापना के लिए आन्दोलन होता है। इन्दु और सोफिया मिलकर चन्दा एकत्र करने में लगी हैं। "धड़ाधड़ चन्दे वसूल होने लगे। एक महीने में एक लाख से अधिक वसूल हो गया।...वह दोनों रमणियों के सदुद्‌योग का ही चमत्कार था, नहीं, शहीदों की वीरता की विभूति थी, जिनकी याद में अब भी लोग रोया करते थे। लोग स्वयं आकर देते थे, अपनी हैसियत से ज्यादा।"[3]

विनय सिंह, सूरदास, सोफिया, इन्द्रदत्त आदि के शहीद हो जाने पर स्वाधीनता संग्राम थोड़ी देर के लिए रुक जाता है। पर उसके बाद रानी जाह्नवी आजादी की लड़ाई की मशाल सँभाल लेती हैं : "वह पहले से कहीं ज्यादा क्रियाशील हो गयीं। उनके रोम-रोम में असाधारण स्फूर्ति का विकास हुआ। वृद्धावस्था की आलस्यप्रियता कर्मण्यता में बदल गई। कमर बाँधी और सेवक दल का संचालन अपने हाथ में ले लिया। रनिवास छोड़ दिया, कर्मक्षेत्र में उतर आयीं और इतने जोश से काम करने लगीं कि सेवक दल को जो उन्नति कभी न प्राप्त हुई थी, वह अब हुई।...तपस्विनी का वेश धारण करके दिखा दिया कि अवसर पड़ने पर स्त्रियाँ कितनी कर्मशील हो सकती हैं।"[4] इन्दु भी अपने सामन्ती पूर्वग्रहों को त्यागकर स्वाधीनता संग्राम में शामिल हो जाती है। डॉ० गांगुली का भी मोहभंग होता है। वे भरी कौंसिल में गवर्नर को 'खूब खरी-खोटी' सुनाते हैं :"...आज मेरे दिल से यह विश्वास उठ गया, जो गत चालीस वर्षों से जमा हुआ था कि

---

1. रंगभूमि, पृ० 523।
2. उपरिवत्, पृ० 535।
3. उपरिवत्।
4. उपरिवत्, पृ० 542।

गवर्नमेंट हमारे ऊपर न्याय बल से शासन करना चाहती है। आज उस न्याय बल की कलई खुल गयी, हमारी आँखों से पर्दा उठ गया और हम गवर्नमेंट को उसके नग्न, आवरणहीन, रूप में देख रहे हैं। अब हमें स्पष्ट दिखाई दे रहा है कि केवल हमको पीसकर तेल निकालने के लिए, हमारा अस्तित्व मिटाने के लिए, हमारी सभ्यता और हमारे मनुष्यत्व की हत्या करने के लिए, हमको अनन्त काल तक चक्की का बैल बनाये रखने के लिए हमारे ऊपर राज्य किया जा रहा है। अब तक जो कोई मुझसे ऐसी बातें कहता था, मैं उससे लड़ने पर तत्पर हो जाता था, मैं रिपन, ह्यूम और बेसेण्ट की कीर्ति का उल्लेख करके उसे निरुत्तर करने की चेष्टा करता था। पर अब विदित हो गया कि उद्देश्य सबका एक ही है, केवल साधनों में अन्तर है।"[1]

ठीक इसी प्रकार की प्रतिक्रिया मोतीलाल नेहरू ने 8 मार्च, 1926 को एसेम्बली में व्यक्त किये थे। उन्होंने कहा था : "अब हमारी यहाँ कोई जरूरत नहीं रह गयी है। हम एक बार पुन: मतदाताओं से उनका मत प्राप्त करने के लिए देश में जाएँगे। हम संघर्ष करना नहीं छोड़ेंगे···हम अनुभव करते हैं कि हमें इन नकली संस्थाओं की कोई आवश्यकता नहीं रह गयी है, और राष्ट्र की प्रतिष्ठा और आत्मसम्मान की रक्षा के लिए हम जो कम से कम कर सकते हैं वह यह कि इनसे बाहर निकल जाएँ और कार्य करने के लिए देश में वापस लौटें। देश में हम उस जन-समर्थन की प्राप्ति का उपाय करेंगे केवल जिसके द्वारा ही कोई सरकार जनता की माँगों को स्वीकार करने के लिए बाध्य हो सकती है।'[2]

जिस सत्य पर मोतीलाल नेहरू 1926 ई० में पहुँचे, उस पर प्रेमचन्द 1924 में ही पहुँच चुके थे। डॉ० गांगुली का वक्तव्य इसका प्रमाण है। इतना ही नहीं, डॉ० गागुली को इस यथार्थ का भी बोध हो जाता है कि आजादी की लड़ाई में दौलतवालों का भरोसा नहीं किया जा सकता। वे कहते हैं : "····वे तो अपनी सम्पत्ति के गुलाम हैं। वे कभी सत्य के समर में नहीं आ सकते। जो सिपाही सोने की ईंट गर्दन में बाँधकर लड़ने चले वह कभी नहीं लड़ सकता। उसको तो अपने ईंट का चिन्ता लगा रहेगा। जब तक हम लोग ममता का परित्याग नहीं करेगा, हमारा उद्देश्य कभी पूरा नहीं होगा। अभी तक हमको कुछ भ्रम था, पर वह भी मिट गया। सम्पत्तिशाली मनुष्य हमारा मदद करने के बदले उलटा इसको नुकसान पहुँचाएगा।"[3]

1. रंगभूमि, पृ० 542-543।
2. डॉ० ताराचन्द, हिस्टरी ऑफ द फ्रीडम मूवमेण्ट इन इंडिया, भाग 4, पृ० 37।
3. रंगभूमि, पृ० 543।

'रंगभूमि' की विषयवस्तु के इस विस्तृत विश्लेषण से हम इस निष्कर्ष पर पहुँचते हैं कि प्रेमचन्द ने भारतीय स्वाधीनता आन्दोलन से जुड़े यथार्थ को इस उपन्यास में बहुत ही प्रामाणिकता और राजनीतिक समझ के साथ प्रस्तुत किया है। मैं डॉ० गोपालराय के इस मन्तव्य से किंचित् असहमत हूँ कि प्रेमचन्द ने अपने उपन्यासों में भारतीय स्वाधीनता संग्राम का खुले रूप में चित्रण नहीं किया है।[1] कम से कम 'रंगभूमि' के प्रसंग में यह नहीं कहा जा सकता। वास्तविकता यह है कि प्रेमचन्द भारतीय स्वाधीनता संग्राम को बहुत सूक्ष्मतापूर्वक देख रहे थे और अपने उपन्यासों में उसका चित्रण कर रहे थे। ब्रिटिश सरकार की दमन नीतियों तथा अभिव्यक्ति पर लगे प्रतिबन्धों के कारण वे प्रतीकात्मकता और द्वयर्थकता की शरण जरूर लेते हैं, पर यह अपरिहार्य था। अपने काल के राजनीतिक यथार्थ को समझने में उन्होंने अपने समय के चोटी के नेताओं की तुलना में कहीं ज्यादा परिपक्वता का परिचय दिया है।

'रंगभूमि' के बाद प्रेमचन्द ने 'गबन' (1931) और फिर 'कर्मभूमि' (1932) में अपनी राजनीतिक जागरूकता का परिचय दिया है। 'गबन' को कुछ आलोचकों ने मध्यवर्गीय स्त्रियों के आभूषण-प्रेम की बुराई दिखानेवाला उपन्यास मानकर संतोष कर लिया है। पर ऐसा नहीं है। उसके उत्तरार्द्ध में प्रेमचन्द ने एक ऐसी कथा की योजना की है जो स्वाधीनता संग्राम के सेनानियों के प्रति ब्रिटिश सरकार की दमनात्मक नीति का परिचय देती है। अक्सर ब्रिटिश सरकार आतंकवादी अथवा अन्य स्वतंत्रता सेनानियों को झूठे मुकदमों में फँसाकर उन्हें कठोर दंड देती थी। 'कानपुर कांस्पिरेसी केस' (1924) और 'मेरठ कांस्पिरेसी केस (1929) इसके उदाहरण हैं जो साम्यवादी आन्दोलन को दबाने के लिए गढ़े गये थे। प्रेमचन्द ने इस यथार्थ के चित्रण के लिए 'गबन' में इस प्रकार के एक राजनीतिक मुकदमे की योजना की है जिसमें पुलिस झूठी गवाहियाँ दिलाकर स्वाधीनता-आन्दोलनकारियों को मृत्यु दंड तथा कठोर कारावास दंड दिलाना चाहती है। इस मुकदमे में प्रेमचन्द की सहानुभूति स्वतन्त्रता सेनानियों के साथ है। यों वे इसे एक जगह अस्वीकार करते हुए कहते हैं: "भई, यह तो जाहिर है कि डकैती राजनीतिक थी, पर उसकी वकालत में कोई शब्द हमने इसीलिए नहीं कहा कि हमें हिंसात्मक क्रान्ति में विश्वास नहीं है, न हिंसाकारियों से सहानुभूति, क्योंकि हमें विश्वास है—इस उपाय से देश कभी स्वतन्त्र नहीं हो सकता है।"[2] पर हम अंग्रेजी की उस उक्ति में विश्वास करते हैं कि "लेखक पर विश्वास न करो, उसकी

1. डॉ० गोपालराय, भारतीय मुक्ति संग्राम और प्रेमचन्द शीर्षक लेख, 'प्रेमचन्द का कथा-संसार' (सं० डॉ० नरेन्द्र मोहन) में संकलित, पृ० 60।
2. ऋषभचरण जैन का संस्मरण, प्रेमचन्द विश्वकोश, खंड 1 (सं० कमल किशोर गोयनका) में पृ० 136 पर उद्धृत।

कथा पर विश्वास करो।" 'गबन' की कथा से प्रेमचन्द की राजनीतिक आतंकवादियों से सहानुभूति ही प्रकट होती है। यों उन्होंने अन्यत्र खुदीराम बोस, भगत सिंह आदि आतंकवादियों के प्रति भी स्पष्टतः अपनी सहानुभूति प्रकट की है।

'गबन' में प्रेमचन्द ने यह दिखाया है कि किस प्रकार पुलिस आतंकवादियों के खिलाफ झूठे मुकदमे चलाती है और झूठी गवाहियाँ जुटाकर उन्हें कठोर दंड देती है। एक ऐसे ही झूठे मुकदमे का भंडाफोड़ 'गबन' में किया गया है। यद्यपि ऐसे मुकदमों में ब्रिटिश सरकार 'तथाकथित' अपराधियों को दंड देने से बाज नहीं आती थी, पर प्रेमचन्द ने अपने कथानक में उन्हें मुक्त कराकर कतिपय भारतीय न्यायधीशों की न्यायप्रियता तथा पुलिस विभाग की धाँधली का यथार्थ चित्र प्रस्तुत किया है।

'गबन' में एक गौण प्रसंग की योजना द्वारा प्रेमचन्द ने तत्कालीन स्वाधीनता संग्राम में युवकों के आत्मबलिदान का चित्र प्रस्तुत करने के साथ-साथ उसके एक दुर्बल पक्ष की ओर भी संकेत किया है जिसकी सार्थकता हमें आज दिखाई देती है। उपन्यास का पात्र देवीदीन अपनी रामकहानी सुनाते हुए कहता है : "जिस देश में रहते हैं, जिसका अन्न-जल खाते हैं, उसके लिए इतना भी न करें, तो जीने को धिक्कार है। दो जवान बेटे इसी सुदेशी की भेंट कर चुका हूँ, भैया। ऐसे-ऐसे पट्ठे कि तुमसे क्या कहें। दोनों विदेशी कपड़े की दूकान पर तैनात थे। क्या मजाल थी कि कोई गाहक दुकान पर आ जाए। हाथ जोड़कर, घिघियाकर, धमकाकर, लजवाकर सबको फेर देते थे। बजाजे में सियार लोटने लगे। सबों ने जाकर कमिसनर से फरियाद की। सुनकर आग हो गया। बीस फौजी गोरे भेजे कि अभी जाकर बाजार में पहरे उठा दो। गोरों ने दोनों भाइयों से कहा—'यहाँ से चले जाव,' मुदा वह अपनी जगह से जौ-भर न हिले। भीड़ लग गयी। गोरे उन पर घोड़े चढ़ा लाते थे, पर दोनों चट्टान की तरह डटे खड़े थे। आखिर जब इस तरह कुछ न चला तो सबों ने डंडों से पीटना शुरू किया। दोनों बीर डंडे खाते थे पर जगह से न हिलते थे। जब बड़ा भाई गिर पड़ा तो छोटा उसकी जगह पर आ खड़ा हुआ। अगर दोनों अपने डंडे सम्भाल लेते, तो भैया, उन बीसों को मार भगाते, लेकिन हाथ उठाना तो बड़ी बात है, सिर तक न उठाया। अन्त में छोटा भी वहीं गिर पड़ा। दोनों को लोगों ने उठाकर अस्पताल भेजा। उसी रात को दोनों सिधार गये। तुम्हारे चरन छूकर कहता हूँ भैया, उस बखत ऐसा जान पड़ता था कि मेरी छाती गज-भर की हो गयी, पाँव जमीन पर न पड़ते थे। यही उमंग आती थी कि भगवान ने औरों को पहले न उठा लिया होता, तो इस समय उन्हें भी भेज देता। जब अर्थी चली है, तो एक लाख आदमी साथ थे। बेटों को गंगा में सौंपकर मैं सीधे बजाजे पहुँचा और उसी जगह खड़ा हुआ, जहाँ दोनों वीरों

की लहास गिरी थी। गाहक के नाम चिड़िये का पूत न दिखाई दिया। आठ दिन वहाँ से हिला तक नहीं। बस, भोर के समय आध घंटे के लिए घर आता था और नहा-धोकर कुछ जलपान करके चला जाता। नवें दिन दुकानदारों ने क़सम खाई कि विलायती कपड़े अब न मँगवाएँगे।"[1]

भारतीय स्वाधीनता संग्राम में इस प्रकार की आहुतियाँ आम बात थीं। गांधी जी की प्रेरणा से लोग सत्याग्रह के कार्यक्रमों में हँसते-हँसते अपने प्राणों की बलि चढ़ा देते थे, जवान पुत्रों के शहीद हो जाने पर पिता गर्व का अनुभव करते थे, पत्नियाँ पति के माथे पर टीका लगाकर उन्हें जेल भेज दिया करती थीं, बहनें भाइयों के गले में फूल मालाएँ डालकर उनसे विदा ले लेती थीं, माताएँ अपने बच्चों को आसीस देकर लाठियों और गोलियों की बौछार के बीच भेज देती थीं और जनता अपनी जान की परवाह न कर शहीदों का जयजयकार करती थी। प्रेमचन्द ने 'गबन' के इस प्रसंग से इसी प्रकार के दृश्य को जीवन्त रूप में प्रस्तुत किया है।

पर प्रेमचन्द यह भी साफ-साफ देख रहे थे कि स्वाधीनता आन्दोलन की बागडोर पूंजीपतियों और जमींदारों के हाथ में है। ये 'बड़े आदमी' स्वाधीनता सेनानी का स्वाँग रचकर 'नेता' बने फिरते थे, जेलों में ऊँची श्रेणी प्राप्त कर मजे लूटते थे, अखबारों में नाम निकलवाकर यश कमाते थे और गरीब जनता शहीद होती थी। स्वाधीनता-आन्दोलन में झूठे और पाखंडी देशभक्तों की भरमार थी। इनकी पोल खोलते हुए देवीदीन कहता है: "इन बड़े-बड़े आदमियों के किये कुछ न होगा। इन्हें बस रोना आता है, छोकरियों की भाँति बिसूरने के सिवा इनसे और कुछ नहीं हो सकता। बड़े-बड़े देश भगतों को बिना बिलायती शराबों के चैन नहीं आता। उनके घर में जाकर देखो तो एक भी देसी चीज न मिलेगी। दिखाने को दस-बीस कुरते गाढ़े के बनवा लिये, घर का और सब समान बिलायती है। सबके सब भोग-विलास में अन्धे हो रहे हैं, छोटे भी और बड़े भी। उस पर दावा यह है कि देश का उद्धार करेंगे। अरे, तुम क्या देश का उद्धार करोगे। पहले अपना उद्धार तो कर लो। गरीबों को लूटकर बिलायत का घर भरना तुम्हारा काम है। इसलिए तुम्हारा इस देश में जनम हुआ है। हाँ, रोये जाव, बिलायती शराबें उड़ाओ। बिलायती मोटरें दौड़ाओ, बिलायती मुरब्बे और अचार चखो, बिलायती बरतनों में खाओ, बिलायती दवाइयाँ पीयो, पर देश के नाम को रोये जाओ।"[2]

देवीदीन के व्याज से प्रेमचन्द का यह आक्रोश आकरण नहीं है। इसके मूल में सचाई है। प्रेमचन्द अपने आसपास ऐसे बगुला भगत नेताओं को देख रहे थे।

---

1. गबन (संस्करण, 1975), पृ० 170-71।
2. उपरिवत्, पृ० 172।

किस तरह इस प्रकार के पाखंडी नेताओं की संख्या बढ़ती गयी और आज़ादी मिलने के बाद ये ही सारे देश में छा गये, यह आम अनुभव की बात है। आज की राजनीति में ऐसे ही पाखंडी, स्वार्थान्ध, चालबाज, भ्रष्ट नेताओं की भरमार है। प्रेमचन्द ने आज से पचास वर्ष पूर्व इस सत्य का साक्षात्कार कर लिया था।

प्रेमचन्द को आजादी मिलने के बाद की स्थिति का भी आभास हो गया था। उन्होंने अनुभव कर लिया था कि आज की लड़ाई की बागडोर जिस बुर्जुआ समाज के हाथों में है, वह आजादी मिलने के बाद अपने स्वार्थों की चिन्ता अधिक करेगा, न कि गरीब जनता की। देवीदीन के प्रसंग द्वारा प्रेमचन्द ने अपनी यह आशंका भी व्यक्त की है। देवीदीन एक नेता से, जो मंच पर जोरदार भाषण देकर नीचे उतरे हैं, पूछता है : "साहब, सच बताओ, जब तुम सुराज का नाम लेते हो, तो उसका कौन-सा रूप तुम्हारी आँखों के सामने आता है? तुम भी बड़ी-बड़ी तलब लोगे, तुम भी अंग्रेजों की तरह बँगलों में रहोगे, पहाड़ों की हवा खाओगे, अंग्रेजी ठाट बनाये घूमोगे, इस सुराज से देश का क्या कल्याण होगा? और तुम्हारे भाई-बन्दों की जिन्दगी भले आराम और ठाट से गुजरे, पर देश का तो कोई भला न होगा।···तुम दिन में पाँच बेर खाना खाते हो, और वह भी बढ़िया माल, गरीब किसान को एक जून सूखा चबेना भी नहीं मिलता। उसी का रक्त चूसकर तो सरकार तुम्हें हुद्दे देती है। तुम्हारा ध्यान कभी उनकी ओर जाता है? अभी तुम्हारा राज नहीं है, तब तो तुम भोग-बिलास पर इतना मरते हो, जब तुम्हारा राज हो जाएगा, तब तो तुम गरीबों को पीसकर पी जाओगे।"[1]

प्रेमचन्द की यह आशंका आजादी मिलने के बाद कितनी सच साबित हुई है! बुर्जुआ समाज को आजादी का खूब फायदा हुआ है, पर गरीब जनता आज भी भोजन, वस्त्र, आवास, शिक्षा और चिकित्सा की, जो जीवन की प्राथमिक आवश्यकताएं हैं, सुविधा प्राप्त नहीं कर सकी है।

प्रेमचन्द को कदाचित् एक क्षीण-सी आशा है कि सुदूर भविष्य में देश में किसानों और मजदूरों का शासन स्थापित होगा। अपनी इस आशा को वे रमानाथ के माध्यम से व्यक्त करते हैं : "···तब तो सभी काम बहुमत से होगा। अगर बहुमत कहेगा कि कर्मचारियों के वेतन घटा दिये जाएं, तो घट जाएँगे। देहातों के संगठन के लिए भी बहुमत जितने रुपये माँगेगा, मिल जाएँगे। कुंजी बहुमत के हाथ में रहेगी। और, अभी दस-पाँच बरस चाहे न हो, लेकिन आगे चलकर बहुमत किसानों और मजदूरों ही का हो जायेगा।"[2]

प्रेमचन्द की यह आशा झूठी सिद्ध हुई है। यह कब सच में बदलती है, इसका उत्तर भविष्य के गर्भ में है।

---

1. गबन, पृ० 172।
2. उपरिवत्, पृ० 172-73।

इस प्रकार 'गबन' में भी प्रेमचन्द ने स्वाधीनता संग्राम के यथार्थ के विभिन्न पक्षों को प्रस्तुत किया है। इसके विश्लेषण में उन्होंने जिस पैनी पकड़ का परिचय दिया है, वह विशेष रूप से उल्लेखनीय है।

अपने अगले उपन्यास 'कर्मभूमि' में भी प्रेमचन्द ने स्वाधीनता संग्राम के चित्रण के लिए कतिपय प्रसंगों की उद्भावना की है। किसान-आंदोलन के रूप में किये गये स्वाधीनता आन्दोलन के चित्रण का विवेचन हम पहले कर चुके हैं। 'कर्मभूमि' में इस उद्देश्य से दो और प्रसंगों की उद्भावना की गयी हैं। इनमें पहला प्रसंग है हरिजन आन्दोलन का। उस जमाने में हरिजनों को मन्दिर-प्रवेश की इजाजत नहीं थी। ब्रिटिश सरकार अपना शासन बनाये रखने के लिए इसका भी राजनीतिक उपयोग कर रही थी। गांधी जी उसके जवाब में अस्पृश्यता-निवारण का आन्दोलन चला रहे थे। स्थान-स्थान पर कांग्रेस के नेतृत्व में हरिजनों के मन्दिर-प्रवेश का आन्दोलन चल रहा था। हिन्दू समाज का पुरातनपन्थी उच्च वर्ग इसका विरोध कर रहा था, पर आन्दोलन को धीरे-धीरे सफलता मिलती जा रही थी। 'कर्मभूमि' में एक ऐसे प्रसंग की उद्भावना कर इस यथार्थ का चित्रण किया गया है।

शहर के एक ठाकुरद्वारे में कथा हो रही है। इसके आयोजक नगर के प्रमुख सेठ हैं। कुछ हरिजन भी कथा सुनने आते हैं और जहाँ श्रोताओं के जूते रखे जाते हैं, वहीं बैठकर कथा सुनते हैं। जब यह बात पंडों को ज्ञात होती है तो वे उन्हें न केवल गालियाँ देते हैं, वरन् जूतों से पीटते भी हैं। डॉ० शान्तिकुमार और उनके सहयोगी इसका विरोध करते हैं। यह विरोध जल्द ही हरिजन-मन्दिर-प्रवेश के आन्दोलन में परिणत हो जाता है। हरिजनों की सभा में शान्तिकुमार उन्हें सम्बोधित करते हुए कहते हैं : "क्या तुम ईश्वर के घर से गुलामी करने का बीड़ा लेकर आये हो ? तुम तन-मन से दूसरों की सेवा करते हो, पर तुम गुलाम हो। तुम्हारा समाज में कोई स्थान नहीं। तुम समाज की बुनियाद हो। तुम्हारे ही ऊपर समाज खड़ा है, पर तुम अछूत हो। तुम मन्दिरों में नहीं जा सकते। ऐसी अनीति इस अभागे देश के सिवा और कहाँ हो सकती है !···मन्दिर किसी एक आदमी या समुदाय की चीज नहीं है, वह हिन्दू मात्र की चीज है। यदि तुम्हें कोई रोकता है तो उसकी जबरदस्ती है। मत टलो उस मन्दिर के द्वार से, चाहे तुम्हारे ऊपर गोलियों की वर्षा ही क्यों न हो।"[1]

इस उत्तेजक भाषण के बाद हरिजन डॉ० शान्तिकुमार के नेतृत्व में मन्दिर की ओर बढ़ते हैं। मन्दिर के द्वार पर पहुँचते ही पंडे-पुजारी लाठियाँ बरसाने लगते हैं। डॉ० शान्तिकुमार घायल हो जाते हैं। पर आन्दोलन समाप्त नहीं होता। हरिजन मन्दिर के सामने सत्याग्रह कर देते हैं। उन्हें हटाने के लिए पुलिस

1. कर्मभूमि, पृ० 204।

बुलायी जाती है जो भीड़ को तितर-बितर करने के लिए गोलियाँ चलाने लगती है। इसे देखकर लाला समरकान्त की बहू सुखदा भी आन्दोलन में शरीक हो जाती है, जिसके परिणामस्वरूप लाला समरकान्त तथा उच्चवर्गीय हिन्दू समाज को झुकना पड़ता है। अछूतों के लिए मन्दिर का द्वार खुल जाता है।[1]

इस सन्दर्भ में पुलिस द्वारा गोली चलाये जाने, लोगों के मरने तथा सुखदा के गोलियों की बौछार में खड़े रहने का जो वर्णन किया गया है, वह तत्कालीन स्वाधीनता संग्राम का एक सुपरिचित दृश्य है। कथाकार के शब्दों में : "भीषण दृश्य था। लोग अपने प्यारों को आँखों के आमने तड़पते देखते थे, पर किसी की आँखों में आँसू की बूँद न थी। उनमें इतना साहस कहाँ से आ गया था! ···इस समूह में सत्य और धर्म का बल आ गया था। हरेक स्त्री और पुरुष, चाहे वह कितना ही मूर्ख क्यों न हो, समझने लगा था कि हम अपने धर्म और हक के लिए लड़ रहे हैं।"[2] पुलिस के चले जाने पर "सेवाश्रम के छात्र डोलियाँ ले-लेकर आ जाते हैं, और आहतों को उठा ले जाते हैं। वीरगति पाने वालों के क्रिया-कर्म का आयोजन होने लगता है। बजाजों की दुकानों से कपड़े के थान आ जाते हैं, कहीं से बाँस, कहीं से रस्सियाँ, कहीं से घी, कहीं से लकड़ी।···सारा नगर उनका सम्मान करने के लिए उतावला हो उठा है।"[3] इस वर्णन में स्वाधीनता संग्राम में शहीद होने वाले सत्याग्रहियों तथा उनके प्रति जनसमूह की कृतज्ञता और सम्मान का भाव मुखरित हुआ है।

'कर्मभूमि' में स्वाधीनता संग्राम के चित्रण के लिए उद्भावित दूसरा प्रसंग मुन्नी का है। ब्रिटिश शासन में भारत में गोरी फौज भी रहती थी और गोरे सैनिक भारत को अपना उपनिवेश मानते थे। वे अवसर मिलने पर गरीब स्त्रियों के साथ बलात्कार करने से नहीं चूकते थे। प्रेमचन्द एक ऐसे प्रसंग की योजना 'कर्मभूमि' में करते हैं। डॉ० शान्तिकुमार अपने युवक छात्रों के साथ एक गाँव की आर्थिक-सामाजिक स्थिति का अध्ययन करने जाते हैं। वहाँ पहुँचकर देखते हैं कि कुछ गोरे सैनिक एक ग्रामीण स्त्री के साथ बलात्कार कर रहे हैं। छात्रों का दल इन गोरे सैनिकों की पिटाई करता है। जब गोरा पिस्तौल दागना शुरू करता है तो ग्रामीण भी जुट जाते हैं। इस झड़प में डॉ० शान्तिकुमार घायल हो जाते हैं, पर गोरों की अच्छी पिटाई हो जाती है। अमरकान्त इस घटना पर मन-ही-मन सोचता है : "इन टके के सैनिकों की इतनी हिम्मत क्यों हुई? यह गोरे सिपाही इंग्लैण्ड के निम्नतम श्रेणी के मनुष्य होते हैं। इनका इतना साहस कैसे हुआ? इसीलिए

1. कर्मभूमि खंड 3, परि० 5।
2. उपरिवत्, पृ० 211।
3. उपरिवत्, पृ० 212।

कि भारत पराधीन है। यह लोग जानते हैं कि यहाँ के लोगों पर आतंक छाया हुआ है। वह जो अनर्थ चाहें, करें। कोई चूं नहीं कर सकता। यह आतंक दूर करना होगा। इस पराधीनता की जंजीर को तोड़ना होगा।"[1]

गोरों के बलात्कार की शिकार मुन्नी नामक स्त्री है। वह अपने इस अपमान को भूलती नहीं, और कुछ दिन बाद शहर में जाकर दो गोरों की हत्या कर देती है।[2] पुलिस उसे गिरफ्तार कर लेती है। प्रेमचन्द ने इस प्रसंग को स्वाधीनता आन्दोलन के क्रम में गिरफ्तार किये गये किसी नेता की घटना में बदल दिया है। जब पुलिस मुन्नी को पकड़ कर थाने ले चलती है तो दो हजार आदमी उसके साथ हो जाते हैं। पुलिस को उसके खिलाफ एक भी गवाही नहीं मिलती। मुन्नी अपना अपराध स्वीकार करती है, पर लोग उसे पागल सिद्ध करके बचाने पर तुले हुए हैं। सारा शहर इस मुकदमे की पैरवी के लिए सन्नद्ध हो जाता है। कथाकार के शब्दों में : "तीन महीने तक सारे शहर में हलचल रही। रोज हजारों आदमी सब काम-धन्धे छोड़कर कचहरी जाते। भिखारिन को एक नजर देख लेने की अभिलाषा सभी को खींच ले जाती। महिलाओं की भी खासी संख्या हो जाती थी। भिखारिन ज्यों ही लारी से उतरती 'जय जय' की गगनभेदी ध्वनि और पुष्प वर्षा होने लगती।"[3]

मुन्नी के मुकदमे का वर्णन कथाकार ने इस अन्दाज में किया है मानो वह किसी स्वाधीनता-संग्राम के नेता का मुकदमा हो। जनता उस डॉक्टर की फजीहत करती है जो मुन्नी को पागल घोषित नहीं करता। वकील बिना फीस लिए मुकदमे की पैरवी कर रहे हैं और अदालत मुन्नी के समर्थकों से भरी रहती है। फैसला सुनाने का दिन आ पहुँचता है। कथाकार उसका वर्णन निम्नलिखित शब्दों में करता है : "सारे शहर में कल के लिए दोनों तरह की तैयारियाँ होने लगीं—हाय-हाय की भी और वाह-वाह की भी। काली झंडियाँ भी बनीं और फूलों की डालियाँ भी जमा की गयीं, पर आशावादी कम थे, निराशावादी ज्यादा ? गोरों का खून हुआ। जज ऐसे मामले में क्या इन्साफ करेगा, क्या बेजा हुआ है ? शान्तिकुमार और सलीम तो खुल्लमखुल्ला कहते फिरते थे कि जज ने फाँसी की सजा दे दी। कोई खबर लाता था—फौज की एक पूरी रेजिमेण्ट कल अदालत में तलब की गयी है। कोई फौज तक न जाकर, सशस्त्र पुलिस तक ही रह जाता था। अमरकान्त को फौज के बुलाये जाने का निश्चय था।"[4] फैसला उलटा होने

1. कर्मभूमि, पृ० 30।
2. उपरिवत्, खंड 1, परि० 1।
3. उपरिवत्, पृ० 59।
4. उपरिवत्, पृ० 65।

पर अमरकान्त तो जज साहब के सामाजिक बहिष्कार की ही बात सोचता है, पर सलीम उसे अदालत में ही एक अपराधकर्मी द्वारा जूतों से पिटवाने की योजना बनाता है।

मुकदमे में मुन्नी बरी हो जाती है। इसके बाद मुन्नी के अभिनन्दन की तैयारियाँ होती हैं। "प्रोग्राम पहले से ही निश्चित था। पुष्प-वर्षा के पश्चात् मुन्नी के गले में जयमाल डालना था। यह गौरव जज साहब की धर्मपत्नी को प्राप्त हुआ, जो इस फैसले के बाद जनता की श्रद्धा-पात्री हो चुकी थीं। फिर बैण्ड बजने लगा। सेवा समिति के दो सौ युवक केसरिये बाने पहने जुलूस के साथ चलने के लिए तैयार थे। राष्ट्रीय सभा के सेवक भी खाकी वर्दियाँ पहने झंडियाँ लिए जमा हो गये। महिलाओं की संख्या एक हजार से कम न थी। निश्चित किया गया कि जुलूस गंगा तट तक जाए, वहाँ एक विराट सभा हो, मुन्नी को एक थैली भेंट की जाए और सभा भंग हो जाए।"[1]

ब्रिटिश शासन के विरुद्ध भारत की जन-भावना का इससे बढ़िया चित्रण और क्या हो सकता है।

ब्रिटिश शासन से भारतीय जनता के संघर्ष के चित्रण के लिए 'कर्मभूमि' में उद्भावित तीसरा प्रसंग नगर में कम आय के लोगों के लिए, कम खर्च वाले रिहायशी मकानों की योजना का है। यह प्रस्ताव सुखदा और शान्तिकुमार के मस्तिष्क की उपज है। लाला समरकान्त भी इसमें सहयोग दे रहे हैं। पर नगरपालिका इस योजना के लिए जमीन देने को तैयार नहीं होती। कुछ प्लाट हैं जरूर, पर नगर के सेठ और अन्य प्रभावशाली नागरिक, जो नगरपालिका के सदस्य भी हैं, उन्हें अपने बेटों और पत्नियों के नाम खरीदने की साजिश रचे हुए हैं। स्वभावतः म्युनिसिपल बोर्ड सुखदा-शान्तिकुमार के प्रस्ताव को अस्वीकृत कर देता है। बस, आन्दोलन की शुरुआत हो जाती है। सुखदा कहती है: "मैं इन महल निवासियों को दिखा दूँगी कि जनता के हाथों में भी कुछ बल है।···मैं उन्हें दिखा दूँगी कि जिन गरीबों को तुम अब तक कुचलते आये हो, वही अब साँप बनकर तुम्हारे पैरों से लिपट जाएँगे। अब तक यह लोग उनसे रियायत चाहते थे, अब अपना हक माँगेंगे।"[2] सुखदा हड़ताल का आह्वान करती है। धोबी, चमार, मेहतर, नाई, कहार सभी हड़ताल के लिए सन्नद्ध हो जाते हैं। कथाकार की इस जागृति पर टिप्पणी है:

"नगर की जनता अब उस दशा में न थी कि उस पर कितना अन्याय हो और वह चुपचाप सहती जाए। उसे अपने स्वत्व का ज्ञान हो चुका था। उन्हें मालूम हो गया था कि उन्हें भी आराम से रहने का उतना ही अधिकार है, जितना

1. कर्मभूमि, पृ० 89।
2. उपरिवत्, पृ० 144।

धनियों को। एक बार संगठित आग्रह की सफलता देख चुके थे। अधिकारियों की यह निरंकुशता, यह स्वार्थपरता उन्हें असह्य हो गयी।"[1]

सुखदा के आह्वान का असर होता है और हड़ताल हो जाती है। सरकार भी सक्रिय हो जाती है और सुखदा की गिरफ्तारी का वारंट निकल जाता है। सुखदा यह सूचना पाकर कहती है :

"जिस समाज का आधार ही अन्याय पर हो, उसकी सरकार के पास दमन के सिवा और क्या दवा हो सकती है, लेकिन इससे कोई यह न समझे कि यह आन्दोलन दब जाएगा, उसी तरह जैसे कोई गेंद टक्कर खाकर और जोर से उछलती है, जितने ही जोर की टक्कर होगी, उतने ही जोर की प्रतिक्रिया भी होगी। ...मुझे गिरफ्तार कर लें। उन लाखों गरीबों को कहाँ ले जाएँगे, जिनकी आहें आसमान तक पहुँच रही हैं। यही आहें एक दिन किसी ज्वालामुखी की भाँति फटकर सारे समाज और सारे समाज के साथ सरकार को भी विध्वस्त कर देंगी। ...वह दिन दूर नहीं है, जब यही आँसू चिनगारी बनकर अन्याय को भस्म कर देंगे, इसी राख से वह अग्नि प्रज्वलित होगी, जिसकी आन्दोलित शिखाएँ आकाश को हिला देंगी।"[2]

सुखदा की गिरफ्तारी पर उसे गिरफ्तार करने वाला डिप्टी मजिस्ट्रेट कहता है : "सेठ जी, ...देवी जी अपने लिए कुछ नहीं कर रही हैं। उनका इरादा नेक है, वह हमारे गरीब भाइयों के हक के लिए लड़ रही हैं। उन्हें किसी तरह की तकलीफ न होगी। नौकरी से मजबूर हूँ, वरना यह देवियाँ तो इस लायक हैं कि इनके कदमों पर सिर रखें।"[3]

मजिस्ट्रेट के इस कथन से प्रेमचन्द इस तथ्य का उद्घाटन करना चाहते हैं कि सरकारी कर्मचारियों में भी स्वाधीनता संग्राम में भाग लेने वालों के प्रति आदर का भाव पैदा हो गया था। मजिस्ट्रेट लाला समरकान्त के बार-बार आग्रह करने पर भी इस मामले में रिश्वत नहीं लेता। वह कहता है : "आप पुलिस वालों को बिलकुल जानवर ही समझते हैं क्या सेठ जी ? क्या लाल पगड़ी सिर पर रखना ही इन्सानियत का खून करना है ? मैं आपको यकीन दिलाता हूँ कि देवी जी को कोई तकलीफ न होने पायेगी। तकलीफ उन्हें दी जाती है जो दूसरों को तकलीफ देते हैं। जो गरीबों के हक के लिए अपनी जिन्दगी कुरबान कर दे, उसे अगर कोई सताये, तो वह इन्सान नहीं, हैवान भी नहीं, शैतान है।"[4] यह सरकारी कर्म-

---

1. कर्मभूमि, पृ० 257।
2. उपरिवत्, पृ० 267-268।
3. उपरिवत्, पृ० 269-270।
4. उपरिवत्, पृ० 270।

चारियों की स्वाधीनता आन्दोलन के प्रति बदलती हुई मानसिकता का सूचक है और यह कथाकार की कोरी कल्पना नहीं, यथार्थ है।

सुखदा के गिरफ्तार होने पर हजारों आदमी मोटर के पीछे दौड़ते हैं। सड़क के दोनों ओर नर-नारियों की दीवार खड़ी है।[1] यह स्वतन्त्रता सेनानियों के प्रति आम जनता की श्रद्धा का सूचक है।

सुखदा की गिरफ्तारी के बाद जमीन का आन्दोलन और भी तेज हो जाता है। समरकान्त जेल में सुखदा को सूचना देते हैं: "उस जमीन पर दिन-भर जनता की भीड़ लगी रहती है। कुछ लोग रात को वहाँ सोते हैं। एक दिन तो रातों-रात वहाँ सैकड़ों झोंपड़े खड़े हो गये, लेकिन दूसरे दिन पुलिस ने उन्हें जला दिया और कई चौधरियों को पकड़ लिया।"[2] आन्दोलन का नेतृत्व अब बुढ़िया पठानिन के हाथों में आ जाता है। नगर के सेठ उस जमीन पर शीघ्रता से मकान खड़ा कर देने का प्रयास करते हैं। पर रातों-रात सामान उड़ जाता है, ईंटें गायब हो जाती हैं, चूना मिट्टी में मिला दिया जाता है। काम करने को मजदूर, बेलदार, कारीगर आदि नहीं मिलते। पठानिन ने ऐसा संगठन किया है कि पुलिस की एक नहीं चलती। पुलिस उसे भी गिरफ्तार कर लेती है। इस पर जनता और भी उत्तेजित हो जाती है। सरकार दमन का मार्ग अपनाती है: "हथियारबन्द पुलिस का पहरा है, कोई जलसा नहीं हो सकता, कोई भाषण नहीं हो सकता, बहुत-से आदमियों का जमा होना भी खतरनाक है, पर इस समय कोई कुछ नहीं सोचता, किसी को कुछ दिखाई नहीं देता। सब किसी वेगमय प्रवाह में बहे जा रहे हैं। एक क्षण में सारा मैदान जन-समूह से भर गया।"[3]

इसके बाद एक-एक आदमी मंच पर पहुँचता है, भाषण देता है और पुलिस उसे गिरफ्तार करती जाती है। लाला समरकान्त गिरफ्तार होते हैं, रेणुका देवी गिरफ्तार होती हैं, शान्तिकुमार गिरफ्तार होते हैं, और अन्त में नैना के बलिदान से आन्दोलन की पूर्णाहुति होती है। यह पूरा प्रसंग आजादी की लड़ाई में जेल जाने वाले स्वतंत्रता सेनानियों का यथार्थ चित्र प्रस्तुत करता है। नैना के नेतृत्व में नगरपालिका की ओर जाने वाला जनता का विशाल जुलूस तो सन् तीस-इक्तीस के नमक सत्याग्रह के किसी ऐतिहासिक जुलूस का ही प्रतिनिधित्व करता है।[4] यह वर्णन अपनी प्रभावशीलता के लिए पठनीय है। पचीस हजार आदमियों का जुलूस नैना के नेतृत्व में म्युनिसिपल बोर्ड की ओर प्रस्थान कर रहा है।

---

1. कर्मभूमि, पृ० 273।
2. उपरिवत्, पृ० 327।
3. उपरिवत्, पृ० 374।
4. उपरिवत्, पृ० 384-85।

पुलिस फायर करने को तैयार है। इसी बीच नैना का पति मनीराम उसे गोली मार देता है। अब जुलूस नैना की लाश उठाये म्युनिसिपल बोर्ड के भवन की ओर बढ़ने लगता है। क्या अद्भुत दृश्य है।[1]

नैना का बलिदान सफल होता है और म्युनिसिपल बोर्ड मकान योजना के लिए जमीन देने का प्रस्ताव मान लेता है।

इस किंचित् विस्तृत विवेचन से हम इस निष्कर्ष पर पहुँचते हैं कि प्रेमचन्द ने अपने उपन्यासों में भारतीय पराधीनता के यथार्थ को उसकी समग्रता में प्रस्तुत करने का सफल प्रयास किया है। ब्रिटेन की पूंजीवादी सरकार अपनी विभिन्न उपनिवेशवादी नीतियों से भारतोय जनता का निर्मम शोषण कर रही थी, जिसके परिणामस्वरूप भारत के किसान, भूमिहीन मजदूर, मिल मजदूर, छोटे-मोटे कारीगर, नाई, धोबी, दर्जी, मेहतर, चमार जैसे घरेलू पेशों में लगे निम्न वर्ग के लोग पशुओं से भी गयी-गुजरी जिन्दगी व्यतीत कर रहे थे। भारतीय आबादी का ही एक बहुत छोटा-सा अंश, जिसमें जमींदार, महाजन, सरकारी कर्मचारी, शिक्षित समुदाय, पंडे, पुरोहित आदि थे, ब्रिटिश शासन के दलाल या सहयोगी बनकर बहुसंख्यक जन-समुदाय के शोषण के भागीदार बन गये थे। प्रेमचन्द ने भारतीय जनता के इस आर्थिक शोषण का मर्मस्पर्शी चित्रण किया है। पर वे यहीं रुक नहीं गए हैं। उन्होंने उन कारणों का विश्लेषण भी किया है, जो इस आर्थिक शोषण के लिए जिम्मेदार हैं। उनकी दृष्टि आलोचनात्मक है। प्रेमचन्द अपने पूरे जीवनकाल में भारतीय जनता द्वारा गुलामी के खिलाफ किये जाने वाले संघर्ष के भी सजग साक्षी रहे। उनके बचपन से ही यह संघर्ष विविध रूपों में चलता रहा और यद्यपि प्रेमचन्द भारत की स्वतन्त्रता नहीं देख सके पर उनके जीवन के अन्तिम काल में पूर्ण स्वाधीनता का लक्ष्य स्पष्ट हो चुका था। प्रेमचन्द के जीवन-काल में स्वाधीनता आन्दोलन अनेक प्रावस्थाओं से गुजरा और नाना रूपों में सामने आया। आतंकवादियों ने हिंसात्मक तरीके से देश को आजाद करना चाहा, नरम दल वालों ने अनुनय-विनय का मार्ग अपनाया, गांधी जी ने अहिंसा और सत्याग्रह का रास्ता अपनाया और प्रेमचन्द इन सबके बीच चिन्तन की राह ढूंढ़ते रहे। उनके उपन्यासों में उनकी स्वाधीनता-सम्बन्धी विचारधारा स्पष्ट रूप में सामने आयी है। यद्यपि वे भी अपने युग के राजनीतिक नेताओं की तरह अन्तर्विरोधों से मुक्त नहीं हैं, पर उनकी दृष्टि अनालोचनात्मक नहीं है। अपनी आलोचनात्मक दृष्टि के कारण ही उन्होंने आतंकवाद का समर्थन नहीं किया, यद्यपि आतंकवादियों को उन्होंने घृणा या अनादर की दृष्टि से नहीं देखा। नरम दल वालों की विचारधारा की असंगतियाँ और व्यर्थता उनकी समझ में बहुत पहले आ गयी, अतः उन्होंने

1. कर्मभूमि, पृ० 384-86।

कहीं भी ब्रिटिश सरकार से अनुनय-विनय द्वारा न्याय पाने की नीति का समर्थन नहीं किया। वे बहुत पहले समझ गये कि बिना संघर्ष किए देश का शोषण और गुलामी समाप्त होने वाली नहीं है। यह संघर्ष इस देश का किसान ही कर सकता था, इसका बोध प्रेमचन्द को 1917-18 में ही हो गया पर उस काल के देश के सबसे बड़े नेता गांधी जी किसानों को स्वाधीनता आन्दोलन से अलग रखना चाहते थे। गांधी जी के अहिंसा और सत्याग्रह आन्दोलन से सहमत होते हुए भी प्रेमचन्द किसानों और मजदूरों के आन्दोलन में विश्वास करते थे। अतः उनके उपन्यासों के किसान और कृषक मजदूर जमींदारों और महाजनों से अपने हितों की रक्षा के लिए संघर्ष करते हैं और उनकी संरक्षक ब्रिटिश सरकार का भी विरोध करते हैं। प्रेमचन्द ने इस संघर्ष का तो बहुत प्रामाणिक चित्रण किया है पर उसका अन्त उनके वैचारिक अन्तर्विरोधों के कारण कमजोर हो गया है।

यह सच है कि प्रेमचन्द ने गांधी जी द्वारा चलाये जाने वाले सत्याग्रह आन्दोलन के महत्त्वपूर्ण मुद्दों का सीधा चित्रण कम किया है। सम्भवतः इसका कारण ब्रिटिश शासन के दमनकारी कानून भी रहे हों। पर उन्होंने अवान्तर मुद्दों को उठाकर ब्रिटिश सरकार के विरुद्ध जागृत जनभावना तथा आन्दोलन का अंकन बहुत कुशलतापूर्वक किया है। 'रंगभूमि' और 'कर्मभूमि' इसके प्रमाण हैं। इन उपन्यासों के अवलोकन से यह अस्पष्ट नहीं रह जाता कि प्रेमचन्द स्वाधीनता संग्राम के कितने सजग पर्यवेक्षक और चित्रकार थे।

आलोचनात्मक यथार्थवाद की एकमात्र कमजोरी यह होती है कि वह अन्तर्विरोधों से मुक्त नहीं होता और भविष्य के प्रति या तो उदासीन होता है या वैज्ञानिक चिन्तन के अभाव में उसका सही स्वरूप उसके सामने नहीं आता। प्रेमचन्द में भी यह कमी है। स्वाधीनता आन्दोलन में किसानों और मजदूरों की क्या भूमिका हो, उनका नायक किस वर्ग का अनुसरण करे इस सम्बन्ध में प्रेमचन्द की दृष्टि वैज्ञानिक नहीं है। यही कारण है कि उनके उपन्यासों के जननेता प्रेमशंकर, चक्रधर, अमरकान्त, विनय सिंह आदि भटक जाते हैं, उनका चरित्र असंगतियों का शिकार हो जाता है। किसान आन्दोलन-सम्बन्धी प्रेमचन्द के समाधान भी इसी कारण आरोपित और असंगत प्रतीत होते हैं। 'गोदान' में किसानों के संघर्ष और समाधान के प्रति उनकी उदासीनता भी इसी का परिणाम है। 'रंगभूमि', 'कायाकल्प' और 'कर्मभूमि' में सेवा समितियों के आन्दोलन की दयनीय परिणति प्रेमचन्द के वैचारिक अन्तर्विरोध का ही फल है। पर कई प्रसंगों में—जैसे 'कर्मभूमि' के 'हरिजन मन्दिर-प्रवेश' आन्दोलन तथा 'गरीबों के लिए आवास योजना' आन्दोलन में आन्दोलन की सफलता या 'रंगभूमि' में सूरदास की मृत्यु और पांडेपुर के उजड़ जाने के बाद रानी जाह्नवी का सेवा समिति को पुनः संगठित करना—प्रेमचन्द ने समकालीन राजनीतिक यथार्थ के प्रति सही दृष्टिकोण का परिचय दिया है।

4
भारतीय नारी विषयक यथार्थ और प्रेमचंद

यदि यह कहा जाए कि ब्रिटिश शासन-काल में देश की पराधीनता और गरीबी की समस्या के बाद दूसरी प्रमुख समस्या नारी की थी तो इसमें कोई अनौचित्य नहीं होगा। उस काल में भारतीय नारी की पराधीनता दोहरी थी। अंग्रेजों की गुलामी तो सारा भारत झेल रहा था, जिसमें स्त्री और पुरुष दोनों थे, स्त्रियाँ भारतीय समाज के भीतर भी दूसरी गुलामी की शिकार थीं। यद्यपि विभिन्न धर्मों, आर्थिक स्तरों, जातियों और क्षेत्रों में, भारतीय समाज में नारी की स्थिति में अन्तर था पर समग्र रूप में समाज में उसका स्थान अधिकार-विहीन, पुरुषाश्रित, शोषित सदस्य के रूप में ही था। हिन्दू धर्मशास्त्रों ने स्त्रियों को समस्त मानवोचित अधिकारों से वंचित कर रखा था। वह सम्पत्ति के उत्तराधिकार से वंचित थी। पिता की सम्पत्ति में उसका कोई अधिकार नहीं था। पति की मृत्यु हो जाने के बाद उसकी सम्पत्ति में उसका कोई हिस्सा नहीं था। पुत्रों अथवा सयुक्त परिवार से भरण-पोषण के लिए वृत्ति पाने का अधिकार उसे जरूर प्राप्त था, पर वह पुरुष सदस्यों की सहृदयता की ही मुखापेक्षी थी। संयुक्त परिवार में विधवाओं की स्थिति अत्यंत दयनीय होती थी। पति की मृत्यु होते ही उसके हाथ की चूड़ियाँ फोड़ दी जाती थीं, रंगीन कपड़े पहनने का निषेध हो जाता था, आभूषण और प्रसाधन उसके लिए वर्जित हो जाते थे, स्वादिष्ट और पुष्टिकारक भोजन से उसे वंचित कर दिया जाता था, कई स्थितियों में उसका सिर मुँड़ा दिया जाता था और किसी मांगलिक कार्य में शामिल होना निषिद्ध कर दिया जाता था। विधवा का पुनर्विवाह सर्वथा वर्जित था। यदि कोई पुरुष किसी विधवा से विवाह कर लेता था तो समाज न केवल उसे जाति बहिष्कृत कर देता था वरन् उसे सामाजिक बहिष्कार और हिंसा का भी शिकार होना पड़ता था। लड़कियों का विवाह रजस्वला होने के पूर्व करने का विधान था। इसके चलते अनेक बालिकाएँ बचपन में ही विधवा हो जाती थीं और उन्हें आजन्म आरोपित तपस्या की भट्ठी में जलते रहना पड़ता था। यदि किसी युवती विधवा को अवैध काम सम्बन्ध के कारण गर्भ रह जाता था तो या तो वह आत्महत्या कर लेती थी या वेश्या बन जाती थी। दूसरा कोई विकल्प नहीं था। ऐसी स्त्री को हिन्दू परिवारों में नौकरानी का भी

काम नहीं मिलता था। शिक्षित होने पर भी शिक्षण संस्थाओं में उसे शिक्षक नहीं नियुक्त किया जाता था।

जहाँ एक तरफ स्त्रियों के लिए विधवा विवाह निषिद्ध था वहाँ पुरुष एक से अधिक विवाह करने को स्वतन्त्र था। इस कारण सपत्नियों की समस्या पैदा होती थी। पति की आँख से उतरी हुई पत्नी की परिवार में घोर उपेक्षा होती थी। वह एक प्रकार से गुलामी का जीवन व्यतीत करती थी। परिवार से बाहर निकलने के सारे रास्ते बन्द थे। केवल दो रास्ते खुले होते थे : एक वेश्या के कोठे की ओर जानेवाला और दूसरा कुएँ या नदी की ओर पहुँचाने वाला। फलतः पति द्वारा उपेक्षित पत्नी को अमानुषिक पारिवारिक अत्याचार के बीच जिन्दगी बसर करनी पड़ती थी।

युवतियों को कुमारावस्था में किसी युवक से प्रेम करने का अधिकार न था। अक्सर तो इसकी नौबत ही नहीं आती थी, क्योंकि प्रेम करने की उम्र तक पहुँचने के पूर्व ही उनका विवाह कर दिया जाता था। पर अनेक कारणों से, जब लड़कियों के विवाह की उम्र सीमा बढ़ने लगी तो प्रेम और अन्तर्जातीय विवाह की समस्याएँ भी पैदा होने लगीं। लड़कियों के लिए लड़कों से प्रेम करना निषिद्ध था, और पता चल जाने पर न केवल उन्हें घोर शारीरिक यातना दी जाती थी, वरन् मौत के घाट भी उतार दिया जाता था। यदि कोई लड़की इस क्रम में गर्भवती हो जाती थी तो फिर उसके लिए परिवार और समाज में कोई जगह नहीं रह जाती थी। उसकी वही स्थिति होती थी जो किसी गर्भवती विधवा की। प्रेमी युवकों में अक्सर इतनी हिम्मत न होती थी कि वे समाज को चुनौती देकर अपनी विधवा या कुमारी प्रेमिका से विवाह कर लें।

जब स्त्रियों में शिक्षा का प्रसार होने लगा और लड़कियाँ कॉलेजों में शिक्षा प्राप्त करने लगीं तो प्रेम और अन्तर्जातीय विवाह की समस्या सामने आयी। लड़कियों का विवाह उनकी जाति में ही स्वीकृत था। यदि दो जातियों के लड़के-लड़की में प्रेम हो जाता था तो उनके विवाह की समस्या पैदा हो जाती थी। समाज इसकी स्वीकृति नहीं देता था और अन्तर्जातीय विवाह करने वालों को सामाजिक बहिष्कार, उपेक्षा और अपमान का सामना करना पड़ता था।

लड़कियों की विवाह-सम्बन्धी एक और समस्या थी दहेज की। चूँकि धर्म-शास्त्र में लड़कियों का विवाह रजस्वला होने के पूर्व और अपनी ही जाति में करने का विधान था, अतः लड़की का पिता कमजोर सौदाकर्ता होता था। लड़कों के पिता लड़कियों के पिताओं से मनमाना तिलक-दहेज वसूल करते थे। दहेज की रकम न जुटा पाने के कारण अनेक पिता अपनी लड़कियों का विवाह बूढ़ों, रोगियों, निठल्लों, बेकार युवकों, पूर्व विवाहित प्रौढ़ों आदि से कर दिया करते थे। बंगाल और बिहार के मिथिला अंचल में तो रसोई बनाने वाले कुलीन ब्राह्मण के

गले दर्जनों बालिकाएँ पत्नियों के रूप में मढ़ दी जाती थीं। इस प्रकार के विषम विवाह के कारण स्त्री को आजीवन कष्ट, उपेक्षा और अपमान की जिन्दगी बितानी पड़ती थी। इस प्रकार की स्त्रियों को भी आत्महत्या और वेश्यावृत्ति अपनाने की नियति का शिकार होना पड़ता था।

पर्दा-प्रथा समाज का एक दूसरा अभिशाप था। इसके ऐतिहासिक कारणों में जाने की जरूरत नहीं है। पर ब्रिटिश शासन-काल में भारत में परदा का प्रचलन जोरों पर था। स्त्रियाँ घर के बाहर मुँह खोलकर नहीं चल सकती थीं। उन्हें घर में भी, कुछ नजदीकी स्त्रियों और बालकों को छोड़कर, लोगों से परदा करना पड़ता था। वे जोर से नहीं बोल सकती थीं। यद्यपि यह प्रथा समाज के मध्य वर्ग में ही अधिक थी, पर थी बड़ी घातक। इसके चलते बालिकाएँ आठ-नौ वर्ष की उम्र के बाद, शिक्षण संस्थानों में शिक्षा प्राप्त करने नहीं जा सकती थीं। यदि किसी प्रकार घर में शिक्षा प्राप्त कर भी लेती थीं तो बाहर निकलकर जीविकोपार्जन नहीं कर सकती थीं, न किसी सामाजिक या राजनीतिक गतिविधि में हिस्सा ही ले सकती थीं।

समाज में स्त्रियों की ऐसी स्थिति सदियों से चली आ रही थी। उन्हें शिक्षा प्राप्त करने के अधिकार से वंचित कर दिया गया था। भारतीय समाज में उनकी एकमात्र उपयोगिता कामेच्छा की पूर्ति, सन्तानोत्पत्ति, पति और परिवार के अन्य सदस्यों की सेवा तथा गृहकार्य के साधन के रूप में थी। शिक्षा के द्वारा उन्हें भी समाज के लिए अधिक उपयोगी बनाया जा सकता है, इसकी चेतना भारतीय समाज में लुप्त हो गयी थी। उन्नीसवीं शताब्दी में राजा राममोहन राय, ईश्वरचन्द्र विद्यासागर, केशवचन्द्र सेन, देवेन्द्रनाथ ठाकुर, विवेकानन्द, रानाडे, स्वामी दयानन्द सरस्वती आदि के अनवरत प्रयत्न से स्त्री-शिक्षा का प्रसार होने लगा पर 1882 में स्कूल जाने योग्य उम्र की बालिकाओं में केवल 2 प्रतिशत स्कूल जाती थीं[1] और उसमें से अधिकांश नौ-दस की उम्र तक पहुँचते-पहुंचते पढ़ाई छोड़ देती थीं। के० जी० सैयदायन ने लिखा है कि 1907 ई० में "100 लड़कों में से 80 लड़कों के लिए स्कूल में पढ़ने की कोई व्यवस्था न थी।···लड़कियों की साक्षरता के सम्बन्ध में तो कुछ कहना ही व्यर्थ है, क्योंकि उनकी साक्षरता का औसत दाशमिक भिन्न में होगा।"[2] 1911-12 ई० में भारत में साक्षरता का प्रतिशत छह था और स्कूल जाने योग्य वय की लड़कियों में से केवल 2.7 प्रतिशत स्कूल

1. द रिपोर्ट ऑफ़ द इंडियन एजूकेशन ऑफ़ 1882, पृ० 584, भगवान दयाल, दि डेवलपमेण्ट ऑफ मॉडर्न एजूकेशन, ओरियंटल लौंगमैन्स लि०, बम्बे, पृ० 102 पर उद्धृत।
2. ऑक्सफ़ोर्ड पैम्फ़लेट्स ऑन इंडियन अफ़ेयर्स, नं० 15, पृ० 8, भगवान दयाल (उपर्युद्धृत), पृ० 118 पर उद्धृत।

जा पाती थीं। उन्नीसवीं शताब्दी के अन्त तक लड़कियों के लिए समस्त भारत में केवल 12 कॉलेज, 467 माध्यमिक स्कूल और 5628 प्राथमिक स्कूल थे, जिनमें कुल 4,44,470 छात्राएँ पढ़ती थीं। बीसवीं शताब्दी के प्रथम चरण में स्त्री-शिक्षा के विरुद्ध भारतीयों के पूर्वग्रह कुछ कम हुए। सरकारी और गैर सरकारी प्रयत्नों के फलस्वरूप 1902-1917 की अवधि में लड़कियों के लिए 12 कला कॉलेज, 4 व्यावसायिक कॉलेज तथा 116 माध्यमिक स्कूल स्थापित किये गये।[1] छात्राओं की संख्या में भी वृद्धि हुई पर अधिकांश लड़कियां स्कूल में अधिक समय तक अपनी पढ़ाई जारी नहीं रख पाती थीं।[2] 1891, 1901, 1911 और 1921 में दस वर्ष से ऊपर की वय वाली स्त्रियों की साक्षरता का प्रतिशत क्रमश: 5. 7, 1.1 और 1.9 था।[3] 1926-27 ई० में समस्त ब्रिटिश भारत में स्त्रियों के लिए केवल 31,089 शिक्षण संस्थाएँ थीं, जिनमें 18, 42, 357 छात्राएँ शिक्षा पाती थीं।

इन आँकड़ों से स्पष्ट है कि जिस काल की भारतीय जिन्दगी को प्रेमचन्द ने अपने उपन्यासों में प्रस्तुत किया है, उनमें 98 प्रतिशत स्त्रियाँ अशिक्षित थीं। ब्रिटिश सरकार को भारतीय स्त्रियों की शिक्षा से कुछ लेना-देना नहीं था। भारतीय समाज का प्रबुद्ध वर्ग भी स्त्रियों की शिक्षा को प्राथमिकता नहीं दे रहा था। नारी सुधार के आन्दोलनों के बावजूद हिन्दी क्षेत्र का सनातनी हिन्दू समाज बहुत रूढ़िवादी था और स्त्रियाँ उसके कठोर बन्धनों से मुक्ति नहीं पा रही थीं। अशिक्षा के कारण स्त्रियों में अन्धविश्वास, रूढ़िवादिता, भाग्यवाद, परम्परागत मूल्यों के प्रति आस्था बनी हुई थी। धर्मशास्त्रों द्वारा निर्धारित संहिताओं में उनकी घोर आस्था थी और वे उनसे विद्रोह करने, उनसे मुक्ति पाने की कल्पना से भी आशंकित हो जाती थीं। पातिव्रत्य उनका सबसे बड़ा मूल्य था। पति स्त्री का स्वामी नहीं, उसका देवता था। उसकी सेवा में ही उसकी मुक्ति थी। चाहे वह धनहीन हो, क्रोधी हो, शराबी हो, जुआड़ी हो, लम्पट हो, पत्नी को पीटता हो··· पत्नी का धर्म उसकी सेवा करना, उसके अत्याचारों को सह लेना और उसके प्रति निष्ठा बनाये रखना था।

यद्यपि प्रेमचन्द के जीवन-काल में भारतीय स्त्री की प्राय: यही स्थिति बनी रही परन्तु सामाजिक सुधार के आन्दोलनों, विशेषकर स्वाधीनता आन्दोलन के फलस्वरूप उनकी स्थिति में परिवर्तन आना शुरू हुआ। प्रथम विश्वयुद्ध के बाद

1. सैयद नुरुल्ला एण्ड जे० पी० नायक, हिस्टरी ऑफ़ एजूकेशन इन इंडिया ड्युरिंग द ब्रिटिश पीरियड, मैकमिलन एण्ड को० लि०, लन्दन, 1943, पृ० 233।
2. उपरिवत्।
3. प्रोग्रेस ऑफ़ लिटरेसी इन वेरियस कंट्रीज़, पृ० 110।

स्त्रियाँ भी नारी-मुक्ति के आन्दोलन में पहल करने लगीं। 1917 में स्त्रियों का पहला प्रतिनिधि मंडल तत्कालीन 'सेक्रेटरी ऑफ़ स्टेट फ़ॉर इंडिया', लॉर्ड मॉण्टेग्यू से मिला और स्त्रियों के लिए पुरुषों के समान मताधिकार की माँग की। स्त्रियों ने अनेक जन-सभाएँ आयोजित कीं और सरकार के पास अपनी माँगें पेश कीं। 1917 के इंडियन नेशनल कांग्रेस के अधिवेशन में, जिसकी अध्यक्षता एनी बेसेण्ट ने की थी, स्त्रियों के लिए समान राजनीतिक अधिकार की माँग स्वीकार की गयी। 1929 ई० तक प्रत्येक प्रान्तीय एसेंबलियों ने स्त्रियों को मताधिकार प्रदान कर दिया।

स्त्रियों का अपने ढंग का पहला संगठन 'द ऑल इंडिया वुमेन्स कॉन्फ़रेन्स' 1927 ई० में स्थापित हुआ। इसने अपने हाथ में नारी शिक्षा और सामाजिक सुधार का कार्य लिया। इसने एक विवाह, तलाक, उत्तराधिकार आदि से सम्बन्धित व्यापक कानून बनाने की माँग की। पर समाज के रूढ़िवादी वर्ग के विरोध तथा सरकार की उदासीनता के कारण इस प्रकार के कानून नहीं बन सके।[1]

1930 में जब गांधी जी नमक सत्याग्रह के श्रीगणेश के लिए 'दांडी मार्च' कर रहे थे, कमला देवी चट्टोपाध्याय ने उनसे अनुरोध किया कि वे स्त्रियों का इस आन्दोलन में विशेष रूप से आह्वान करें। आरम्भिक हिचक के बाद गांधी जी ने स्त्रियों को पर्दा त्यागकर आन्दोलन में भाग लेने का आह्वान किया। उनके इस आह्वान पर हजारों स्त्रियाँ पर्दा त्यागकर अपने घरों से बाहर निकलीं और नमक कानून को भंग करने में योग दिया।[2] डॉ० अपर्णा बसु के अनुसार "इसमें सन्देह है कि भारत में राजनीतिक संघर्ष के दो दशकों में भारतीय नारी की स्थिति में जो परिवर्तन हुआ वह एक शताब्दी के उपदेश और सामाजिक सुधार कार्य से भी हो पाता।"[3] उनके अनुसार नमक सत्याग्रह आन्दोलन में, जिसे महात्मा गांधी ने 1930 में आरम्भ किया था, 80 हजार से ज्यादा लोग गिरफ्तार हुए थे जिनमें 17 हजार से अधिक स्त्रियाँ थीं। इसके अतिरिक्त कलकत्ता में आतंकवादी छात्राओं का एक संघ था जिसमें एक सौ सदस्य थे। अपर्णा बसु के अनुसार आरम्भ में शहरी मध्यवर्ग की स्त्रियाँ आन्दोलन में आयीं पर जैसे-जैसे राष्ट्रीय आन्दोलन जोर पकड़ता गया औद्योगिक मजदूरों और कृषकों के कुछ वर्गों की स्त्रियाँ भी

1. कमला देवी चट्टोपाध्याय, इंडियन वुमेन्स बैटल फ़ॉर फ्रीडम, अभिनव पब्लिकेशन्स, नयी दिल्ली।
2. उपरिवत्।
3. 'द रोल ऑफ़ वुमेन इन द इंडियन स्ट्रगल फ़ॉर फ्रीडम' शीर्षक लेख, इंडियन वुमेन : फ्रॉम पर्दा टु मार्डनिटी (सं०), बी० आर० नन्दा, विकास पब्लिशिंग हाउस, नयी दिल्ली, पृ० 38-39।

उसमें सम्मिलित होती गयीं ।[1]

प्रेमचन्द ने अपने काल की भारतीय नारी के यथार्थ को उसकी समग्रता में प्रस्तुत करने का प्रयास किया है। इस दृष्टि से उनके उपन्यासों का विवेचन करने के पूर्व 'जागरण' और 'हंस' की सम्पादकीय टिप्पणियों और अग्रलेखों में अभिव्यक्त उनके नारी विषयक विचारों का अवलोकन उपयोगी होगा। जनवरी, 1931 के 'हंस' में उन्होंने शारदा बिल का समर्थन किया था जिसमें विधवाओं को अपने पति की जायदाद पर अधिकार दिलाने की पेशकश की गयी थी।[2] इसके एक महीना बाद 'हंस' के फरवरी, 1931 के अंक में, प्रेमचन्द ने 'नारी जाति के अधिकार' शीर्षक टिप्पणी में स्त्रियों को निम्नलिखित अधिकार दिए जाने का प्रस्ताव किया था :

(1) एक विवाह का नियम स्त्री-पुरुष दोनों ही के लिए समान रूप से लागू हो। कोई पुरुप पत्नी के जीवन-काल में दूसरा विवाह न कर सके।

(2) पुरुष की सम्पत्ति पर पत्नी का पूरा अधिकार हो। वह उसे रेहन-रेहन बिक्री-बिक्री जो चाहे कर सके।

(3) पिता की सम्पत्ति पर पुत्रों और पुत्रियों का समान अधिकार हो।

(4) तलाक का कानून जारी किया जाए और वह स्त्री-पुरुष दोनों ही के लिए समान हो।

(5) तलाक के समय स्त्री पुरुष की आधी सम्पत्ति पाये और यदि मौरूसी जायदाद हो, तो उसका एक अंश।[3]

'हंस' के दिसम्बर 1932 के अंक में प्रेमचन्द ने 'भारतीय महिलाओं में नवीन जागृति' शीर्षक टिप्पणी लिखी थी जिसमें उन्होंने भारतीय नारियों के जागरण का समर्थन करते हुए लिखा था :"···वे सार्वजनिक निर्वाचनाधिकार चाहती हैं, जायदाद या शिक्षा की कोई कैद उन्हें पसन्द नहीं और राष्ट्रीय एकता का तो जितने जोरों से स्त्रियों ने हरेक अवसर पर समर्थन किया है, उस पर बहुमत से हिन्दू और मुसलमान पुरुषों को लज्जित होना पड़ेगा।"[4]

अपनी एक अन्य टिप्पणी में प्रेमचन्द तिलक-दहेज की समस्या का समाधान यह देते हैं कि "लड़कियों को अच्छी शिक्षा दी जाए और उन्हें संसार में अपना रास्ता आप बनाने के लिए छोड़ दिया जाय, उसी तरह जैसे हम अपने लड़कों को छोड़ देते हैं। उनको विवाहित देखने का मोह हमें छोड़ देना चाहिए और जैसे युवकों के विषय में हम उनके पथभ्रष्ट हो जाने की परवाह नहीं करते उसी प्रकार

---

1. 'द रोल ऑफ़ वुमेन इन द इंडियन स्ट्रगल फ़ॉर फ्रीडम, बी० आर० नन्दा।
2. विविध प्रसंग-3, पृ० 249।
3. उपरिवत्, पृ० 250।
4. उपरिवत्, पृ० 254।

हमें लड़कियों पर भी विश्वास करना चाहिए। तब यदि वह गृहिणी जीवन बसर करना चाहेंगी, तो अपनी इच्छानुसार अपना विवाह कर लेंगी, अन्यथा अविवाहित रहेंगी।"[1]

प्रेमचन्द स्त्रियों को व्यायाम की शिक्षा देने के भी समर्थक थे। दिसम्बर 1932 और सितम्बर 1933 के 'हंस' की एतद्विषयक टिप्पणियों में उन्होंने महिलाओं के लिए व्यायामशालाएँ स्थापित करने का समर्थन किया था।[2]

प्रेमचन्द के ये नारी विषयक विचार अत्यन्त आधुनिक हैं, पर वे पश्चिमी देशों की उस आधुनिकता का समर्थन नहीं करते जिसमें सेक्स या काम विषयक कोई बन्धन ही नहीं रह गया है। इसी कारण उन्होंने सन्ताननिग्रह के कृत्रिम उपायों का विरोध किया था।[3] सेक्स के मामले में प्रेमचन्द घोर नैतिकतावादी हैं। यहाँ तक कि वे 'बिहारी सतसई' के शृंगारिक दोहों को लड़के-लड़कियों के पाठ्यक्रम में रखे जाने का भी विरोध करते हैं।[4] प्रेमचन्द नारी के माता रूप को सर्वाधिक महत्त्व देते हैं, उसके कामिनी या रमणी रूप को नहीं। उनके अनुसार वही भारतीय नारी का वास्तविक रूप है। उनके अनुसार "भारतीय नारी सदैव कुलदेवी समझी गयी है और उसे समाज में पुरुषों से ऊँचा पद प्राप्त है।" प्रेमचन्द मानते हैं कि "उन्हें हर एक विषय में पुरुषों के समान अधिकार होना चाहिए", पर उनका विश्वास है कि 'देवियाँ' केवल उन्हीं अधिकारों को स्वीकार करेंगी जो उनके 'हित' में होगा।[5] इस टिप्पणी से यह तो स्पष्ट नहीं होता कि नारियों का 'हित' कहाँ है, पर यह जरूर आभासित होता है कि प्रेमचन्द के सामने भारतीय नारी का एक विशिष्ट आदर्श है। प्रेमचन्द का नारी आदर्श-सम्बन्धी यह दृष्टिकोण उनके वैचारिक अन्तर्विरोध का परिचायक है, जो उनके उपन्यासों में भी व्यक्त हुआ है।

प्रेमचन्द के औपन्यासिक संसार में चित्रित नारियाँ प्राय: सभी वर्गों और सम्प्रदायों की हैं। साम्प्रदायिक दृष्टि से उनके अधिकांश नारी पात्र हिन्दू धर्मानुयायी हैं, जो भारत में हिन्दुओं की जनसंख्या के अनुपात के अनुसार है। मुसलमान और ईसाई-स्त्री पात्र भी प्रेमचन्द के उपन्यासों में यथानुपात हैं। आर्थिक वर्ग-भेद की दृष्टि से निम्न, मध्य और उच्च सभी वर्गों के नारी पात्र उनके उपन्यासों में उपलब्ध होते हैं। इस प्रकार प्रेमचन्द ने भारतीय नारी-समाज को उसकी व्यापकता में प्रस्तुत करने का प्रयास किया है।

---

1. विविध प्रसंग-3, पृ० 260।
2. उपरिवत्, पृ० 254, 263।
3. उपरिवत्, पृ० 249-50।
4. उपरिवत्, पृ० 263।
5. उपरिवत्, पृ० 249-250।

प्रेमचन्द का पहला हिन्दी उपन्यास 'प्रेमा अर्थात् दो सखियों का विवाह (उर्दू उपन्यास हमखुर्मा व हमसवाब का रूपान्तर, 1907) विधवा विवाह की समस्या को लेकर चलता है। यद्यपि इस उपन्यास में प्रेमचन्द की उपन्यासकला अत्यन्त अविकसित अवस्था में है पर पूर्णा के वैधव्य-चित्रण के रूप में उन्होंने उस काल की विधवाओं की दयनीय स्थिति का बहुत ही यथार्थ अंकन किया है। पूर्णा के विधवा हो जाने पर पास-पड़ोस की स्त्रियाँ उसे बाल मुँड़वा लेने, बिन्दी न करने, रंगीन साड़ियाँ न पहनने, पान न खाने, आभूषण न पहनने, शृंगार न करने, मन्दिर और गंगा स्नान के अतिरिक्त कहीं और न जाने, किसी सुहागिन या कुमारी युवती के साथ न उठने-बैठने, मांगलिक अवसरों में शामिल न होने आदि की दर्जनों हिदायतें दे डालती हैं। पूर्णा के इन हिदायतों का पालन न करने पर ये स्त्रियाँ उसकी आलोचना करती हैं और तरह-तरह की धमकियाँ देती हैं।[1]

पूर्णा की तरह 'प्रेमा' में एक और विधवा है—रामकली। उसकी सास उस पर भी तरह-तरह के अत्याचार करती है। रामकली इस अत्याचार से ऊब कर पुंश्चली हो गयी है। प्रेमचन्द रामकली के चरित्र द्वारा यह प्रतिपादित करना चाहते हैं कि बाल-विधवाएँ पुनर्विवाह न होने की स्थिति में चरित्रभ्रष्ट हो जाती हैं। पूर्णा के चरित्र से वे यह बताना चाहते हैं कि विधवा स्त्रियों को अपने चरित्र की रक्षा करने में अनेक मुश्किलों का सामना करना पड़ता है।[2]

'प्रेमा' में प्रेमचन्द पूर्णा का अमृतराय से और रामकली का प्राणनाथ से विवाह कराते हैं। इसके बाद रामकली का च रत्र बिलकुल सुधर जाता है और पूर्णा का जीवन भी सुखी हो जाता है।[3]

पर रूढ़िवादी हिन्दू समाज इन विवाहों में अनेक बाधाएँ खड़ी करता है। न केवल इन विवाहों का बहिष्कार और कड़ा विरोध होता है वरन् गुंडों और लठैतों से इन्हें सम्पादित न होने देने की भी कोशिश होती है। जब अंग्रेज कलक्टर की सहायता से ये विवाह सम्पन्न हो जाते हैं तो सनातन धर्मी अमृतराय और प्राणनाथ का सामाजिक बहिष्कार कराने की कोशिश करते हैं। उनके नौकर बिरादरी के भय से उनके यहाँ काम करना छोड़ देते हैं, नाई, धोबी उनका बहिष्कार कर देते हैं, बनिये खाने-पीने का सामान देना बन्द कर देते है और सार्वजनिक कुएँ पर गुंडों का पहरा बिठा दिया जाता है। अमृतराय के मुवक्किलों को भी भड़का दिया

1. बाबू नवाबराय बनारसी (प्रेमचन्द), प्रेमा अर्थात् दो सखियों का विवाह (मंगलाचरण, सं० अमृतराय, हंस प्रकाशन, इलाहाबाद, 1962), छठा अध्याय।
2. उपरिवत्, सातवाँ अध्याय।
3. उपरिवत्, तेरहवाँ अध्याय।

जाता है, जिससे उनकी आय कम हो जाती है। पर धीरे-धीरे अमृतराय और उनके सहयोगी इन बाधाओं पर विजय प्राप्त करते हैं और सनातनधर्मियों को मुँह की खानी पड़ती हैं।"[1]

'सेवासदन' (1918), 'निर्मला' (1927) और 'गबन' (1931) मुख्यत: नारी जीवन से सम्बन्धित उपन्यास हैं। 'सेवासदन' और 'निर्मला' में दहेज-सम्बन्धी समस्या का चित्रण किया गया है। इस तथ्य का उल्लेख किया जा चुका है कि प्रेमचन्द के जमाने में परम्परागत मान्यताओं के कारण विवाह के सम्बन्ध में लड़कियों के माता-पिता या अभिभावकों की स्थिति लड़कों के माँ-बाप की तुलना में कमजोर होती थी और वे मनपसन्द वर के लिए मुँहमाँगा तिलक-दहेज देने को विवश होते थे। साधन न जुटने पर उन्हें अपनी लड़कियों का विवाह बूढ़ों, दरिद्र युवकों या दुहाजों से करना पड़ता था। 'सेवासदन' के दारोगा कृष्णचन्द्र अपनी ईमानदारी और उदार स्वभाव के कारण बेटी के ब्याह के लिए धन एकत्र नहीं कर पाते। जब तिलक दिये बिना विवाह तय होता नजर नहीं आता तो रिश्वत लेते हैं, पकड़े जाते हैं और जेल जाने को बाध्य होते हैं। उनकी पत्नी के पास पैसे नहीं रह जाते और सुमन का विवाह गजाधर नामक युवक से, जो दुहाजू है और किसी कारखाने में पन्द्रह रुपये महीने की तनख्वाह पाता है, हो जाता है। सुमन अचानक मध्यवर्गीय सुखी परिवार से निम्न वर्ग में चली आती है, और जीवन की कटुताएँ उसके दाम्पत्य जीवन को तिक्त बनाने लगती हैं। भारतीय स्त्रियों की एक समस्या यह भी थी (और आज भी है) कि उनका पातिव्रत्य हमेशा शंका की दृष्टि से देखा जाता था। यदि वह कभी घर से बाहर नहीं निकलतीं तब तो कोई बात नहीं, पर पुरुष के सम्पर्क में आने मात्र की सम्भावना से उसका पातिव्रत्य सन्देह का विषय हो जाता है। यह किसी भी स्वाभिमानी स्त्री के लिए अपमान की बात है, पर नारी को सारी जिन्दगी यह अपमान सहना पड़ता है। सुमन को भी इस अपमानजनक स्थिति से गुजरना पड़ता है। गजाधर स्वयं रात गये तक भोली बाई का मुजरा सुन सकता है, पर सुमन का उससे बातें करना भी गजाधर को सह्य नहीं होता। एक दिन सुमन अपनी सहेली के घर से रात में देर से लौटती है। इस पर गजाधर इतना नाराज होता है कि उसे घर से ही निकाल देता है। इस बात का उल्लेख किया जा चुका है कि भारतीय मध्यवर्गीय स्त्री के लिए घर के बाहर निकलने पर दो ही विकल्प बच जाते हैं : आत्महत्या या वेश्या का कोठा। सुमन इन दोनों से बचना चाहती है। वह अपनी सहेली सुभद्रा के यहाँ शरण माँगने जाती है। सुभद्रा और उसके पति पद्मसिंह शर्मा उदार हैं और सुमन को शरण दे भी देते हैं पर स्वयं गजाधर और समाज के अन्य लोग पद्मसिंह के बारे

1. प्रेमा अर्थात् दो सखियों का विवाह, ग्यारहवाँ अध्याय।

में इतना झूठा प्रचार करते हैं, उनकी इतनी बदनामी फैलाते हैं कि उन्हें विवश होकर सुमन को अपने घर से चले जाने को कहना पड़ता है। सुमन के लिए कोई रास्ता नहीं रह जाता और वह भोलीबाई की शरण में पहुँच जाती है और वेश्या-वृत्ति अपना लेती है।

'निर्मला' में दहेज प्रथा का परिणाम इससे भिन्न, पर कहीं ज्यादा त्रासद होता है। बाबू उदयभानु लाल अपनी पुत्री निर्मला का विवाह बाबू भालचन्द्र सिन्हा के पुत्र से निश्चित करते हैं। तिलक-दहेज की राशि तय नहीं है, पर उदयभानु लाल की वकालत की आय बहुत अधिक है और भालचन्द्र सिन्हा को विश्वास है कि वे माँगने से कहीं ज्यादा स्वयं अपने मन से देंगे। इसी बीच उदयभानु लाल की हत्या हो जाती है और भालचन्द्र सिन्हा दहेज न मिल पाने की आशंका से निर्मला से अपने पुत्र की शादी तोड़ देते हैं। विधवा और साधनहीन कल्याणी के सामने निर्मला के विवाह की विषम समस्या है। "लड़के नंगे पांव पढ़ने जा सकते हैं, चौका-बर्तन भी अपने हाथ से किया जा सकता है, रूखा-सूखा खाकर निर्वाह किया जा सकता है, झोंपड़े में दिन काटे जा सकते हैं लेकिन युवती कन्या घर में नहीं बैठायी जा सकती।"[1] कल्याणी सोचती है: "अब तो किसी भाँति सिर का बोझ उतारना है? किसी भाँति लड़की को पार लगाना है, उसे कुएँ में झोंकना है। यह रूपवती है, गुणशीला है, चतुर है, कुलीन है, तो हुआ करे, दहेज हो तो सारे दोष गुण हैं। प्राणों का कोई मूल्य नहीं, केवल दहेज का मूल्य है। कितनी विषम भाग्यलीला है।"[2] आखिर निर्मला का विवाह मुंशी तोताराम से—जिनकी उम्र पैंतीस-चालीस की है, जिनकी पहली पत्नी मर चुकी है और उससे तीन लड़के हैं और वकालत से प्रतिमाह तीन-चार सौ की आमदनी है—हो जाती है। पति-पत्नी की उम्र में बड़ा फासला होने के कारण निर्मला का दाम्पत्य जीवन सुखी नहीं हो पाता। "अब तक ऐसा ही एक आदमी उसका पिता था, जिसके सामने वह सिर झुकाकर, देह चुराकर निकलती थी, अब उनकी अवस्था का एक आदमी उसका पति था। वह उसे प्रेम की वस्तु नहीं, सम्मान की वस्तु समझती थी। उनसे भागी फिरती, उन्हें देखते ही उसकी प्रफुल्लता पलायन कर जाती।"[3] निर्मला कोशिश करके भी तोताराम से प्रेम नहीं कर पाती और मानसिक कष्ट झेलती है।

मध्यवर्गीय संयुक्त परिवारों में नववधुओं की एक कठिन समस्या सास के साथ सम्बन्ध की होती है। प्रेमचन्द के जमाने में अक्सर सासें बहुओं पर शासन करती

1. निर्मला (संस्करण, 1966), पृ० 35।
2. उपरिवत्, पृ० 33।
3. उपरिवत्, पृ० 37-38।

थीं और उन्हें नाना प्रकार के शारीरिक, मानसिक कष्ट दिया करती थीं। निर्मला की अपनी सास तो नहीं है, पर वकील साहब की एक विधवा बहन, रुक्मिणी, उनकी गृहस्थी सँभालती है और वही निर्मला की सास की भूमिका निभाती है। रुक्मिणी अपने कठोर व्यवहार, ओछे स्वभाव, ईर्ष्याजन्य आलोचना, ताने, व्यंग्य और कटुवचन से निर्मला की जिन्दगी में जहर घोल देती है। इसकी सुविधा उसे इसलिए भी मिल जाती है कि निर्मला की सपत्नी के तीन बेटे हैं। सामान्यतः सौतेली माताओं के प्रति सामाजिक आलोचना अनुदार होती है। रुक्मिणी देवी इसका नाजायज फायदा उठाती हैं और सौतेले पुत्रों के प्रति निर्मला के सहज व्यवहार को असहज बना देती हैं।

थोड़े दिनों में निर्मला का विवेक जगता है और वह पति को अपने व्यवहार से सन्तुष्ट करने की कोशिश करने लगती है। पर इसी समय हिन्दू नारी का दूसरा दुर्भाग्य उसे दबोच लेता है। निर्मला अपने बड़े सौतेले बेटे को, जिसकी उम्र मात्र 16 वर्ष है, अपने बेटे की तरह प्यार करने लगती है। तोताराम को दोनों के बीच अवैध काम सम्बन्ध हो जाने की आशंका हो जाती है और वे उन्हें सन्देह की दृष्टि से देखने लग जाते हैं। यह सन्देह निर्मला के जीवन में भयंकर जहर घोल देता है। इस झूठे सन्देह के कारण पूरा घर बर्बाद हो जाता है, बड़ा लड़का घुट-घुट-कर मर जाता है, मँझला आत्महत्या कर लेता है और छोटा एक पाखंडी साधु के साथ भाग जाता है। निर्मला भी मानसिक संताप में घुलते-घुलते अन्ततः खाट पकड़ लेती है और मर जाती है।

प्रेमचन्द ने इस करुण कथा की उद्‌भावना दहेज प्रथा की बुराइयाँ दिखाने के लिए की है, इसमें संदेह नहीं। पर इस समस्या का कोई समाधान उन्हें नजर नहीं आया। वस्तुतः यह समस्या आज भी बनी हुई है और सरकार तथा समाज-सुधारक इसका समाधान नहीं ढूँढ़ पा रहे हैं। यह समाधान बाहर से प्राप्त भी नहीं किया जा सकता। इसका समाधान तो तभी हो सकता है जब लड़कियों के विवाह-सम्बन्धी समस्त पुरानी मान्यताएँ नष्ट हो जाएँ। लड़कियों के लिए विवाह करना उतना ही जरूरी या गैर-जरूरी हो जाय जितना लड़कों के लिए है। लड़कियाँ पढ़-लिखकर अपने पैरों पर खड़ी हों, आर्थिक रूप से स्वतन्त्र हों ओर जाति-धर्म के बन्धनों से मुक्त होकर जिस लड़के से चाहें प्रेम और विवाह करें। प्रेमचन्द के काल में यह संभव नहीं था, इसलिए वे कोई ऐसा समाधान प्रस्तुत नहीं कर सके।

नारी की एक नियति वेश्यावृत्ति अपनाने की है। सामन्ती व्यवस्था में नारी पुरुष के भोग की सामग्री थी। वेश्यावृत्ति के अस्तित्व का यही कारण था। ब्रिटिश शासन काल में सामन्ती व्यवस्था बनी रही, अतः वेश्या-प्रथा भी उसके साथ कायम रही। कोई भी स्त्री सहज भाव से वेश्यावृत्ति अपनाना नहीं चाहती। किसी न किसी विवशता के कारण ही वह इस पेशे में आती है। कुछ किशोरियाँ या नव-

युवतियाँ, जो रूपवती और मधुर कंठवाली होती हैं, समाज से निकाल दी जाने पर और जीविका का कोई और मार्ग न ढूंढ़ पाने पर, वेश्या बन जाती हैं। ब्रिटिश शासन काल में स्त्रियों के लिए जीविका के साधन नगण्य थे, उनमें शिक्षा का प्रसार भी नाममात्र को था और उनके प्रति सामाजिक और नैतिक बन्धन इतने कठोर थे कि एक बार घर की चौखट लाँघने के बाद उनके लिए वेश्यावृत्ति अपनाने के सिवा और कोई विकल्प नहीं रह जाता था। सुमन की कथा इस यथार्थ का प्रतिपादन करती है। भोली के वेश्या बनने का कारण भी विवाह-सम्बन्धी सामाजिक बुराइयाँ हैं।[1] कभी-कभी अपहृत करके लायी गयी लड़कियाँ भी वेश्या बनने को विवश होती हैं। वेश्याओं की पुत्रियों को समाज की सामान्य धारा में लौटने का विकल्प नहीं होता, अतः उन्हें विवश होकर अपना पुश्तैनी पेशा ही अपनाना पड़ता है।

प्रेमचन्द इस समस्या को बहुत गम्भीरता से देखते थे। उन्होंने अपने उपन्यासों में इस समस्या का समाधान प्रस्तुत करने की बार-बार कोशिश की है। उनका खयाल था कि यदि लोग शादी-विवाह या धार्मिक-सामाजिक समारोहों में वेश्याओं के नाच का आयोजन न करें तो वेश्याओं को प्रोत्साहन नहीं मिलेगा। वे समझते थे कि सार्वजनिक भाषणों, लेखों तथा आन्दोलनों से लोगों का हृदय-परिवर्तन किया जा सकता है। इसकी वकालत उन्होंने सेवासदन[2], गबन[3], कर्मभूमि[4] और गोदान[5] में की है; प्रसंग-योजना तथा पात्रों की बातचीत के माध्यम से इस समाधान पर बल दिया है। वेश्या समस्या का उनका दूसरा समाधान यह है कि वेश्याओं का नगर के मुख्य स्थान में रहने की अनुमति न दी जाए और उन्हें शहर के बाहर बसाया जाए।[6] इसके साथ ही वे वेश्याओं के लिए सम्मानजनक वृत्ति तथा उनकी पुत्रियों की इस वृत्ति से मुक्ति के लिए समुचित शिक्षा और आश्रमों की स्थापना का सुझाव प्रस्तुत करते हैं।[7] 'गोदान' में वे नाटक मंडलियाँ खोलकर वेश्याओं की जीवन वृत्ति की समस्या का समाधान पेश करते हैं।[8]

जाहिर है कि प्रेमचन्द के वेश्या-सम्बन्धी समाधान परिपक्व और स्थायी

1. सेवासदन, पृ० 54।
2. उपरिवत्, परि० 29-30, पृ० 144-153।
3. गबन, पृ० 49।
4. कर्मभूमि, पृ० 72, 76।
5. गोदान, परि० 32।
6. सेवासदन, पृ० 79, 122, 206।
7. उपरिवत्, पृ० 305-10, 334-36।
8. गोदान, परि० 32।

नहीं हैं। पर उस समय की जो परिस्थितियाँ थीं उनमें इससे बेहतर समाधान सम्भव भी न था। ब्रिटिश शासन को इस समस्या में कोई दिलचस्पी न थी। सामन्तवादी व्यवस्था वेश्या प्रथा के बने रहने की हिमायती थी। सेठ-साहूकार भी इस प्रथा से अपना लाभ ही देखते थे। समाज का वेश्या-सम्बन्धी दृष्टिकोण अन्तर्विरोधग्रस्त था। वह वेश्याओं को घृणा की दृष्टि से देखता था, पर शादी-ब्याह और धार्मिक समारोहों में वेश्याओं के मुजरे और नृत्य को आवश्यक समझता था। इस परिस्थिति में प्रेमचन्द के लिए, और उनके समय के समाज सुधारकों के लिए, वेश्या समस्या के ये ही समाधान बचे रहते थे। 'गोदान' के मिर्जा साहब कहते भी हैं: "समाज की व्यवस्था क्या आसानी से बदल जाएगी ? वह तो सदियों का मुआमला है। तब तक क्या यह अनर्थ होने दिया जाये ? उसकी रोकथाम न की जाय, इन अबलाओं को मर्दों की लिप्सा का शिकार होने दिया जाए ? क्यों न शेर को पिंजरे में बन्द कर दिया जाय कि वह दाँत और नाखून होते हुए भी किसी को हानि न पहुँचा सके। क्यों उस वक्त तक चुपचाप बैठा रहा जाय, जब तक शेर अहिंसा का व्रत न ले ले ?"[1]

'गबन' में प्रेमचन्द ने नारी विषयक दो समस्याएँ उठायी हैं। इनमें एक है स्त्रियों के आभूषण प्रेम की और दूसरी है पत्नी द्वारा पति की सम्पत्ति के उत्तराधिकार की। प्रेमचन्द के जमाने में मध्यवर्गीय परिवारों में स्त्रियों का आभूषण प्रेम कभी-कभी गहरे पारिवारिक संकट और दुःखद दाम्पत्य सम्बन्ध का कारण बन जाता था। 'गबन' में प्रेमचन्द ने एक ऐसी स्त्री का चित्रण किया है जिसके मन में बचपन से ही आभूषणों के लिए, विशेषकर चन्द्रहार के लिए, माता-पिता और सहेलियों द्वारा लालसा जगा दी गयी है। मध्यवर्गीय परिवारों में प्रायः ही लड़कियाँ विवाह के बाद गहनों से 'लद जाने' का सपना देखती हैं। जब यह सपना पूरा नहीं होता तो वे पति का तथा पूरे परिवार का जीवन कटु बना देती हैं। अक्सर इस आभूषण प्रेम का अन्त पति की जेल यात्रा या आमहत्या में होता है। 'गबन' की जालपा के साथ यही होता है। वह चन्द्रहार के लिए ऐसी जिद्द ठानती है कि उसका पति रमानाथ म्युनिसिपैलिटी के कैश बाक्स का रुपया खर्च कर डालता है और भेद खुल जाने की आशंका से कलकत्ता भाग जाता है, वहाँ पहुँचकर पुलिस के फन्दे में पड़ जाता है और परेशानियाँ झेलता है। जालपा को भी इसके चलते बहुत दिक्कतें उठानी पड़ती हैं।

इस समस्या के चित्रण के प्रसंग में यह कहना असगत न होगा कि प्रेमचन्द ने इसके कारणों का तर्कसंगत और सन्तोषजनक विश्लेषण नहीं किया है। यदि वे इस समस्या के सामाजिक, आर्थिक और मनोवैज्ञानिक कारणों की गहराई में प्रवेश

1. गबन, पृ० 331।

करते तो इसके उपन्यास का केन्द्रीय विषय बनाये जाने की सार्थकता होती।

नारी समस्या के चित्रण की दृष्टि से जालपा की तुलना में रतन की कथा अधिक उल्लेखनीय है। रतन वृद्ध विवाह की शिकार है। उसके पति धनवान, किन्तु बूढ़े और रोगी हैं। रतन समृद्धि के बीच सन्तुष्ट है। 'निर्मला' की निर्मला की तरह वह पति के 'बूढ़ेपन' को लेकर मानसिक कष्ट नहीं झेलती। परिवार की भी कोई समस्या नहीं है। न सास है, न सौतेला पुत्र। अगर दुःख है तो सन्तानवती न होने का। पर इसे लेकर भी रतन उतनी दुःखी नहीं, जितने उसके पति। पुत्र न हो पाने की चिन्ता उन्हें मारे डालती है। आभूषणों के प्रति प्रेम रतन को भी उतना ही है, पर यह उसके लिए समस्या नहीं। वह जितने और जैसे आभूषण चाहे खरीद सकती है। इस प्रसंग के द्वारा प्रेमचन्द यह प्रतिपादित करना चाहते हैं कि आभूषण प्रेम मध्यवर्गीय परिवारों के लिए ही समस्या बनता है, उच्चवर्गीय परिवारों के लिए नहीं।

रतन के पति की अस्वस्थता बढ़ती जाती है और वे इलाज के लिए कलकत्ता जाते हैं, पर बच नहीं पाते। बिना वसीयतनामा लिखे ही उनकी मृत्यु हो जाती है। प्रेमचन्द जिस समस्या का चित्रण करना चाहते हैं उसका आरम्भ यहीं से होता है। रतन के पति का भतीजा मणिभूषण धीरे-धीरे उनकी सारी सम्पत्ति पर अपना कब्जा जमा लेता है। मणिभूषण के षड्यन्त्र से पुराने नौकर-चाकर भी रतन की उपेक्षा करने लगते हैं। एक दिन मणिभूषण रतन से शहर का बँगला और मोटरगाड़ी बेचकर गाँव चलने का प्रस्ताव करता है। वह बातोंबात में रतन से जान लेता है कि वकील साहब ने वसीयतनामा नहीं लिखा है। इस स्थिति का लाभ उठाकर वह वकील साहब की सारी सम्पत्ति अपने नाम करा लेता है और बँगला बेच देता है। जब रतन इसका विरोध करती है तो मणिभूषण स्पष्ट कहता है: "आपका इस घर पर और चाचाजी की सम्पत्ति पर कोई अधिकार नहीं। वह मेरी सम्पत्ति है। आप मुझसे केवल गुजारे का सवाल कर सकती हैं।"[1] वह बात को स्पष्ट करते हुए आगे कहता है: "सम्मिलित परिवार में विधवा का, अपने पुरुष की सम्पत्ति पर कोई अधिकार नहीं होता। चाचा और मेरे पिताजी में कभी अलगोझा नहीं हुआ।...अगर चाचा अपनी सम्पत्ति आपको देना चाहते, तो कोई वसीयत अवश्य लिख जाते और यद्यपि वह वसीयत कानून के अनुसार कोई चीज न होती, पर हम उसका सम्मान करते। उनका कोई वसीयत न करना साबित कर रहा है कि वह कानून के साधारण व्यवहार में कोई बाधा न डालना चाहते थे। आज आपको बँगला खाली करना होगा। मोटर और अन्य वस्तुएँ भी नीलाम कर दी जाएँगी। आपकी इच्छा हो, मेरे साथ चलें या यहाँ रहें। यहाँ रहने के

1. गबन, पृ० 263।

लिए आपको दस-ग्यारह रुपये का मकान काफी होगा। गुजारे के लिए पचास रुपये महीने का प्रबन्ध मैंने कर दिया है।"[1]

हिन्दू परिवारों में पति के उत्तराधिकार को लेकर पत्नी की यही कानूनी स्थिति थी। पति के मरते ही वह वास्तविक अर्थ में अनाथ और निस्सहाय हो जाती थी और उसके लिए सम्मान की जिन्दगी स्वप्न हो जाती थी। रतन की कहानी के माध्यम से प्रेमचन्द ने इस यथार्थ को प्रस्तुत करने का प्रयत्न किया है।

प्रेमचन्द ने अपने उपन्यासों में परदा प्रथा और उसकी बुराइयों का चित्रण प्राय: नहीं किया है। इस काल की स्त्रियों में व्याप्त अशिक्षा और पिछड़ेपन का एक कारण परदा प्रथा भी था, जिसकी ओर प्रेमचन्द का ध्यान न जाना आश्चर्य की बात है। पर प्रेमचन्द ने अपने उपन्यासों में परदे को तोड़कर जीवन-संग्राम में उतरने वाली स्त्रियों का चित्रण किया है। इस बात का उल्लेख किया जा चुका है कि 1930 ई० में गांधी जी के आह्वान पर हजारों स्त्रियों ने नमक सत्याग्रह आन्दोलन में भाग लिया और जेल गयीं। गांधी जी का यह आह्वान परदा प्रथा को समाप्त करने में अत्यन्त सहायक हुआ। प्रेमचन्द ने अपने इस काल में लिखे दो उपन्यासों 'गबन' (1931) और कर्मभूमि (1932) में स्त्रियों के परदा प्रथा तोड़कर घर से बाहर निकलने और स्वाधीनता संग्राम में भाग लेने का चित्रण किया है। 'गबन' में जालपा परदा तोड़ती हुई दिखायी गयी है। वह मोहल्ले की स्त्रियों के साथ बाहर निकलती है और "घर से बाहर निकलते ही मुँह खोल लेती हैं।"[2] वह पति के साथ सिनेमा जाती है और पार्क में साथ-साथ टहलती है।[3] जालपा बहुत शीघ्र नये महिला समाज में अपना रंग जमा लेती है। उसकी सहेली बनती है रतन, जो बिलकुल परदा नहीं करती। रतन और जालपा द्वारा परदे की ऐसी अवहेलना मुंशी दयानाथ को खटकती है, पर रमेश बाबू इसका समर्थन करते हैं।[4] वे कहते हैं: "आजकल ऐसी ही औरतों का काम है। जरूरत पड़े, तो कुछ मदद तो कर सकती हैं। बीमार पड़ जाओ तो डाक्टर को तो बुला सकती हैं। यहाँ तो चाहे हम मर जाएँ, तब भी क्या मजाल कि स्त्री घर से बाहर पाँव निकाले।"[5] इस कथन से परदे का स्पष्ट विरोध लक्षित होता है। 'गबन' में वकील इन्दुभूषण और रमानाथ के एक वार्तालाप द्वारा स्त्रियों की अनिवार्य शिक्षा और स्वतन्त्रता पर बल दिया गया है।[6] इन्दुभूषण कहते हैं: "जब तक स्त्रियों की शिक्षा का काफी

1. गबन, 263 पृ०।
2. उपरिवत् पृ० 71।
3. उपरिवत्, पृ० 72।
4. उपरिवत्, पृ० 84।
5. उपरिवत्, पृ० 84।
6. उपरिवत्, पृ० 103।

प्रचार न होगा, हमारा कभी उद्धार न होगा। आप तो यूरोप न गये होंगे ? ओह ! क्या आजादी है, क्या जीवन है, क्या उत्साह है। बस, मालूम होता है, यही स्वर्ग है। और स्त्रियाँ भी सचमुच देवियाँ हैं। इतनी हँसमुख, इतनी स्वच्छन्द। यह सब स्त्री-शिक्षा का प्रसाद है।"[1] रमानाथ यूरोपीय स्त्रियों के आचरण पर सन्देह करता है तो इन्दुभूषण उत्तर देते हैं: "नान्सेन्स। अपने-अपने देश की प्रथा है। आप एक युवती को किसी युवक के साथ एकान्त में विचरते देखकर दाँतों उँगली दबाते हैं, आपका अन्तःकरण इतना मलिन हो गया है कि स्त्री-पुरुष को एक जगह देखकर आप सन्देह किये बिना नहीं रह सकते, पर जहाँ लड़के और लड़कियाँ एक साथ शिक्षा पाते हैं, वहाँ यह जाति-भेद बहुत महत्त्व की वस्तु नहीं रह जाता।··· यह समझ लीजिए कि जिस देश में स्त्रियों को जितनी अधिक स्वाधीनता है, वह देश उतना ही सभ्य है। स्त्रियों को कैद में, परदे में या पुरुष से कोसों दूर रखने का तात्पर्य यही निकलता है कि आपके यहाँ जनता इतनी आचारभ्रष्ट है कि स्त्रियों का अपमान करने में जरा भी संकोच नहीं करती।···कामलिप्सा उन देशों के लिए आकर्षण का प्रधान विषय है, जहाँ लोगों की मनोवृत्तियाँ संकुचित रहती हैं।···जब तक हम स्त्री-पुरुष को अबाध रूप से अपना-अपना मानसिक विकास न करने देंगे, हम अवनति की ओर खिसकते जाएंगे।"[2]

जब रमानाथ गबन के अपराध में पकड़े जाने के भय से कलकत्ता भाग जाता है तो जालपा भी, उसका पता चल जाने पर, परदे की सीमाओं को तोड़कर कलकत्ता जा पहुँचती है। चलते समय रतन उसे एक छुरी देती है ताकि यदि कोई शोहदा उसे छेड़े तो वह उसे मजा चखा सके। कलकत्ता पहुँचकर जालपा पाती है कि रमानाथ पुलिस के एक गम्भीर चक्कर में पड़ गया है। पुलिस ने उसे डरा-धमकाकर और लोभ देकर एक झूठे राजनीतिक मुकदमे का मुखबिर गवाह बना लिया है। रमानाथ पुलिस की नजरबन्दी में है और कोई उससे मिलने नहीं पाता। पर जालपा अपने अपूर्व साहस, लगन, धैर्य और दृढ़ इच्छाशक्ति से रमानाथ को पुलिस के इस जाल से मुक्त करती है। रमानाथ की पहली गवाही से जिन अभियुक्तों को सजाएँ हो गयी हैं जालपा उनके घर जाकर उनके बाल-बच्चों की सहायता और सेवा करती है। अन्ततः रमानाथ जालपा की सेवा, कर्त्तव्यपरायणता और निष्ठा से प्रेरित होकर अपनी गवाही बदल देता है और राजनीतिक अभियुक्त सजा मुक्त हो जाते हैं। इस प्रकार जालपा 1930 के आसपास के नारी मुक्ति आन्दोलन की प्रतीक नारी बनकर सामने आती है।

'गबन' की रतन के चरित्र में भी हम तत्कालीन नारी के विद्रोह की झलक

1. गबन, 103।
2. उपरिवत् पृ० 104।

पाते हैं। वह तत्कालीन उत्तराधिकार-कानून के प्रति तीव्र प्रतिक्रिया व्यक्त करते हुए कहती है: "···मगर ऐसा कानून बनाया किसने ? क्या स्त्री इतनी नीच, इतनी तुच्छ, इतनी नगण्य है ?"[1] "···न जाने किस पापी ने यह कानून बनाया था।··· अगर मेरी जबान में इतनी ताकत होती कि सारे देश में उसकी आवाज पहुँचती, तो मैं सब स्त्रियों से कहती—बहनो, किसी सम्मिलित परिवार में विवाह मत करना और अगर करना तो जब तक अपना घर अलग न बना लो, चैन की नींद मत सोना।···अगर तुम्हारे पुरुष ने कोई तरफा नहीं छोड़ा, तो तुम अकेली रहो, चाहे परिवार में, एक ही बात है। तुम अपमान और मजबूरी से नहीं बच सकतीं"[2] रतन हार नहीं मानती, घुटने नहीं टेकती। वह अपने पैरों पर खड़ी होने का निश्चय करती है: "मैं क्यों अपने को अनाथिनी समझ रही हूँ ? क्यों दूसरे के द्वार पर भीख माँगूं ? संसार में लाखों ही स्त्रियाँ मेहनत-मजदूरी करके जीवन निर्वाह करती हैं। क्या मैं कोई काम नहीं कर सकती ? लड़के भी पढ़ा सकती हूँ। यही न होगा, लोग हँसेंगे, मगर मुझे उस हँसी की क्या परवाह ? वह मेरी हँसी नहीं है, अपने समाज की हँसी है।"[3] वह अपने भतीजे द्वारा प्रस्तावित वत्ति को अस्वीकार कर देती है और जालपा के साथ रहने के लिए चली जाती है। वह मान रही है कि आज उसका वास्तविक जीवन आरम्भ हुआ है।[4]

स्त्रियों के प्रति समाज के अन्यायपूर्ण रवैये के प्रति विद्रोह 'सेवासदन' की सुमन भी करती है। जब वह अपनी सहेली सुभद्रा के घर से कुछ रात गये अपने घर पहुँचती है और दरवाजा बन्द पाती है तो सोचती है: "मैं कैसी हतभागिनी हूँ।···मैं यह सब दुःख क्यों झेलती हूँ ? एक झोंपड़ी में टूटी खाट पर सोती हूँ, रूखी रोटियाँ खाती हूँ, नित्य घुड़कियाँ सुनती हूँ, क्यों ? मर्यादा पालने के लिए ही न ? लेकिन संसार मेरे इस मर्यादा पालन को क्या समझता है ? उसकी दृष्टि में इसका क्या मूल्य है ?"[5] जब गजाधर उसके चरित्र पर लांछन लगाता है तो वह इसका सरोष विरोध करती है। जब गजाधर उसे घर से बाहर निकाल देता है तो वह घर के बाहर खड़ी होकर सोचती है: "···उसने अपनी समझ में ऐसा कोई काम नहीं किया था, जिसका ऐसा कठोर दंड मिलना चाहिए था। उसे घर आने में देर हो गयी थी इसके लिए दो-चार घुड़कियाँ बहुत थीं। यह निर्वासन उसे घोर अन्याय प्रतीत होता था।···इस समय यदि गजाधर मनाने भी आता

1. गबन, पृ० 264।
2. उपरिवत्, पृ० 266।
3. उपरिवत्, पृ० 265।
4. उपरिवत्, पृ० 267।
5. सेवासदन, पृ० 43।

तो सुमन राजी न होती।···क्या संसार में सब स्त्रियों के पति होते हैं? क्या अनाथाएँ नहीं हैं? मैं भी अब अनाथा हूँ।"[1] शर्मा जी के घर से निकाले जाने पर भी उसका विद्रोह भाव व्यक्त होता है: "उसने शर्माजी को दुरात्मा, भीरु, दयाशून्य तथा नीच ठहराया। तुम आज अपनी बदनामी को डरते हो, तुमको इज्जत बड़ी प्यारी है। अभी कल एक वेश्या के साथ बैठे हुए फूले न समाते थे, उसके पैरों तले आँख बिछाते थे, तब इज्जत न जाती थी!"[2] यहाँ से निकलने पर वह सोचती है: "···यह दुत्कार क्यों सहूँ? मुझे कहीं रहने को स्थान चाहिए। खाने-भर को किसी-न-किसी तरह कमा लूंगी। कपड़े भी सीऊँगी तो खाने-भर को मिल जाएगा, फिर किसी की धौंस क्यों सहूँ? इनके यहाँ मुझे कौन-सा सुख था? व्यर्थ में एक बेड़ी पैरों में पड़ी हुई थी?"[3]

सुमन वेश्यावृत्ति अपना लेती है, जिसमें उसकी मात्र विवशता ही नहीं, थोड़ा विद्रोह भाव भी है। भोली के यहाँ पहुँचकर वह अपने मन में कहती है: "यह सुख छोड़कर उस अँधेरी कोठरी में क्यों रहूँ।"[4] सुमन के वेश्यावृत्ति अपना लेने पर बिट्ठलदास द्वारा उसके उद्धार का प्रयत्न आरम्भ हो जाता है। यहाँ भी सुमन का विद्रोह भाव प्रकट होता है। वह विट्ठलदास से कहती है: "अभी कई सज्जन यहाँ से मुजरा सुनकर गये हैं, सभी हिन्दू थे, लेकिन किसी का सिर नीचा नहीं मालूम होता था। वह मेरे यहाँ आने से बहुत प्रसन्न थे। फिर इस मंडी में मैं एक ही ब्राह्मणी नहीं हूँ, दो-चार का नाम तो मैं अभी ले सकती हूँ जो बहुत ऊँचे कुल की हैं पर जब बिरादरी में अपना निर्वाह किसी तरह न देखा तो विवश होकर यहाँ चली आयीं। जब हिन्दू जाति को खुद ही लाज नहीं है तो फिर हम जैसी अबलाएँ उसकी रक्षा कहाँ तक कर सकती हैं?"[5] वह अपनी प्रतिक्रिया के प्रमाण में ऐसे-ऐसे उदाहरण देती है कि बिठ्ठलदास की बोलती बन्द हो जाती है।[6] जब वह वेश्यावृत्ति छोड़ देने पर हिन्दू समाज में ससम्मान जीने के लिए आधार चाहती है और बिट्ठलनास उसकी गारंटी नहीं दे पाते तो वह कहती है: "जब आपकी हिन्दू जाति इतनी हृदयशून्य है तो मैं उसकी मर्यादा पालने के लिए क्यों कष्ट भोगूँ, क्यों जान दूं? जब आप मुझे अपनाने के लिए जाति को प्रेरित नहीं कर सकते, जब जाति ही आपकी लज्जाहीन है तो मेरा क्या दोष है।"[7]

---

1. सेवासदन, पृ० 47।
2. उपरिवत्, पृ० 51-42।
3. उपरिवत्, पृ० 52।
4. सेवासदन, पृ० 58।
5. उपरिवत्, पृ० 85।
6. उपरिवत्, पृ० 87।
7. उपरिवत्, पृ० 90।

'सेवासदन' की कमजोरी यह है कि सुमन का यह विद्रोह भाव बहुत जल्द समाप्त हो जाता है और वह कथाकार के एक आरोपित आदर्श के समक्ष घुटने टेक देती है। 'गबन' की रतन और जालपा ऐसा नहीं करतीं। वे अन्त तक विद्रोह की मूर्ति बनी रहती हैं और समाज को चुनौती देती हैं।

नारी-जागरण और नारी-विद्रोह के चित्रण की दृष्टि से 'कर्मभूमि' प्रेमचन्द के उपन्यासों में अग्रगण्य है। 'कर्मभूमि' में नारियों का एक पूरा दस्ता विद्रोह का झंडा उठाये चल रहा है। उनमें सर्वप्रमुख है सुखदा जो विद्रोह और नारी जागरण की सजीव प्रतिमा है। पहले तो वह पति से ही विद्रोह करती है, पर वह स्वार्थ प्रेरित है। पर जब लाला समरकान्त के व्यवहार से अमरकान्त के घर से निकलने की बात उठती है तो सुखदा कहती है : "मेरा दुख-सुख तुम्हारे साथ है।...तुम्हें मेरे कारण जरा भी कष्ट न उठाना पड़ेगा। मैं खुद पैदा कर सकती हूँ, थोड़ा मिलेगा, थोड़े में गुजारा कर लेंगे, बहुत मिलेगा, तो पूछना ही क्या, जब एक दिन हमें अपनी झोंपड़ी बनानी है तो क्यों न अभी से हाथ लगा दें। तुम कुएँ से पानी लाना, मैं चौका-बरतन कर लूँगी।... फिर कोई धौंस तो न जमा सकेगा।"[1] जब सुखदा मुन्नी पर गोरों के बलात्कार और उसके द्वारा उनकी हत्या की बात सुनती है तो उसका मन अंग्रेजों के व्यवहार पर क्षुब्ध हो उठता है। इस अवसर पर उसकी प्रतिक्रिया और मुन्नी की रक्षा के लिए संकल्प से उसकी जागृत चेतना का परिचय मिलता है।[2] वह कहती है : "इस देवी के लिए तो मुझे प्राण भी देने पड़ें, तो खुशी से दूं।"[3]

जब लाला समरकान्त नाराज होकर अमरकान्त को घर से निकल जाने को कहते हैं तो सुखदा भी विद्रोह पर उतर आती है। "उसने अपने सारे कपड़े उतार डाले।...माँ की दी हुई चीजें भी उसने उतार फेंकीं।...वह इस घर से केवल एक साड़ी पहनकर जाएगी।"[4] वह अमरकान्त के समझाने पर भी नहीं मानती और कहती है : "तुम समझते होगे, मैं गहनों के लिए कोने में बैठकर रोऊँगी और अपने भाग्य को कोसूँगी? स्त्रियाँ अवसर पड़ने पर कितना त्याग कर सकती हैं यह तुम नहीं जानते।...मैं यह भी कहे देती हूँ कि तुम्हारे भरोसे पर नहीं जा रही हूँ। अपनी गुजर-भर को आप कमा लूँगी।"[5] अपनी माँ रेणुका देवी के बार-बार के आग्रह पर भी वह उनके साथ रहने को नहीं जाती। वह नौकरी ढूंढ़ने का

1. कर्मभूमि, पृ० 52।
2. उपरिवत्, पृ० 58।
3. उपरिवत्, पृ० 58।
4. उपरिवत्, पृ० 112।
5. उपरिवत्, पृ० 114।

प्रयास करती है और एक बालिका विद्यालय में शिक्षिका हो जाती है।

सुखदा पातिव्रत्य के परम्परागत आदर्श पर चलने वाली पुरानी हिन्दू नारी नहीं है। वह पति के प्रत्येक अच्छे-बुरे कार्य की समर्थक नहीं है। जब उसे ज्ञात होता है कि अमरकान्त का सकीना से प्रेम हो गया है और वह इसी कारण भाग गया है तो वह उसे क्षमा नहीं करती। वह पति की चर्चा तक नहीं करती और उससे सारा सम्बन्ध तोड़ लेती है। कथाकार कहता है: "इस पराजय ने उसे हताश नहीं किया, उसका आत्माभिमान कई गुना बढ़ गया है। आत्मनिर्भर भी अब कहीं ज्यादा हो गयी है। अब वह किसी की अपेक्षा नहीं करना चाहती। स्नेह के दबाव के सिवा और किसी दबाव से उसका मन विद्रोह करने लगता है। उसकी विलासिता मानो मान के वन में खो गयी है।"[1] जब सकीना उसे अमरकान्त के पास जाने की सलाह देती है तो सुखदा कहती है: "उन्होंने मेरे साथ विश्वासघात किया है। मैं ऐसे कमीने आदमी की खुशामद नहीं कर सकती। अगर आज मैं किसी मर्द के साथ भाग जाऊँ, तो तुम समझती हो, वह मुझे मनाने जाएँगे? वह शायद मेरी गर्दन काटने जाएँ। मैं औरत हूँ, और औरत का दिल इतना कड़ा नहीं होता, लेकिन उनकी खुशामद तो मैं मरते दम तक नहीं कर सकती।"[2] अन्यत्र वह कहती है, "ऐसे आदमियों की सजा यही है कि उनकी स्त्रियाँ भी उन्हीं के मार्ग पर चलें। तब उनकी आँखें खुलेंगी और उन्हें ज्ञात होगा कि जलना किसे कहते हैं।...यह अत्याचार बहुत दिनों न चलेगा। अब कोई इस भ्रम में न रहे कि पति चाहे जो करे, उसकी स्त्री उसके पाँव धो-धोकर पियेगी, उसे अपना देवता समझेगी, उसके पाँव दबायेगी और वह उससे हँसकर बोलेगा, तो अपने भाग्य को धन्य मानेगी। वह दिन बदल गये।"[3] वह नैना से कहती है: "अगर देखभाल कर विवाह करने में कभी-कभी धोखा हो सकता है, तो बिना देखे-भाले करने में बराबर धोखा होता है। तलाक की प्रथा यहाँ हो जाने दो, फिर मालूम होगा कि हमारा जीवन कितना सुखी है।"[4] यह परम्परागत भारतीय नारी की आवाज नहीं है। सुखदा अपने विचारों में 1930-31 की जाग्रत भारतीय नारी का प्रतिनिधित्व करती है।

जब मन्दिर के दरवाजे पर सत्याग्रह करने वाले हरिजनों को तितर-बितर करने के लिए पुलिस गोलियाँ चलाना आरंभ करती है तो सुखदा का विद्रोही मन इसे सहन नहीं कर पाता। वह गोलियों की बौछार के बीच पहुँचकर भागते हुए

1. कर्मभूमि, पृ० 123।
2. उपरिवत्, पृ० 193।
3. उपरिवत्, पृ० 196।
4. उपरिवत्, पृ० 198।

सत्याग्रहियों को सम्बोधित करती है।[1] परिणाम यह होता है कि लाला समरकान्त पुलिस को हटा देते हैं और हरिजनों की विजय होती है। इस घटना के बाद तो सुखदा नगर की प्रमुख नेता बन जाती है। कथाकार के शब्दों में "अब सुखदा नगर की नेत्री है। नगर में जाति-हित के लिए जो काम होता है, सुखदा के हाथों उसका श्रीगणेश होता है। कोई उत्सव हो, कोई परमार्थ का काम हो, कोई राष्ट्र का आन्दोलन हो, सुखदा का उसमें प्रमुख भाग होता है।···उसकी उपस्थिति किसी जलसे की सफलता की कुंजी है।···वह बोलने भी लगी है और उसके भाषण में चाहे भाषा चातुर्य न हो पर सच्चे उद्‌गार अवश्य होते हैं। शहर में कई सार्वजनिक संस्थाएँ हैं, कुछ सामाजिक, कुछ राजनैतिक, कुछ धार्मिक, सभी निर्जीव-सी पड़ी थीं। सुखदा के आते ही उनमें स्फूर्ति-सी आ गयी है। मादक वस्तु बहिष्कार सभा बरसों से बेजान पड़ी थी। न कुछ प्रचार होता था, न कोई संगठन। उसका मन्त्री एक दिन सुखदा को खींच ले गया। दूसरे ही दिन उस सभा की एक भजन-मंडली बन गयी, कई उपदेशक निकल आये, कई महिलाएँ घर-घर प्रचार करने के लिए तैयार हो गयीं और मुहल्ले-मुहल्ले में पंचायतें बनने लगीं।"[2]

सामाजिक आन्दोलन में प्रवेश करने के बाद सुखदा गरीबों के लिए मकान बनाने की योजना बनाती है। बड़े उत्साह से वह इस योजना को सफल बनाने में जुट जाती है। पर म्युनिसिपैलिटी जमीन देने को राजी नहीं होती। इस पर सुखदा नगर में हड़ताल करा देती है।[3] इस हड़ताल में उसका नेतृत्व गुण निखरकर सामने आता है।[4] हड़ताल को तोड़ने के लिए पुलिस उसे गिरफ्तार कर लेती है और वह जेल भेज दी जाती है।[5]

सुखदा के रूप में प्रेमचन्द ने समाज का नेतृत्व करने वाली आधुनिक नारी का प्रारूप प्रस्तुत किया है। यही वह काल है जब भारतीय नारियाँ राजनीति के क्षेत्र में सक्रिय रूप से भाग लेने लगीं और उनमें से कुछ देश की प्रसिद्ध नेता के रूप में विकसित हुईं।

सुखदा के गिरफ्तार होने पर उसके द्वारा आरम्भ किया गया आन्दोलन और भी तेज हो जाता है। जो स्त्रियाँ अभी अपने पुराने भारतीय रूप में दुबकी पड़ी थीं उनमें भी गजब का उत्साह आ जाता है और वे एक के बाद एक गिरफ्तारियाँ देने लगती हैं। सुखदा के जेल जाने के बाद बुढ़िया पठानिन आन्दोलन का नेतृत्व

---

1. कर्मभूमि, पृ० 210।
2. उपरिवत्, पृ० 213-14।
3. उपरिवत्, पृ० 12-13।
4. उपरिवत्।
5. उपरिवत्।

सँभालती है और गिरफ्तार होती है। उसके बाद रेणुका देवी जनता को सम्बोधित करती हुई गिरफ्तार होती हैं और अन्त में नैना का बलिदान तो इस संघर्ष को विजय में ही परिणत कर देता है। नैना जैसी शीलवान, परम्परागत मूल्यों में आस्था रखने वाली स्त्री का बीस हजार आदमियों के जुलूस का नेतृत्व करना एक अद्‌भुत दृश्य है।[1]

इस प्रसंग में मुन्नी के विद्रोह का उल्लेख भी आवश्यक है। गोरे सैनिक उसका शील हरण करते हैं। परम्परागत भारतीय नारी इस घटना के बाद आत्महत्या कर लेती। पर मुन्नी ऐसा नहीं करती। वह पहले तो गोरों की हत्या करती है और उसके बाद अपने घर से दूर एक हरिजनों की बस्ती में अज्ञातवास करने लगती है। वहाँ लगान को लेकर किसानों के आन्दोलन का नेतृत्व करती है और जेल जाती है।

इस प्रकार 'कर्मभूमि' में प्रेमचन्द ने स्त्री पात्रों को विभिन्न सामाजिक-राजनैतिक आन्दोलनों में भाग लेते और नेतृत्व करते प्रस्तुत कर 1930 के सत्याग्रह आन्दोलन के समय भारतीय नारी-जागरण के यथार्थ को बहुत प्रामाणिकता के साथ प्रस्तुत किया है।

उच्च वर्ग की नारी की पराधीनता और उसके विद्रोह का चित्रण प्रेमचन्द ने 'रंगभूमि' और 'गोदान' में किया है। 'रंगभूमि' की इन्दु एक राजा की पत्नी है, पर उसे किसी भी मामले में स्वतन्त्र निर्णय लेने का अधिकार नहीं है। वह सोफिया को, जो उसकी बाल-सहेली है, निमन्त्रित करके भी अपने घर नहीं ले जा पाती क्योंकि उसने इसके लिए पति से पूर्व अनुमति नहीं प्राप्त की है—और अपमानित होती है।[2] वह पति की अनुमति के बिना सेवासमिति के सदस्यों को विदाई देने नहीं जा सकती। अपनी विवशता में वह कहती है: "कहने को तो मैं रानी हूँ, लेकिन इतना भी अख्तियार नहीं कि घर से बाहर जा सकूँ। मुझसे तो लौंडियाँ ही अच्छी हैं।"[3] वह अपने पति के भय से सार्वजनिक कामों के लिए चन्दा देने में हिचकती है। पर शीघ्र ही उसका विद्रोह उभरकर सामने आता है और वह पति की अनुचित आज्ञाओं का विरोध करना आरम्भ करती है। वह बिना अपने पति की परवाह किए चन्दा देती है और सोचती है: "मेरा कर्त्तव्य है सत्कार्य में उनसे दबना। अगर कुविचार में पड़कर वह प्रजा पर अत्याचार करने लगें, तो मुझे उनसे मतभेद रखने का पूरा अधिकार है। बुरे कामों में उनसे दबना मनुष्य के पद

1. कर्मभूमि, पृ० 384।
2. रंगभूमि, पृ० 81।
3. उपरिवत्, पृ० 165।

से गिरे जाना है। मैं पहले मनुष्य हूँ, पत्नी, माता, बहन, बेटी पीछे।"[1] जब राजा महेन्द्र कुमार को यह बात मालूम होती है तो वे बहुत नाराज होते हैं और उसे अपमानित करते हैं।[2] वह अपनी स्थिति पर खिन्न है। "मानो मैं लौंडी हूँ, जब चाहते हैं, डाँट बना देते हैं। मुझे कोई काम करने की स्वाधीनता नहीं है। उन्हें अख्तियार है, जो चाहें करें। मैं उनके इशारों पर चलने के लिए मजबूर हूँ। कितनी अधोगति है।"[3] अन्ततः वह पति से पूर्णतः विद्रोह पर उतर आती है। उनके मना करने पर भी पाण्डेपुर जाती है, "जहाँ शासन और जनता में संघर्ष चल रहा है।"[4] विनय की मृत्यु हो जाने पर तो अपने पति के प्रति उसका विद्रोह भाव अत्यन्त उग्र हो जाता है। वह कहती है : "मैं अब उस प्राणी का मुँह न देखूँगी, जिसने मेरे वीर भाई की जान लेकर छोड़ी, और वह केवल अपने स्वार्थ के लिए।"[5]

पति द्वारा इन्दु के अपमानित होने का प्रसंग एक बार फिर आता है जब वह सूरदास की प्रतिमा के लिए चन्दा देती है। इन्दु इस पर भी अपना विद्रोह व्यक्त करती है : "आपके साथ विवाह हुआ है, कुछ आत्मा नहीं बेची है।"[6] इसके बाद वह पति से अलग हो जाती है और रानी जाह्नवी के समझाने पर भी वापस नहीं लौटती। पति की मृत्यु के बाद वह देशसेवा में जुट जाती है।

'गोदान' में एक बहुत गौण प्रसंग राय साहब की पुत्री मीनाक्षी और दामाद राजा दिग्विजय सिंह का है।[7] राय साहब मीनाक्षी का विवाह कुल-मर्यादा को अधिक महत्त्व देते हुए राजा दिग्विजय सिंह से कर देते हैं जो शराबी, ऐय्याश, मगरूर, स्वभाव का निर्दयी और कृपण है।[8] मीनाक्षी "ऐसे व्यक्ति का सम्मान दिल से न कर सकती थी। फिर पत्रों में स्त्रियों के अधिकारों की चर्चा पढ़-पढ़ कर उसकी आँखे खुलने लगती हैं। वह जनाना क्लब में आने-जाने लगी। वहाँ कितनी ही ऊँचे कुल महिलाएँ आती थीं, उनमें वोट और अधिकार और स्वाधीनता और नारी जागृति की खूब चर्चा होती थी, जैसे पुरुषों के विरुद्ध कोई षड्यन्त्र रचा जा

---

1. रंगभूमि, पृ० 352।
2. उपरिवत्, पृ० 356।
3. उपरिवत्, पृ० 358।
4. उपरिवत्, पृ० 493।
5. उपरिवत्, पृ० 503।
6. उपरिवत्, पृ० 534।
7. गोदान, 31वाँ परिच्छेद।
8. उपरिवत् पृ० 327।

रहा हो।"[1] मीनाक्षी अपने पति से अलग हो जाती है और अदालत में गुजारे का दावा कर देती है। पर उसका विद्रोह इतने से ही शमित नहीं होता। एक दिन वह हंटर लेकर दिग्विजय सिंह के बँगले पर पहुँचती है। वहाँ शोहदे जमा हैं और वेश्या का नाच हो रहा है। मीनाक्षी वहाँ पहुँचते ही उपस्थित लोगों पर हंटर बरसाने लगती है। दिग्विजय सिंह को भी पीटती है। इस घटना के बाद पति-पत्नी दोनों एक-दूसरे के खून के प्यासे हो जाते हैं।[2]

यह प्रसंग अपने अधिकारों के प्रति पूर्णतः सजग, प्राचीन नारी विषयक मान्यताओं से सर्वथा मुक्त, उग्र और विद्रोही भारतीय नारी का चित्र प्रस्तुत करता है। इन्दु और मीनाक्षी दोनों आधुनिक भारतीय नारी का प्रतिनिधित्व करती हैं। पर 'गोदान' में ही एक ऐसी उच्चवर्गीय नारी का चरित्र प्रस्तुत किया गया है जो इनसे सर्वथा भिन्न है। वह गोविन्दी है। वह अपने पति के द्वारा उपेक्षित है। उसके पति खन्ना एक बड़े उद्योगपति हैं और धन की कोई कमी नहीं है, फिर भी गोविन्दी का पारिवारिक जीवन सुखी नहीं है। खन्ना एक दूसरी स्त्री मालती से प्रेम करता है और गोविन्दी को अकारण अपमानित करता रहता है। कभी-कभी उसे पीट भी देता है।[3] पर गोविन्दी "उसी प्रेम और निष्ठा से पति की सेवा किये जाती है जैसे द्वेष और मोह जैसी भावनाओं को उसने जीत लिया है।"[4] खन्ना गोविन्दी को अपमानित करके दीवानखाने में मुजरे सुनता या क्लब में जाकर शराबें उड़ाता है, लेकिन "यह सब कुछ होने पर भी खन्ना उसके सर्वस्व थे। वह दलित और अपमानित होकर भी खन्ना की लौंडी थी···उनसे पृथक जीवन की वह कोई कल्पना ही न कर सकती थी।"[5] एक बार पति द्वारा अपमानित होने पर वह भी विद्रोह करती है और घर से निकल जाने का फैसला करती है, पर मेहता के समझाने पर पुनः अपने घर वापस लौट आती है।[6]

जब खन्ना की मिल जल जाती है और उनका दिवाला पिट जाता है, तब भी गोविन्दी का उनके प्रति वैसा ही प्रेम भाव बना रहता है, जैसा उनके धनवान होने पर था। वह उन्हें सच्ची सहानुभूति प्रदान करती है।[7] विपत्ति की घड़ियों

1. गोदान, पृ० 327।
2. उपरिवत्, पृ० 329।
3. उपरिवत्, पृ० 169, 194।
4. उपरिवत्, पृ० 191-192।
5. उपरिवत्, पृ० 192।
6. उपरिवत्, पृ० 108।
7. उपरिवत्, पृ० 296।

में वह खन्ना की सच्ची सहायिका बनती है। उसके अस्वस्थ होने की सूचना राय साहब को देते हुए प्रो० मेहता कहते हैं : "उसने खन्ना पर अपने को बलिदान कर दिया, उस पशु पर जिसने हमेशा उसे जलाया।"[1]

यह उल्लेखनीय है कि प्रेमचन्द ने इन्दु, मीनाक्षी, गोविन्दी तीनों को लेखकीय सहानुभूति प्रदान की है। लगता है, प्रेमचन्द का विवेक इन्दु और मीनाक्षी के साथ है पर उनके नारी विषयक परम्परागत संस्कार गोविन्दी के साथ हैं। इन्दु भी अपने पति से विद्रोह करने के लिए अपनी माँ रानी जाह्नवी से डाँट खाती है,[2] पर प्रेमचन्द स्वयं तटस्थ ही रहते हैं। किन्तु गोविन्दी के प्रति प्रेमचन्द की गहरी सहानुभूति दिखाई पड़ती है। नारी आदर्श के सम्बन्ध में प्रेमचन्द का यह अन्तर्विरोध खटकने वाला है।

प्रेमचन्द के उपन्यासों में निम्नवर्गीय नारी पात्र भी प्रचुर संख्या में हैं। प्रेमचन्द ने उनकी दशा का भी चित्रण किया है। यह तथ्य है कि निम्नवर्गीय नारी समाज में विधवा विवाह, परदा, सम्पत्ति के उत्तराधिकार आदि की कोई समस्या नहीं थी। अन्तर्जातीय विवाह की समस्या इतनी-भर थी कि जाति के बाहर विवाह करने वाले को बिरादरी को भोज देना पड़ता था, या पंचायत को दंड देना पड़ता था। 'गोदान' में झुनिया और गोबर के गन्धर्व विवाह की समस्या यही है। गोबर द्वारा झुनिया को घर में रख लेने पर बिरादरी उसके पिता होरी पर डाँड़ लगाती है, जिसे चुकाने में होरी बिक जाता है। मातादीन और सिलिया के प्रेम की समस्या यह है कि सिलिया के अभिभावक मातादीन के मुँह में हड्डी डालकर उसे चमार बना देते हैं ताकि वह सिलिया से विवाह करने को बाध्य हो। पर अन्त में दोनों जोड़े निर्बाध वैवाहिक जीवन बिताते हैं। भोला और नोहरी का विवाह कोई समस्या नहीं बनता।

निम्नवर्ग में दहेज की कोई समस्या नहीं होती, पर पिछड़ा वर्ग मध्यम वर्ग की देखादेखी इस समस्या का शिकार बन गया है। 'गोदान' में होरी अपनी बेटी के ब्याह के लिए कर्ज लेता है। पर प्रेमचन्द ने इस समस्या को अपने उपन्यासों में अधिक महत्त्व नहीं दिया है।

भारतीय निम्नवर्ग में भी सास द्वारा बहू पर और पति द्वारा पत्नी पर अत्याचार आम बात है। इस स्थिति का चित्रण प्रेमचन्द ने अपने उपन्यासों में किया है। 'रंगभूमि' में भैरो की पत्नी सुभागी अपनी सास के अत्याचार से पीड़ित है।[3] वह उसे नाना प्रकार के दुःख देती है। भैरो भी अपनी माँ का पक्ष लेकर

1. उपरिवत्, पृ० 324।
2. रंगभूमि, पृ० 503।
3. रंगभूमि, परिच्छेद्र 11।

सुभागी को पीटता है। सुभागी जान बचाने के लिये घर से भाग जाती है। सुभागी की कथा द्वारा प्रेमचन्द ने निम्नवर्गीय स्त्रियों पर पति और सास के अत्याचारों का यथार्थ चित्रण किया है।

ताहिर अली के परिवार में कुलसूम पर उसकी सौतेली सासों का अत्याचार भी इसी प्रकार का है।[1] फर्क इतना ही है कि ताहिर अली अपनी पत्नी पर कोई अत्याचार नहीं करते। स्वयं कुलसूम इतनी भली है कि अपनी सासों की कपट लीलाओं को जानते हुए भी पति से विद्रोह नहीं करती।

पत्नियों पर पतियों के अत्याचार के उदाहरण 'गोदान' में भी मिलते हैं। हीरा अपनी पत्नी पुनिया को पीटता है और होरी भी धनिया को पीटने से बाज नहीं आता। "धनिया एक प्रारूपिक किसान पत्नी है, गरीबी की मार से बुरी तरह पिटी हुई, जीवन की साधारण सुविधाओं से भी वंचित, घर में और घर के बाहर भी, दिन-रात खटने और अभावों के बीच जीने वाली असमय वृद्ध भारतीय कृषक नारी।"[2] वह कुल-मर्यादा की परवाह न कर गर्भवती झुनिया को शरण देती है और पुरोहित दातादीन को करारा जवाब देती है: "वही काम बड़े-बड़े करते हैं, मुदा उनसे कोई नहीं बोलता, उन्हें कलंक नहीं लगता। वही काम छोटे आदमी करते हैं तो उनकी मरजाद बिगड़ जाती है, नाक कट जाती है। बड़े आदमियों को अपनी नाक दूसरों की जान से प्यारी होगी, हमें तो अपनी नाक इतनी प्यारी नहीं।"[3] धनिया मातादीन-सिलिया प्रसंग में भी सिलिया का पक्ष लेती है। वह होरी से कहती है: "इसको मतई ने बेधरम किया तब तो किसी को बुरा न लगा। अब तो मतई बेधरम हो गये, तो क्यों बुरा लगता है? क्या सिलिया का धरम, धरम ही नहीं। रखी तो चमारिन, उस पर नेमी धर्मी बनते हैं। बड़ा अच्छा किया हरखू चौधरी ने। ऐसे गुंडों की यही सही सजा है।'[4]

शोषणपूर्ण सामाजिक व्यवस्था के प्रति भी धनिया के मन में तीव्र विद्रोह का भाव है। वह जमींदार की खुशामद करना, उसके तलवे सहलाना पसन्द नहीं करती।[5] जब थानेदार और गाँव के पंच मिलकर होरी से तीस रुपये ठगना चाहते हैं तो धनिया जबर्दस्त विरोध करती है और रुपये नहीं देने देती। वह दारोगा को भी लताड़ती है।[6] पंचों की खबर लेते हुए वह कहती है: "...ये हत्यारे गाँव के

1. रंगभूमि, परिच्छेद 10, 36।
2. डॉ० गोपाल, गोदान: नया परिप्रेक्ष्य, पृ० 131।
3. गोदान, पृ० 128।
4. उपरिवत्, पृ० 257।
5. उपरिवत्, पृ० 9।
6. उपरिवत्, पृ० 117।

मुखिया हैं, गरीबों का खून चूसने वाले। सूद-ब्याज, डेढ़ी-सवाई, नजर-नजराना, घूस-घास जैसे भी हो, गरीबों को लूटो। उस पर सुराज चाहिए। जेल जाने से सुराज न मिलेगा। सुराज मिलेगा धरम से, न्याय से।"[1]

जब पंचायत होरी पर डाँड़ लगाती है और वह खलिहान का अनाज स्वयं ढोकर पंचों के यहाँ पहुंचा रहा है तो धनिया इसे बर्दाश्त नहीं करती। वह 'दाँत कटकटाकर कहती है : "मैं न एक दाना अनाज दूंगी, न एक कौड़ी डाँड़। जिसमें बूता हो, चलकर मुझसे ले। अच्छी दिल्लगी है।···हमें नहीं रहना है बिरादरी में। बिरादरी में रहकर हमारी मुकुत न हो जाएगी। अब भी अपने पसीने की कमाई खाते हैं, तब भी अपने पसीने की कमाई खाएँगे।"[2] धनिया का यह साहस और अन्याय के विरुद्ध सिर न झुकानेवाली युयुत्सा तत्कालीन जागृत नारी के चरित्र के जुझारूपन को प्रस्तुत करती है।

किन्तु, जैसा हम बीच-बीच में संकेत करते आये हैं, प्रेमचन्द की आदर्श भारतीय नारी विषयक धारणा तर्कसंगत नहीं है। यद्यपि उन्होंने अपने सम्पादकीय लेखों और टिप्पणियों में नारी-शिक्षा, नारी-स्वतन्त्रता, नारी-अधिकार, स्त्री-पुरुष के लिए वैवाहिक नियमों की समानता, तलाक आदि की वकालत की है,[3] पर वे सन्तान निग्रह के कृत्रिम उपायों, स्त्रियों की शृंगारिक कविताएँ पढ़ाये जाने आदि का विरोध करते हैं।[4] इसके साथ ही वे स्त्री को 'कुलदेवी', 'माता' आदि मानते हैं और उनके लिए एक विशेष आचरण संहिता निर्धारित करते हैं। यह अन्तर्विरोध उनके उपन्यासों में बहुत स्पष्टता के साथ प्रकट हुआ है। प्रेमचन्द का अन्तिम और सर्वश्रेष्ठ उपन्यास 'गोदान' माना जाता है और इसी में उनका यह अन्तर्विरोध भी सबसे अधिक मुखर है। 'गोदान' में प्रो० मेहता मिर्जा से कहते हैं : "मेरे जेहन में औरत वफा और त्याग की मूर्ति है, जो अपनी बेजबानी से, अपनी कुर्बानी से, अपने को बिल्कुल मिटाकर पति की आत्मा का एक अंश बन जाती है। देह पुरुष की रहती है, पर आत्मा स्त्री की होती है। आप कहेंगे, मर्द अपने को क्यों नहीं मिटाता ? औरत ही से क्यों इसकी आशा करता है ? मर्द में वह सामर्थ्य ही नहीं है। वह अपने को मिटायेगा, तो शून्य हो जायेगा। वह किसी खोह में जा बैठेगा और सर्वात्मा में मिल जाने का स्वप्न देखेगा।···स्त्री पृथ्वी की भाँति धैर्यवान है, शान्तिसम्पन्न है, सहिष्णु है। पुरुष में नारी के गुण आ जाते हैं, तो वह महात्मा बन जाता है। नारी में पुरुष के गुण आ जाते हैं तो वह कुलटा

1. गोदान, पृ० 118।
2 उपरिवत् पृ० 131।
3. विविध प्रसंग, भाग 3, पृ०249-50, 254, 260।
4. उपरिवत्, पृ० 249-50, 263।

बन जाती है।"[1] 'गोदान' के पन्द्रहवें परिच्छेद में मेहता के भाषण से नारी-आदर्श का जो रूप सामने आता है उसके अनुसार नारी देवी, माता, त्याग और श्रद्धा की मूर्ति है। वे अपने भाषण के क्रम में कहते हैं : "स्त्री को पुरुष के रूप में, पुरुष के कर्म में रत देखकर मुझे उसी तरह वेदना होती है, जैसे पुरुष को स्त्री के रूप में, स्त्री के कर्म करते देखकर।...मैं प्राणियों के विकास में स्त्री के पद को पुरुषों के पद से श्रेष्ठ समझता हूँ[2]...मैं उन लोगों में नहीं हूँ, जो कहते हैं कि स्त्री और पुरुष में समान शक्तियाँ हैं, समान प्रवृत्तियाँ हैं, और उनमें कोई विभिन्नता नहीं है...स्त्री पुरुष से उतनी ही श्रेष्ठ है, जितना प्रकाश अँधेरे से। मनुष्य के लिए क्षमा और त्याग और अहिंसा जीवन के उच्चतम आदर्श हैं। नारी इस आदर्श को प्राप्त कर चुकी है।[3]...क्या आप समझती हैं, वोटों से मानव जाति का उद्धार होगा, या दफ्तरों और अदालतों में जबान और कलम चलाने से? इन नकली, अप्राकृतिक, विनाशकारी अधिकारों के लिए आप वह अधिकार छोड़ देना चाहती हैं, जो आपको प्रकृति ने दिये हैं?...वोट नये युग का मायाजाल है, मरीचिका है, कलंक है, धोखा है, उसके चक्कर में पड़कर आप न इधर की होंगी, न उधर की।[4]...संसार में सबसे बड़े अधिकार सेवा और त्याग से मिलते हैं और वह आपको मिले हुए हैं। उन अधिकारों के सामने वोट कोई चीज नहीं।...पश्चिम की स्त्री स्वच्छन्द होना चाहती है. इसलिए कि वह अधिक से अधिक विलास कर सके। हमारी माताओं का आदर्श कभी विलास नहीं रहा। उन्होंने केवल सेवा के अधिकार से सदैव गृहस्थी का संचालन किया है।[5]...जिसे तुम प्रेम कहती हो, वह धोखा है, उद्दीप्त लालसा का विकृत रूप, उसी तरह जैसे संन्यास केवल भीख माँगने का संस्कृत रूप है।"[6] मेहता अन्यत्र कहते हैं : "नारी केवल माता है, और उसके उपरान्त वह जो कुछ है, वह सब मातृत्व का उपक्रम मात्र।"[7]

मेहता के इन विचारों की असंगतियाँ और तर्कहीनता स्पष्ट है। नारी विषयक यह धारणा अवैज्ञानिक, रोमानी और आदर्शवादी है। प्रश्न है कि इन विचारों को प्रेमचन्द के विचार माना जाए या नहीं? प्रेमचन्द के 'हंस' (जनवरी, 1931,

1. गोदान, पृ० 150।
2. उपरिवत्, पृ० 162।
3. उपरिवत्, पृ० 163।
4. उपरिवत्, पृ० 165।
5. उपरिवत्, पृ० 166।
6. उपरिवत्, पृ० 167।
7. उपरिवत, पृ० 202।

फरवरी, 1931 और दिसम्बर, 1932) की सम्पादकीय टिप्पणियों में व्यक्त नारी विषयक विचार मेहता के उपर्युक्त विचारों से मेल नहीं खाते।[1] पर उनके द्वारा अन्यत्र व्यक्त किये गये विचारों[2] की ध्वनि स्पष्ट रूप से सुनाई पड़ती है। श्रेष्ठ उपन्यासकार अपने किसी औपन्यासिक पात्र को अपना पूर्ण प्रवक्ता नहीं बनने देता। प्रेमचन्द भी मेहता को अपना प्रवक्ता नहीं बनाते। यह मानने में कोई आपत्ति नहीं कि मेहता के विचारों की असंगतियों और तर्काभास उनके अपने हैं, पर उनमें प्रेमचन्द का वैचारिक अन्तर्विरोध भी मिला हुआ है, इससे भी इनकार नहीं किया जा सकता। इसका एक आधार यह भी है कि प्रेमचन्द ने अपने किसी पात्र से इन विचारों का खंडन नहीं कराया है। इसका दूसरा आधार यह है कि अपने अन्य उपन्यासों में भी प्रेमचन्द ने इस तरह के विचार विभिन्न पात्रों से व्यक्त कराये हैं। उदाहरण के लिए 'कर्मभूमि' में प्रो० शान्तिकुमार कहते हैं: "पुरुष में थोड़ी-सी पशुता होती है, जिसे वह इरादा करके भी हटा नहीं सकता। वही पशुता उसे पुरुष बनाती है। विकास के क्रम में वह स्त्री के पीछे है। जिस दिन वह पूर्ण विकास को पहुँचेगा, वह भी स्त्री हो जाएगा।"[3]

इससे भी अधिक महत्त्व की बात यह है कि प्रेमचन्द के उपन्यासों के स्त्री पात्र इस विचारधारा के समक्ष झुकते हुए, इसे स्वीकार करते हुए, दिखाये गये हैं। 'सेवासदन' की सुमन अपनी असहायता और विद्रोह की मुद्रा में वेश्यावृत्ति अपना तो लेती है, पर आदर्शवाद के एक ही धक्के में पराजित हो जाती है। जब विट्ठलदास उसके यहाँ जाकर हिन्दू स्त्री का ऊँचा आदर्श सामने रखते हैं तो उसकी आँखें 'सजल' हो जाती हैं और वह लज्जा से सिर नहीं उठा पाती।[4] वह वेश्यावृत्ति त्यागकर सेवा, त्याग और आत्मबलिदान का जीवन अपनाने को तैयार हो जाती है। वेश्यालय से निकलने के बाद सुमन का जीवन उसी आदर्श पर चलता है जिसका प्रतिपादन प्रो० मेहता के विचारों से होता है। सुमन की बहन शान्ता का जीवन तो उस आदर्श का जीता-जागता नमूना ही है। वह सेवा और त्याग की मूर्ति तो है ही, पातिव्रत्य का भी जीता-जागता नमूना है। सुमन की बहन होने के कारण उसके द्वार पर आयी हुई बारात लौट जाती है, पर शान्ता सदन को मनसा पति रूप में वरण कर चुकी है और किसी भी दशा में किसी अन्य को वह पति रूप में स्वीकार नहीं कर सकती।[5] वह निश्चय करती है कि यदि

1. द्रष्टव्य प्रस्तुत शोध-प्रबन्ध।
2. उपरिवत्।
3. कर्मभूमि, पृ० 299।
4. सेवासदन, पृ० 86।
5. उपरिवत् पृ० 231।

उसके पुनर्विवाह का आयोजन किया गया तो वह आत्महत्या कर लेगी।[1] इसके बाद वह बहुत सारे कष्ट सहती है पर जिस पुरुष को उसने पति रूप में स्वीकार कर लिया है, उसके अतिरिक्त किसी अन्य को अपने जीवन में नहीं आने देती।

'प्रेमाश्रम' की श्रद्धा (प्रेमशंकर की पत्नी) 'धर्म' और पातिव्रत्य के द्वन्द्व का शिकार है। वह उन सारी विशेषताओं से युक्त है जिन्हें प्रो० मेहता आदर्श भारतीय नारी के लिए आवश्यक मानते हैं। वह पति के लिए अपने को मिटा डालती है। प्रेमशंकर सामाजिक रूढ़ियों की उपेक्षा करके अमेरिका जाते हैं और वर्षों बाद वापस लौटते हैं। विदेश यात्रा के 'पाप' के कारण समाज और परिवार उन्हें जाति बहिष्कृत कर देता है। श्रद्धा भी अपने वैचारिक पिछड़ेपन के कारण उन्हें विधर्मी मानकर उनके साथ सम्पर्क नहीं करती, पर उसका पातिव्रत्य अक्षुण्ण है। उसके लिए जीवन का एक ही मूल्य है 'पातिव्रत्य' जिसके लिए वह संसार की किसी वस्तु, किसी भी मूल्य को न्योछावर कर सकती है।[2] 'त्याग, विनय, दया और सतीत्व' उसके चरित्र की अन्यतम विशेषताएँ हैं।[3] अन्ततः वह अपने रूढ़ संस्कारों से भी मुक्त हो जाती है और पति के प्रति पूर्ण समर्पित हो जाती है।

प्रेमचन्द का यह नारी विषयक आदर्श 'गोदान' में सर्वाधिक मुखर है। मालती-मेहता, खन्ना-गोविन्दी की उपकथा वस्तुतः इसी का प्रतिपादन करती है। 'मालती' को प्रेमचन्द आधुनिक नारी के प्रतीक रूप में प्रस्तुत करते हैं। उसका परिचय देते हुए लिखते हैं : "···गात कोमल पर चपलता कूट-कूट कर भरी हुई। झिझक या संकोच का कहीं नाम नहीं, मेकअप में प्रवीण, बला की हाजिर जवाब, पुरुष मनोविज्ञान की अच्छी जानकार, आमोद-प्रमोद को जीवन का तत्त्व समझने वाली, लुभाने और रिझाने की कला में निपुण। जहाँ आत्मा का स्थान है, वहाँ प्रदर्शन, जहाँ हृदय का स्थान है, वहाँ हाव-भाव, मनोद्‌गारों का कठोर निग्रह जिसमें इच्छा या अभिलाषा का लोप-सा हो गया।"[4]

इस वर्णन से 'आधुनिक' नारी के प्रति प्रेमचन्द का विपरीत भाव स्पष्टतः आभासित है। वे इस 'आधुनिक' नारी को 'गोदान' में ठोक-पीटकर 'आदर्श भारतीय नारी' में बदलते हैं। इसके लिए वे पहले मालती का प्रो० मेहता से प्रेम कराते हैं। मेहता के नारी आदर्श-सम्बन्धी विचारों से हम परिचित हो चुके हैं। प्रो० मेहता अपने व्यवहार और बातों से बिलकुल स्पष्ट कर देते हैं

1. सेवासदन, पृ० 233।
2. प्रेमाश्रम, पृ० 179।
3. उपरिवत्, पृ० 205।
4. गोदान, पृ० 260।

कि जब तक मालती आदर्श भारतीय नारी नहीं बन जाती तब तक वे उससे विवाह नहीं कर सकते। वे एक जंगली जाति की लड़की के सेवाभाव से मुग्ध होकर मालती से कहते हैं कि "कुछ बातें तो उसमें ऐसी हैं कि अगर तुममें होतीं तो तुम सचमुच देवी हो जातीं।"[1] मालती समझ जाती है कि बिना मेहता के नारी-आदर्श को अपनाए उन्हें प्राप्त करना कठिन है। मालती तुरन्त मेहता के नारी आदर्शों को स्वीकार कर लेती है और रातों-रात बदल जाती है। वही मालती "जो खुद कभी अपने जूते न पहनती थी, जो खुद कभी बिजली का बटन तक न दबाती थी, विलास और विनोद ही जिसका जीवन था" अपने हाथों खाना बनाकर प्रो० मेहता को दावत पर बुलाती है।[2] अब वह अक्सर गरीबों के घर बिना फीस लिए ही मरीजों को देखने चली जाती है। गरीब मरीजों के प्रति उसके व्यवहार में कोमलता आ जाती है।[3] अब वह मेहता के साथ-साथ आस-पास के गाँवों में भी जाती है और अपढ़, गरीब, गन्दी, ग्रामीण स्त्रियों के साथ घुल-मिल जाती है। इस प्रकार मेहता को पति रूप में प्राप्त करने के लिए मालती अपने को उनके आदर्शों के अनुरूप ढाल लेती है। मालती का यह चरित्र-परिवर्तन यथार्थ नहीं बन सका है। वस्तुतः कथाकार ने उसके चरित्र को अपने विचारों के प्रतिपादन का माध्यम बना दिया है।

कुल मिलाकर हम इस निष्कर्ष पर पहुँचते हैं कि प्रेमचन्द ने अपने उपन्यासों में समकालीन भारतीय नारी की अशिक्षा, असहायता और पिछड़ेपन का बहुत यथार्थ चित्र प्रस्तुत किया है। इसके साथ ही उन्होंने नारी को अपनी दयनीय स्थिति से मुक्त होने के लिए विद्रोह करते भी चित्रित किया है। नमक सत्याग्रह के समय भारत में जो नारी जागरण हुआ उसकी भी अच्छी तस्वीर प्रेमचन्द के उपन्यासों में देखने को मिलती है। यों प्रेमचन्द अधिकतर मध्यवर्ग की स्त्रियों को ही अपनी परिस्थितियों से विद्रोह करते और स्वाधीनता संग्राम में भाग लेते दिखाते हैं, पर उच्च और निम्न वर्ग की नारियों के विद्रोह का चित्रण भी वे यत्र-तत्र करते हैं जिससे यह यथार्थ सामने आता है कि भारतीय नारी अब विद्रोह के मार्ग पर प्रयाण करने को तैयार है।

पर प्रेमचन्द का परम्परागत नारी विषयक संस्कार उनकी विचारधारा को अन्तर्विरोध ग्रस्त कर देता है। वे नारी और पुरुष के अधिकारों की समानता, विवाह और सामान्य जीवनचर्या में नारी की स्वतन्त्रता, तलाक आदि का समर्थन करके भी अपने उपन्यासों में पात्रों के चरित्र द्वारा उनका प्रत्याख्यान करा देते हैं। इस प्रकार का अन्तर्विरोध आलोचनात्मक यथार्थवाद की नियति होता है। प्रेमचन्द भी इससे मुक्त नहीं हैं।

---

1. गोदान, पृ० 89।
2. उपरिवत्, पृ० 292।
3. उपरिवत्, पृ० 309।

5
समकालीन धार्मिक-साम्प्रदायिक यथार्थ और प्रेमचन्द

प्रेमचन्द के बारे में कहा जाता है कि वे धार्मिक-साम्प्रदायिक आडम्बरों के, कबीर के बाद, सबसे बड़े आलोचक हैं। इस कथन में सच्चाई है। अपने प्रथम उर्दू उपन्यास 'असरारे मआविद उर्फ देवस्थान रहस्य' (1903) में तो प्रेमचन्द (धनपत राय) ने मन्दिरों में महन्तों के विलासमय कुत्सित जीवन के वर्णन को ही केन्द्रीय विषय बनाया है। धर्म की आड़ में मन्दिरों में फैले व्यभिचार, विलास और पाखंड का चित्रण ही उपन्यास का मुख्य उद्देश्य है, यद्यपि वेश्याओं और चरित्रहीन स्त्रियों के कपटाचरण का वर्णन भी प्रसंगवश उपन्यास में आ गया है। समूचे उपन्यास में कथाकार की भूमिका समाज सुधारक और आलोचक की है, "जिसके परिणामस्वरूप उपन्यास में जीवन के विश्वसनीय चित्रण का आग्रह कम, हिन्दू समाज का अतिरंजित वर्णन प्रमुख हो गया है।"[1] 'प्रेमा' (1907) में भी प्रेमचन्द (नवाब राय बनारसी) ने एक गौण प्रसंग के रूप में मन्दिरों और गंगा के घाटों पर होने वाले व्यभिचार का वर्णन किया है।[2] 'सेवासदन' (1918) में एक महन्त जमींदार, महन्त रामदास, के धार्मिक आडम्बरों और धर्म के नाम पर गरीब किसानों के शोषण का संक्षिप्त पर अत्यन्त व्यंग्यपूर्ण चित्रण किया गया है।[3] कथाकार के शब्दों में "उनके यहाँ सारा कारोबार 'श्री बाँके बिहारी जी' के नाम पर होता था। श्री बाँके बिहारी जी लेन-देन करते थे और 32) सैकड़े से कम सूद न लेते थे। वही मालगुजारी वसूल करते थे, वही रेहननामे बैनामे लिखते थे। श्री बाँके बिहारी जी की रकम दबाने का किसी को साहस न होता था और न अपनी रकम के लिए कोई दूसरा उनसे कड़ाई कर सकता था। श्री बाँके बिहारी

1. डॉ० गोपाल, गोदान : नया परिप्रेक्ष्य, पृ० 1।
2. प्रेमा, सातवाँ अध्याय [अमृतराय, (सं०) मंगलाचरण]।
3. सेवासदन, द्वितीय परिच्छेद।

जी को रुष्ट करके उस इलाके में रहना कठिन था। महन्त रामदास के यहाँ दस-बीस मोटे-ताजे साधु स्थायी रूप से रहते थे। वह अखाड़े में दंड पेलते, भैंस का ताजा दूध पीते, सन्ध्या को दूविधा भंग छानते और गाँजे-चरस की चिलम तो कभी ठंडी न होने पाती थी।···महन्त जी का अधिकारियों में खूब मान था। श्री बाँके बिहारी जी उन्हें खूब मोतीचूर के लड्डू और मोहनभोग खिलाते थे। उनके प्रसाद से कौन इनकार कर सकता था! ठाकुर जी संसार में आकर संसार की रीति पर चलते थे।"[1]

इस उदाहरण में व्यंग्य का पैनापन कबीर की ही याद दिलाता है। 'श्री बाँके बिहारी जी' हिन्दू धर्म में भगवान के अवतार तथा प्रेम, लीला, करुणा और लोक-रक्षा के देवता माने जाते हैं। प्रत्येक धार्मिक हिन्दू की 'श्री बाँके बिहारी जी' में गहरी श्रद्धा होती है। पर पाखंडी महन्तों के यहाँ ये श्री बाँके बिहारी जी शोषक महाजन, क्रूर जमींदार और हलके खुशामदी व्यक्ति का रूप ग्रहण कर लेते हैं। साधु की कल्पना हिन्दू धर्म में वैसे व्यक्ति के रूप में की जाती है जो सादगी और सदाचार की जिन्दगी बिताता हुआ लोकसेवा में निरत रहता है। पर महन्त रामदास के यहाँ पलने वाले साधु तर माल खाते हैं, नशे का सेवन करते हैं और जनता पर अत्याचार करते हैं। धार्मिक बाह्याडम्बर और धर्म के नाम पर किये जाने वाले शोषण का चित्रण प्रेमचन्द ने निम्न पंक्तियों में किया है :

"महन्त रामदास जब अपने इलाके की निगरानी करने निकलते तो उनका जुलूस राजसी ठाट-बाट के साथ चलता था। सबके आगे हाथी पर श्री बाँके बिहारी जी की सवारी होती थी, उसके पीछे पालकी पर महन्त जी चलते थे, उसके बाद साधुओं की सेना घोड़ों पर सवार, राम-नाम के झंडे लिए अपनी विचित्र शोभा दिखाती थी। ऊँटों पर छोलदारियाँ, डेरे-शामियाने लदे रहते थे, यह दल जिस गाँव में जा पहुँचता था उसकी शामत आ जाती थी।"[2]

साधुओं का समाज और स्वयं भगवान जिस गाँव में पहुँचें, वहाँ शामत आ जाए, धार्मिक आडम्बर की इससे बड़ी आलोचना और क्या हो सकती है!

प्रेमचन्द ने इस प्रसंग को एक घटना द्वारा और भी धारदार तथा व्यंग्यात्मक बना दिया है। महन्त जी तीर्थयात्रा से लौटने के बाद यज्ञ का आयोजन करते हैं। इस यज्ञ के खर्च के लिए महन्त जी प्रत्येक आसामी पर हल पीछे पाँच रुपया चन्दा बाँध देते हैं। आसामी यह चन्दा देने के लिए बाध्य हैं। कोई 'खुशी' से ही दे देता है, कोई उधार लेकर और जिसे उधार नहीं मिलता उसे 'रुक्का' लिखना पड़ता है। इसके बाद का वर्णन कथाकार के ही शब्दों में : "श्री बाँके बिहारी जी

1. सेवासदन, पृ० 8।
2. उपरिवत्, पृ० 9।

की आज्ञा को कौन टाल सकता था ! यदि ठाकुरजी को हार माननी पड़ी तो केवल एक अहीर से जिसका नाम चेतू था। वह बूढ़ा दरिद्र आदमी था। कई साल से उसकी फसल खराब हो रही थी। थोड़े ही दिन हुए श्री बाँके बिहारी जी ने उस पर इजाफा लगान का नालिश करके उसे ऋण के बोझ से और भी दबा दिया था। उसने यह चन्दा देने से इनकार किया। यहाँ तक कि रुक्का भी न लिखा। ठाकुर जी ऐसे द्रोही को भला कैसे क्षमा करते ? एक दिन कई महात्मा चेतू को पकड़ लाये। चेतू भी बिगड़ा। हाथ तो बाँधे हुए थे, मुँह से लात, घूँसे का जवाब देता रहा और जब तक जबान बन्द न हो गयी, चुप न हुआ। इतना कष्ट देकर भी ठाकुर जी को सन्तोष न हुआ। उसी रात को उसके प्राण हर लिए।"[1]

इस अवतरण का एक-एक वाक्य पैने व्यंग्य से धारदार बन गया है। बाँके बिहारी जी खुद भी 'अहीर' थे अतः चेतू अहीर से उनका हार मानना, कुछ दिन पूर्व उस पर इजाफा लगान दायर करके उसे ऋण के बोझ से और भी दबा देना, चन्दा न देने पर अपने 'महात्माओं' से उसे पिटवाना और अन्त में उसके प्राण 'हर लेना'...इस श्री बाँके बिहारी जी के क्या कहने हैं। सचमुच व्यंग्य में प्रेमचन्द कबीर के बाद दूसरे स्थान पर आते हैं।

'सेवासदन' के श्री बाँके बिहारी जी, 'कर्मभूमि' (1932) में ठाकुर जी के रूप में अवतरित होते हैं। 'कर्मभूमि' के महन्त जी ठाकुरजी के भक्त हैं और जमींदारी ठाकुर जी के ही नाम पर है। प्रेमचन्द 'कर्मभूमि' में भी धार्मिक बाह्याडम्बर और धर्म के नाम पर जनता के शोषण का चित्रण करते हैं। कथाकार के शब्दों में—"ठाकुर द्वारे में कोई-न-कोई उत्सव होता ही रहता था। कभी ठाकुर जी का जन्म है, कभी ब्याह है, कभी यज्ञोपवीत है, कभी झूला है, कभी जल-विहार है। आसामियों को इन अवसरों पर बेगार देनी पड़ती थी, भेंट-न्योछावर, पूजा-चढ़ावा आदि नामों से दस्तूरी चुकानी पड़ती थी, लेकिन धर्म के मुआमले में कौन मुँह खोलता ? धर्म संकट सबसे बड़ा संकट है।"[2]

इस उद्धरण में धार्मिक बाह्याडम्बर और धर्म के नाम पर जनता के शोषण पर तो व्यंग्य प्रहार है ही, प्रेमचन्द इस शोषण के एक और रहस्य का भी उद्घाटन करते हैं। गाँवों के अल्पसंख्यक 'ब्राह्मण-क्षत्रिय' महन्त जी के समर्थक हैं, क्योंकि "किसी-न-किसी रूप में वे सभी महन्तजी के सेवक हैं।"[3] 'ठाकुरजी' केवल गरीबों के दुश्मन हैं, जिन्हें गोस्वामी तुलसीदास ने 'गरीब नेवाज' और रहीम ने 'दीन के नाथ' कहा ! यह व्यंग्य बड़ा पैना है।

---

1. सेवासदन, पृ० 9।
2. कर्मभूमि, पृ० 286।
3. उपरिवत्।

'कर्मभूमि' के पाँचवें परिच्छेद (भाग 4) में महन्त जी की शान-शौकत का वर्णन है। वे सोने की कुर्सी पर बैठते हैं, जिस पर मखमली गद्दा लगा हुआ है। "उनके इर्द-गिर्द भक्तों की भीड़ लगी हुई है, जिसमें महिलाओं की संख्या ही अधिक है।···महन्त जी पूरे छह फीट के विशालकाय सौम्य पुरुष थे। अवस्था कोई पैंतीस वर्ष की थी। गोरा रंग, दुहरी देह, तेजस्वी मूर्ति, वस्त्र काषाय तो थे, किन्तु रेशमी। वह पाँव लटकाये बैठे हुए थे। भक्त लोग जाकर उनके चरणों को आँखों से लगाते थे, पूजा चढ़ाते थे, और अपनी जगह पर आ बैठते थे।"[1] अशिक्षित और धार्मिक रूढ़ियों में जकड़ी जनता की अन्ध श्रद्धा का यह बड़ा सजीव वर्णन है। महन्त जी से मिलना लोगों के लिए उतना ही मुश्किल है जितना किसी राजा से। उनसे मिलने के लिए नजराना देना जरूरी है, जो "कम से कम एक असर्फी" है। महन्त जी का मठ वैभव और ऐश्वर्य का जीता-जागता नमूना है। इसका वर्णन प्रेमचन्द ने 'कर्मभूमि' के चौथे भाग के पाँचवें परिच्छेद मे किया है। इसे देखकर गाँव का एक अपढ़ किसान कहता है: "भगवान का दरबार है। जो संसार को पालता है, उसे किस बात की कमी है।"[2] ठाकुरजी रोज दूध से स्नान करते हैं। "पाँच-पाँच मन दूध उनके स्नान को तीन बार रोज चाहिए, भंडारे के लिए अलग।"[3] उधर किसानों को दोनों शाम रोटी भी नहीं मिलती। मठ में रहने वाले पंडे-पुजारियों के चरित्र पर गूदड़ चमार की टिप्पणी है: "···अब देखो भगवान की आरती हो रही है और हम भीतर नहीं जा सकते। यहाँ के पंडों-पुजारियों के चरित्र सुनो, तो दाँतों उंगली दबा लो, पर वे यहाँ के मालिक हैं, और हम भीतर कदम नहीं रख सकते।"[4] किसानों की फरियाद लेकर आये अमरकान्त को महन्त जी के दर्शन के लिए दो-तीन दिन दौड़ लगानी पड़ती है, जबकि किसी 'रानी' को उनके दर्शन आनन-फानन में हो जाते हैं। मठ के साधु रात को 'शयन का दूध' बेचते हैं और उसके पैसे से गाँजा-चरस पीते हैं। अमर को मठ में होने वाले खर्च पर आश्चर्य होता है, पर गूदड़ भक्तिभाव से कहता है: "भगवान देते हैं और क्या। उन्हीं की महिमा है।"[5] अन्ततः अमरकान्त की मुलाकात महन्त जी से हो जाती है। क्या शान है! "दोपहर का समय था। महन्त जी खसखाने में एक तख्त पर मसनद लगाये लेटे हुए थे। चारों तरफ खस की टट्टियाँ थीं, जिस पर गुलाब का छिड़काव हो रहा था। बिजली

1. कर्मभूमि, पृ० 295।
2. उपरिवत्, पृ० 296।
3. उपरिवत्, पृ० 297।
4. उपरिवत्।
5. उपरिवत्, पृ० 298।

के पंखे चल रहे थे। अन्दर इस जेठ के महीने में इतनी ठंडक थी, कि अमर को सर्दी लगने लगी।"[1]

यह वैभव और विलास धर्म के नाम पर कितना बड़ा धोखा है, प्रेमचन्द यही कहना चाहते हैं।

महन्तों, मंदिरों के पंडों-पुजारियों और पुरोहितों के भ्रष्ट आचरण और धार्मिक पाखंड का चित्रण प्रेमचन्द ने अनेकत्र किया है। 'सेवासदन' की सुमन रामनवमी के दिन एक बड़े मंदिर में जन्मोत्सव देखने जाती है। वहाँ वेश्या का नृत्य और गायन हो रहा है। सुमन देखती है कि "सभा में एक-से-एक बड़े आदमी बैठे हुए हैं, कोई वैष्णव तिलक लगाये, कोई भस्म रमाये, कोई गले में कंठी-माला डाले और रामनाम की चादर ओढ़, कोई गेरुए वस्त्र पहने। उनमें से कितनों को सुमन नित्य गंगा-स्नान करते देखती है। वह उन्हें धर्मात्मा, विद्वान समझती थी। वही लोग यहाँ इस भाँति तन्मय हो रहे थे, मानो स्वर्गलोक पहुँच गए हों। भोली जिसकी ओर कटाक्षपूर्ण नेत्र से देखती थी वह मुग्ध हो जाता था, मानो साक्षात् राधाकृष्ण के दर्शन हो गये।"[2] सुमन जब इसका उल्लेख गजाधर से करती है तो वह उत्तर देता है : "आजकल धर्म तो धूर्तों का अड्डा बना हुआ है। इस निर्मल सागर में एक-से-एक मगरमच्छ पड़े हुए हैं। भोले-भाले भक्तों को निगल जाना उनका काम है। लम्बी-लम्बी जटाएँ, लम्बे-लम्बे तिलक-छापे और लम्बी-लम्बी दाढ़ियाँ देखकर लोग धोखे में आ जाते हैं, पर वह सबके सब पाखंडी, धर्म के नाम को कलंकित करने वाले, धर्म के नाम पर टका कमाने वाले, भोग-विलास करने वाले पापी हैं।"[3]

गजाधर की इस आवाज में प्रेमचन्द की आवाज स्पष्ट रूप से सुनाई पड़ती है।

'कर्मभूमि' के समरकान्त चोरी का माल खरीदते-बेचते हैं, पर अपने को धार्मिक और धर्म का रक्षक मानते हैं। वे अमरकान्त को झिड़कते हुए कहते हैं : "साल में एक बार भी गंगा-स्नान करते हो ? एक बार भी देवताओं को जल चढ़ाते हो ? कभी राम का नाम लिया है जिन्दगी में ? कभी एकादशी या कोई दूसरा व्रत रखा है ? कभी कथा-पुराण पढ़ते या सुनते हो ? तुम क्या जानो धर्म किसे कहते हैं !"[4] लाला समरकान्त धर्म को इन बाह्य आचरणों तक सीमित मानते हैं। उनके बारे में कथाकार लिखता है : "व्यवहार और व्यापार में वह धोखा-धड़ी, छल-प्रपंच, सब कुछ क्षम्य समझते थे। व्यापार-नीति में सन या कपास में कचरा भर

---

1. कर्मभूमि, पृ० 300।
2. सेवासदन, पृ० 29।
3. उपरिवत्, पृ० 31-32।
4. कर्मभूमि, पृ० 44।

देना. घी में आलू या छुइयाँ गबड़ देना औचित्य से बाहर न था, पर बिना स्नान किए वह मुँह में पानी न डालते थे। इन चालीस वर्षों में शायद ही कोई दिन हुआ हो, कि उन्होंने सन्ध्या समय आरती न ली हो और तुलसी दल माथे पर न चढ़ाया हो। एकादशी को बराबर निर्जल व्रत रखते थे। सारांश यह कि उनका धर्म आडम्बर मात्र था।"[1] कहना न होगा कि अधिकांश व्यवसायियों और पूंजीपतियों के लिए धर्म आडम्बर या धोखे की टट्टी मात्र होता है। प्रेमचन्द्र यही दिखलाना भी चाहते हैं।

'कर्मभूमि' में प्रेमचन्द ने धर्म के नाम पर हरिजनों पर होने वाले अत्याचार का भी चित्रण किया है। कहलाने को तो हरिजन भी हिन्दू होते हैं, पर मंदिर में भगवान के दर्शन करने या उनकी कथा सुनने का अधिकार उन्हें नहीं होता। यदि छिपकर मंदिर में प्रवेश करते या श्रोताओं के बीच बैठकर कथा सुनते उन्हें कोई देख लेता है, तो उन पर शामत आ जाती है। 'कर्मभूमि' में हरिजन इसी 'अपराध' के लिए पीटे जाते हैं। शान्तिकुमार व्यंग्य करते हुए कहते हैं: "वाह रे ईश्वर-भक्तो ! वाह ! क्या कहना है तुम्हारी भक्ति का। जो हरिजनों को जितने जूते मारेगा, भगवान उस पर उतने ही प्रसन्न होंगे। उसे चारों पदार्थ मिल जाएँगे। सीधे स्वर्ग से विमान आ जाएगा।"[2] शान्तिकुमार हरिजनों को सम्बोधित करते हुए व्यंग्यात्मक स्वर में कहते हैं: "··· तुम्हें इतनी खबर नहीं, कि यहाँ सेठ-महाजनों के भगवान रहते हैं। तुम्हारी इतनी मजाल कि इन भगवान के मंदिर में कदम रखा ! तुम्हारे भगवान कहीं किसी झोंपड़े या पेड़ तले होंगे। यह भगवान रत्नों के आभूषण पहनते हैं, मोहनभोग, मलाई खाते हैं। चीथड़े पहनने वालों और चबेना खाने वालों की सूरत वह नहीं देखना चाहते।"[3] जब एक पंडा शास्त्र की दुहाई देता है तो शान्तिकुमार कहते हैं—"शास्त्र में यह नहीं लिखा है कि घी में चरबी मिलाकर बेचो, टेनी मारो, रिश्वतें खाओ, आँखों में धूल झोंको और जो तुमसे बलवान है, उनके चरण धो-धोकर पियो, चाहे वह शास्त्र को पैरों ठुकराते हों। तुम्हारे शास्त्र में यह लिखा है, तो यह करो। हमारे शास्त्र में तो यह लिखा है कि भगवान की दृष्टि में न कोई छोटा है, न बड़ा, न कोई शुद्ध और न कोई अशुद्ध। उनकी गोत सबके लिए खुली हुई है।"[4] शान्तिकुमार की आवाज निश्चय ही प्रेमचन्द की आवाज है।

धार्मिक पाखंड और शोषण का एक प्रसंग 'गबन' में भी आया है। 'गबन' के अपराध में पकड़े जाने के भय से रमानाथ घर से भागकर कलकत्ता पहुँचता है और

---

1. कर्मभूमि, पृ० 186।
2. उपरिवत्, पृ० 200।
3. उपरिवत्।
4. उपरिवत्, पृ० 201।

देवीदीन के यहाँ रहता है। उसके पास जाड़े की रात काटने के लिए कम्बल नहीं है। एक दिन वह देखता है कि एक सेठ गरीबों को कम्बल बँटवा रहा है और वह भी एक कम्बल ले लेता है। सेठ का मुनीम अपने स्वामी की धर्मपरायणता का वर्णन करते हुए कहता है : "सेठजी ब्राह्मणों के परमभक्त हैं। त्रिकाल-सन्ध्या-वन्दन करते हैं महाराज ! तीन बजे रात को गंगा-तट पर पहुँच जाते हैं और वहाँ से आकर पूजा पर बैठ जाते हैं। दस बजे भागवत पारायण करते हैं। मध्याह्न को भोजन पाते हैं, तब कोठी में आते हैं। तीन-चार बजे फिर सन्ध्या करने चले जाते हैं।··· नौ बजे ठाकुरद्वारे में कीर्तन सुनते हैं और फिर सन्ध्या करके भोजन पाते हैं।"[1] देवीदीन इस सेठ का चरित्र वर्णन करते हुए कहता है—"उसे (सेठ को) पापी कहना चाहिए, महापापी। दया तो उसके पास से होकर भी नहीं निकली। उसकी जूट की मिल है। मजदूरों के साथ जितनी निर्दयता इसकी मिल में होती है, और कहीं नहीं होती। आदमियों को हंटरों से पिटवाता है, हंटरों से। चरबी मिलाकर घी बेचकर इसने लाखों कमा लिए। कोई नौकर एक मिनट को भी देर करे तो तुरन्त तलब काट लेता है। अगर साल में दो-चार हजार दान न कर दे तो पाप का धन कैसे पचे।"[2]

अपने अन्तिम उपन्यास 'गोदान' में प्रेमचन्द ने पुरोहिती पाखंड और शोषण का बड़ा ही व्यंग्यात्मक चित्रण किया है। भारत में पौरोहित्य की बड़ी शानदार परम्परा रही है। महर्षि वशिष्ठ, बृहस्पति, शुक्राचार्य आदि भारत के महान् पुरोहितों में परिगणित होते हैं। पुरोहित का कार्य अपने यजमान का चतुर्दिक कल्याण तथा शास्त्र-सम्मत धर्मानुष्ठान सम्पादन है। पर आधुनिक युग में यह व्यवस्था अपनी सार्थकता खो चुकी है। अब पुरोहित मूर्ख, लालची और धर्म के नाम पर प्रवंचक बन गए हैं। 'गोदान' में होरी के पुरोहित पं० दातादीन अपने यजमान किसानों का कल्याण तो नहीं करते हैं, नाना प्रकार से ठगते जरूर हैं। वे अब पुरोहित कम बड़े किसान और महाजन अधिक हैं। वे भी दूसरे महाजनों की तरह कड़ी सूद दर पर किसानों को कर्ज देते हैं और कर्ज न चुकाने पर उनकी फसल नीलाम करा लेते हैं। धर्म पं० दातादीन की महाजनी में सहायक बनता है। किसान अन्य महाजनों का कर्ज पचा भी लें, पर पं० दातादीन का कर्ज नहीं पचा सकते। ब्राह्मण का कर्ज पचाने वाला सीधे नरक का भागी होता है, किसान इस मान्यता के शिकार होते हैं। होरी के साथ एक ऐसा ही प्रसंग उपस्थित होता है। कथाकार कहता है : "होरी के पेट में धर्म की क्रांति मची हुई थी। अगर ठाकुर या बनिये के रुपये होते, तो उसे ज्यादा चिन्ता न होती, लेकिन ब्राह्मण के रुपये

1. गबन, पृ० 160।
2. उपरिवत्, पृ० 161।

उसकी एक पाई भी दब गयी तो हड्डी तोड़कर निकलेगी।"[1]

यह ब्राह्मण पुरोहित किसानों का शोषण उनकी जिन्दगी में तो करता ही है, मरने के बाद भी जान नहीं छोड़ता। धर्मशास्त्रों में विधान है कि मृत्यु के पूर्व 'गोदान' आवश्यक है, क्योंकि 'गोदान' की हुई गाय की पूँछ पकड़कर ही जीवात्मा वैतरणी पार कर सकती है। होरी आजीवन एक गाय के लिए संघर्ष करता रह जाता है—इस संघर्ष में ही उसकी मृत्यु होती है—पर गाय उसे नही मिलती। पर मृत्यु के बाद वैतरणी पार करने के लिए उसे गाय जरूर मिलनी चाहिए जो 'गोदान' से ही संभव है। न वास्तविक गोदान हो, झूठा 'गोदान' ही सही। पुरोहित कुछ भी ग्रहण करने को तैयार है। होरी से सवा रुपये का गोदान कराया जाता है और पुरोहित उसे लेने के लिए हाथ फैलाये खड़ा है। मान लिया जाता है कि इस 'गोदान' के फलस्वरूप होरी को वैतरणी पार करते समय गाय जरूर मिल जायेगी। रूढ़ धार्मिक मान्यताओं पर उपन्यासकार का यह व्यंग्य बहुत पैना है।

'प्रेमाश्रम' में भी धर्म को शोषण का हथियार बताया गया है। गोरखपुर की जमींदार गायत्री सनातन सभा का बृहद् आयोजन करती है जिसका खर्च आसामियों से ही जबरन वसूल किया जाता है।[2] इसी प्रकार ठाकुरद्वारे का काम बेगारों से कराया जाता है।[3] ज्ञानशंकर गायत्री की जमींदारी के प्रबन्धक हैं और किसानों के शोषण के लिए धार्मिक पाखंड की सहायता लेते हैं। निर्दिष्ट लगान के अतिरिक्त प्रत्येक आसामी से ठाकुरद्वारे और धर्मशाला का चन्दा भी वसूला जाता है।

प्राचीन काल में भारतीय प्रायः व्यापार के सिलसिले में विदेश-गमन करते थे पर कालान्तर में हिन्दू धर्म में विदेश यात्रा वर्जित हो गयी। बीसवीं शताब्दी के प्रथम चरण तक विदेश से लौटे हुए भारतीयों को प्रायश्चित्त करना पड़ता था। प्रेमचन्द ने 'प्रेमाश्रम' में इस धार्मिक अवनति और अन्तर्विरोध का चित्रण किया है। 'प्रेमाश्रम' के प्रेमशंकर जब कुछ वर्ष अमेरिका में बिताने के बाद वापस लौटते हैं तो उन्हें आते ही प्रायश्चित्त के लिए राजी न होने पर सामाजिक बहिष्कार का सामना करना पड़ता है। यहाँ तक कि प्रेमशंकर की पत्नी तक उनका बहिष्कार करती है।[4] पर प्रेमशंकर प्रायश्चित्त कर अपने को शुद्ध करने की आवश्यकता नहीं समझते। इस प्रसंग की उद्भावना के द्वारा प्रेमचन्द ने तत्कालीन

1. गोदान, पृ० 223।
2. प्रेमाश्रम, परिच्छेद 40-41।
3. उपरिवत्, पृ० 164।
4. उपरिवत्, परिच्छेद 15-16।

हिन्दू समाज की अवनति का चित्रण किया है।

धार्मिक अन्धविश्वासों और उनके कुपरिणामों का चित्रण 'प्रेमाश्रम' में पद्मशंकर और तेजशंकर के प्रसंग द्वारा किया गया है। इन्हें तन्त्र-मन्त्र में इतनी आस्था हो जाती है कि वे मन्त्र सिद्धि के चक्कर में अपनी जान ही गँवा देते हैं।[1]

प्रेमचन्द ने अपने उपन्यासों में इस्लाम धर्म की आलोचना नहीं की है। कदाचित् मुसलमानों की धार्मिक कट्टरता इसका कारण हो। पर 'प्रेमाश्रम' में उन्होंने सैयद ईजाद हुसेन के यतीमखाने के प्रसंग द्वारा इस्लाम धर्म के नाम पर चलाये जाने वाले व्यवसाय का चित्रण किया है।[2]

प्रेमचन्द ने इस्लाम धर्म की असंगतियों और पाखंडों का चित्रण न के बराबर किया है, पर ईसाई धर्म को उन्होंने नहीं बख्शा है। 'रंगभूमि' में सेवक परिवार के चित्रण द्वारा उन्होंने ईसाई धर्मावलम्बियों की धार्मिक असहिष्णुता और पाखंड का चित्रण किया है। सेवक-परिवार में मि० ईश्वर सेवक और जान सेवक ईसाई मत की असहिष्णुता और पाखंड का प्रतिनिधित्व करते हैं। दोनों नियमित रूप से गिरिजाघर जाते हैं, पादरी के उपदेशों का अक्षरशः पालन करते हैं, पर स्वार्थ का प्रसंग आते ही ईसाई धर्म की मौलिक बातों को भूल जाते हैं।[3] मि० ईश्वरसेवक परले दरजे के कंजूस हैं और स्वार्थ साधन में झूठ बोलने, षड्यंत्र करने को क्षम्य समझते हैं। जब वे सुनते हैं कि जान सेवक पचास हजार की गोटी लाल करके आया है तो वे कहते हैं : "शुक्र है, शुक्र है, ईसू मुझ पर अपना साया कर।"[4] 'रंगभूमि' के 10वें परिच्छेद में जान सेवक अपना स्वार्थ साधने के लिए झूठ बोलता है। वह घर लौटकर अपने पिता मि० ईश्वर सेवक से कहता है : "राजा को अपना मुरीद बना आया। थोड़ा-सा रंग तो जरूर भरना पड़ा, पर उसका असर बहुत अच्छा हुआ।"[5] इस पर ईश्वर सेवक की जो प्रतिक्रिया होती है वह उनके धार्मिक पाखंड को बेनकाब कर देती है। वे कहते हैं—"खुदा, मुझ पर दया दृष्टि कर। बेटा, रंग मिलाये बगैर भी दुनिया का कोई काम चलता है? सफलता का यही मूल मन्त्र है, और व्यवसाय की सफलता के लिए तो यह सर्वत्र अनिवार्य है।"[6]

सोफिया के प्रसंग द्वारा प्रेमचन्द ने ईसाई मतावलम्बियों की धार्मिक कट्टरता

---

1. प्रेमाश्रम, परिच्छेद 17, 31, 59।
2. उपरिवत्, परिच्छेद 39।
3. रंगभूमि, परि० 1, 3।
4. उपरिवत्, परि० 3, पृ० 50।
5. उपरिवत्, पृ० 107।
6. उपरिवत्।

पर प्रकाश डाला है। सोफिया उदार विचारों वाली बुद्धिमान लड़की है और ईसाई मत की मान्यताओं पर तर्कपूर्ण दृष्टि से सोचती-विचारती है। उसकी माँ श्रीमती सेवक इसे बर्दाश्त नहीं करती और सोफिया को अपना घर छोड़ना पड़ता है।

मि० जान सेवक के प्रसंग द्वारा प्रेमचन्द यह दिखाना चाहते हैं कि पूँजीपति चाहे जिस धर्म का हो, धर्म उसके लिए धन कमाने का एक माध्यम होता है। 'कर्मभूमि' के लाला समरकान्त की तरह मि० ईश्वर सेवक भी धर्म और व्यवसाय को अलग-अलग वस्तुएँ मानते हैं। वे जान सेवक से कहते हैं : "प्रभु··· मुझे अब तक तुम्हारी व्यावहारिक बुद्धि पर विश्वास था, पर अब विश्वास उठ गया। मुझे निश्चय था कि तुम जीवन और धर्म के सम्बन्ध को भली-भाँति समझते हो··· क्या तुम समझते हो कि मैं और मुझ जैसे हजारों आदमी, जो नित्य गिरजे जाते हैं, भजन गाते हैं, आँखें बन्द करके ईश-प्रार्थना करते हैं धर्मानुराग में डूबे हुए हैं ? कदापि नहीं। अगर अब तक तुम्हें नहीं मालूम है, तो अब मालूम हो जाना चाहिए कि धर्म केवल स्वार्थ-संगठन है। सम्भव है, तुम्हें ईसा पर विश्वास हो, शायद तुम उन्हें खुदा का बेटा या कम से कम महात्मा समझते हो, पर मुझे तो यह भी विश्वास नहीं है।··· लेकिन इतना अविश्वास होने पर भी मैं रविवार को सौ काम छोड़कर गिरजे अवश्य जाता हूँ।"[1]

इस प्रकार प्रेमचन्द ने अपने उपन्यासों में नाना प्रसंगों की उद्‌भावना करके धार्मिक आडम्बर, ढोंग, पाखंड और शोषण का चित्रण किया है। यद्यपि उनके प्रहार का मुख्य लक्ष्य हिन्दू धर्म है, पर उन्होंने सर्वथा तर्कसंगत और प्रगतिशील दृष्टिकोण से हिन्दू धर्म में आगत बुराइयों और असंगतियों का चित्रण किया है।

प्रेमचन्द ने धार्मिक पाखंड और अन्तर्विरोध से उपजी एक राष्ट्रीय समस्या का भी चित्रण किया है। वह समस्या है हिन्दुओं और मुसलमानों के साम्प्रदायिक सम्बन्धों की।

प्रेमचन्द का लेखन काल लगभग 1900-1936 ई० है। यहाँ तक आते-आते मुसलमान भारतीय राष्ट्र के महत्त्वपूर्ण अंग बन चुके थे। पर ऐतिहासिक, राजनीतिक, आर्थिक और धार्मिक कारणों से हिन्दू-मुसलमान राष्ट्र की अभिन्न ईकाई नहीं बन सके थे। मुसलमान हिन्दू को 'काफिर' समझते थे, हिन्दू मुसलमान को 'म्लेच्छ'। दोनों में कोई सामाजिक रिश्ता कायम नहीं हो पाया था। हिन्दू गाय को 'माता' मानते थे, मुसलमान गाय को मारकर खा जाते थे। मुसलमान 'सूअर' को निषिद्ध मानते थे, अनेक हिन्दुओं के लिए वह खाद्‌य था। हिन्दू 'अजान' को पसन्द नहीं करते थे तो मुसलमान मूर्तिपूजा को। ये तो धार्मिक-

---

1. रंगभूमि, पृ० 69।

साम्प्रदायिक मतभेद थे। इसके साथ ही, अनेक आर्थिक और राजनीतिक समस्याएँ भी थीं। मुसलमान समझते थे कि अंग्रेजों ने हिन्दुस्तान को मुसलमानों से छीना है, अतः उस पर उनका हक है, हिन्दू आर्यावर्त पर अपना अधिकार मानते थे। आर्थिक दृष्टि से मुसलमान हिन्दुओं की अपेक्षा पिछड़े हुए थे, अतः वे हिन्दुओं से द्वेष भाव रखते थे।

जब भारत पर अंग्रेजों का शासन स्थापित हुआ तो आरम्भ में उन्होंने धार्मिक तटस्थता की नीति अपनायी, पर जब स्वाधीनता आन्दोलन तेज होने लगा तो उन्होंने हिन्दुओं और मुसलमानों में फूट और विरोध पैदा कर शासन करने की नीति अपनायी। इस प्रयास में उनके सहायक मुल्ला-मौलवी, पंडित-पुरोहित, नवाब-जमींदार और सेठ-साहूकार हुए। बाद में ब्रिटिश शासकों ने दोनों ही सम्प्रदायों के उन बुर्जुआ नेताओं से साँठ-गाँठ की जो अपनी सामाजिक प्रतिष्ठा, धन, शारीरिक शक्ति और भाषण कला के द्वारा जन-सामान्य की साम्प्रदायिक भावनाओं को उत्तेजित कर अपना नेतृत्व बनाये रखने का सामर्थ्य रखते थे। परिणाम यह हुआ कि ब्रिटिश शासन-काल में हिन्दुओं और मुसलमानों के बीच वैमनस्य बढ़ता ही गया, जिसकी चरम परिणति भारत विभाजन और उस समय हुए भीषण साम्प्रदायिक दंगों में हुई।

बीसवीं शताब्दी के पहले दशक में अंग्रेज शासकों की 'फूट डालो और शासन करो' नीति के फलस्वरूप हिन्दू और मुसलमान बुर्जुआ समुदाय अपने राजनीतिक और आर्थिक स्वार्थों के फलस्वरूप एक-दूसरे से अलग होने लगे। पर दोनों ही समुदाय के विवेकशील नेताओं के प्रयासों से 1921 ई० तक इस समस्या ने कोई चिन्ताजनक रूप नहीं ग्रहण किया। बल्कि 1916 के लखनऊ पैक्ट तथा खिलाफत आन्दोलन में गांधीजी के सक्रिय सहयोग से दोनों समुदाय एक-दूसरे के अत्यन्त निकट रहे। पर सत्याग्रह आन्दोलन के वापस लिए जाते और गांधीजी के गिरफ्तार होते ही साम्प्रदायिक दैत्य जो अब तक दुबका हुआ था, अपनी पूरी भयंकरता के साथ प्रकट हो गया। इसके पहले अगस्त 1921 में ही केरल में मोपला दंगा हो चुका था जिसमें मोपलों ने हिन्दुओं पर कहर बरसाया था और अनेक हिन्दुओं को मुसलमान बना लिया था। सत्याग्रह आन्दोलन को सफल बनाने के लिए गांधीजी और अन्य नेताओं ने उत्तर भारत में इसके प्रभाव को कम करने की भरपूर कोशिश की, फिर भी इस घटना ने हिन्दू-मुस्लिम एकता को जबरदस्त धक्का पहुँचाया।

सत्याग्रह आन्दोलन के स्थगित होने के बाद हिन्दुओं और मुसलमानों में साम्प्रदायिक चेतना और राजनीतिक आशंकाएँ पैदा हुईं। दोनों के राजनीतिक स्वार्थ एक-दूसरे से अलग हो गये और वे अपने को अलग-अलग राजनीतिक हस्तियों के रूप में देखने लगे। इसके परिणामस्वरूप या कहें कि इसके लक्षण के

रूप में, 1921 से 1929 के बीच लोमहर्षक साम्प्रदायिक दंगे हुए। ये दंगे मुख्यतः शहरों में हुए जहाँ राजनीतिक चेतना अधिक प्रखर थी।

5 फरवरी, 1924 को गांधी जी यरवदा जेल से छूटकर वापस आये। उस समय तक सारा देश साम्प्रदायिक उन्माद से ग्रस्त हो चुका था। इस वर्ष का सबसे भयानक दंगा 9 और 10 सितम्बर, 1924 को कोहट (उत्तर-पश्चिम सीमान्त प्रदेश) में हुआ जिसमें हिन्दुओं की बड़े पैमाने पर हत्याएँ की गयीं और सम्पत्ति लूटी गयी।[1] इस पर गांधी जी ने हिन्दुओं और मुसलमानों दोनों के हृदय परिवर्तन के लिए 18 सितम्बर से 8 अक्टूबर तक इक्कीस दिनों का उपवास किया। इसका असर सभी सम्प्रदायों के नेताओं पर पड़ा और 26 सितम्बर को दिल्ली में मोतीलाल नेहरू की अध्यक्षता में एकता अधिवेशन हुआ जिसमें साम्प्रदायिक एकता के लिए अपील की गयी और प्रस्ताव पारित हुए। पर इस प्रयास का असर मात्र अस्थायी रहा। इसके बाद भी हिन्दू-मुस्लिम एकता के प्रयत्न जारी रहे। 21 नवम्बर, 1924 को मुहम्मद अली के अनुरोध पर बम्बई में एक सर्वदलीय सम्मेलन बुलाया गया। दिसम्बर के अन्त में बेलगाँव में कांग्रेस, खिलाफत कमीटी और हिन्दू महासभा के अधिवेशन हुए। कांग्रेस-दल की अध्यक्षता गांधी जी ने की। अपने भाषण में उन्होंने बहुसंख्यकों को उदारता, त्याग और आत्मबलिदान का सन्देह दिया।

राजनीतिक क्षेत्र में महात्मा गांधी और साहित्यिक क्षेत्र में प्रेमचन्द दो ऐसी महत्त्वपूर्ण हस्तियाँ थीं जो हिन्दू-मुस्लिम साम्प्रदायिक भेदभाव और संघर्ष को मिटाने के लिए अपने-अपने मंच से प्रयत्न कर रही थीं। प्रेमचन्द शुरू से ही साम्प्रदायिक कट्टरपन से मुक्त थे। उनका जन्म कायस्थ समाज में हुआ था, जो मुस्लिम शासकों के सम्पर्क में रहने के कारण साम्प्रदायिक कट्टरपन से प्रायः मुक्त हो चुका था। उर्दू-फारसी उसकी सांस्कृतिक भाषा थी। प्रेमचन्द ने भी बचपन में फारसी की शिक्षा प्राप्त की थी और उन्होंने उर्दू में लिखना आरम्भ किया था। उनके आरम्भिक उपन्यास, दर्जनों कहानियाँ और लेख उर्दू में ही हैं। इसके फलस्वरूप उनकी दोस्ती भी मुसलमान लेखकों से थी। अतः स्वाभाविक ही है कि उनमें साम्प्रदायिक कट्टरता न होती। अतः 1903 ई० में जब वे 'ओलिवर क्रामवेल' पर लेख लिखते हैं, तो उसमें गौतम बुद्ध, शंकराचार्य, अरस्तू आदि के साथ मुहम्मद साहब का भी नाम लेते हैं।

पर प्रेमचन्द के आरम्भिक उर्दू उपन्यासों में साम्प्रदायिक समस्या का चित्रण नहीं हुआ है। यह समस्या बाद में उनकी चिन्ता का विषय बनती है, और 'सेवासदन' में इसका थोड़ा-बहुत चित्रण आरम्भ हो जाता है। 'सेवासदन' से

1. हिस्टरी ऑव द फ्रीडम मूवमेण्ट इन इण्डिया, ताराचंद, खंड 4, पृ० 19।

लेकर 'गोदान' तक में प्रेमचन्द हिन्दू-मुस्लिम सम्बन्धों को नाना कोणों से उठाते हैं और इस प्रश्न पर वैज्ञानिक ढंग से विचार करते हैं।

'सेवासदन' 1916-17 में लिखा गया और 'प्रेमाश्रम' 1918-1920 में। इस समय तक देश में साम्प्रदायिक समस्या ने कोई उग्ररूप धारण नहीं किया था, अतः प्रेमचन्द का ध्यान भी इस ओर आकृष्ट नहीं हुआ। 'रंगभूमि' की रचना के समय भी प्रेमचन्द को इस समस्या ने बहुत उद्विग्न नहीं किया था, यद्यपि तब तक देश में यह समस्या उग्र रूप धारण कर चुकी थी। प्रेमचन्द उन लेखकों में नहीं थे जो समसामयिक समस्याओं से आँखें चुराते हैं। साम्प्रदायिक समस्या प्रेमचन्द के मानस को मथ रही थी। वे इस दानव की गतिविधियों को बहुत सावधानी से देख रहे थे। उन्होंने फरवरी, 1924 के 'जमाना' में 'मनुष्यता का अकाल' शीर्षक एक तल्ख लेख लिखा जिसमें उन्होंने बड़े वैज्ञानिक ढंग से साम्प्रदायिक समस्या के अनेक पहलुओं पर प्रकाश डाला। उन्होंने सर्वप्रथम इस समस्या के मूल में ऐतिहासिक कारणों का निर्देश किया। उन्होंने लिखा कि "···इन दोनों सम्प्रदायों में कशमकश और सन्देह और घृणा की जड़ें इतिहास में हैं। मुसलमानों की तरफ से हिन्दुओं पर अक्सर ज्यादतियाँ हुईं और यद्यपि हिन्दुओं ने मौका हाथ आ जाने पर उनका जवाब देने में कोई कसर नहीं रखी, लेकिन कुल मिलाकर यह कहना ही होगा कि मुसलमान बादशाहों ने सख्त जुल्म किये।"[1] प्रेमचन्द यह भी स्वीकार करते हैं कि" मौजूदा हालात में अजान और कुर्बानी के मौकों पर मुसलमानों की तरफ से ज्यादतियाँ होती हैं और दंगों में भी अक्सर मुसलमानों का ही पलड़ा भारी रहता है।···तब्लीग के मामले में ज्यादती मुसलमानों ने की और हिन्दुओं की रोज-ब-रोज घटती हुई संख्या के कारण भी किसी हद तक वही हैं।"[2] पर प्रेमचन्द गांधी जी की तरह हिन्दुओं को ही 'राजनीतिक सहिष्णुता' से काम लेने की सलाह देते हैं। ध्यान देने की बात है कि जिस महीने में यह लेख छपा उसी महीने में गांधी जी यरवदा जेल से छूटकर बाहर आये थे। गांधी जी से प्रेमचन्द का विचार साम्य इतना अधिक था कि साम्प्रदायिक एकता के निमित्त जो बातें गांधीजी ने दिसम्बर 1924 में कांग्रेस के बेलगाँव अधिवेशन में कहीं उन्हें प्रेमचन्द ने फरवरी 1924 में ही अपने उक्त लेख में सामने रखा। अपने इस लेख में प्रेमचन्द ने हिन्दू नेतृत्व को बहुत कड़े शब्दों में फटकारा। इसका कारण यह था कि इसके पहले 1923 ई० मे मदन मोहन मालवीय ने हिन्दू महासभा के मंच से हिन्दू संगठन का और स्वामी श्रद्धानन्द ने मुसलमानों की शुद्धि का आन्दोलन आरम्भ किया था। लाला लाजपतराय और जयकर जैसे कांग्रेस के बड़े नेताओं

1. विविध प्रसंग, खण्ड 2, पृ० 353।
2. उपरिवत्।

तक की सहानुभूति इन आन्दोलनों के साथ थी।[1] रवीन्द्रनाथ ठाकुर तक ने इसका समर्थन किया था। इसके अतिरिक्त, जैसा जवाहरलाल नेहरू ने लिखा था, उस समय "अनेक कांग्रेसी नेता राष्ट्रीय वेश के नीचे सम्प्रदायवादी हो गये थे।"[2] प्रेमचन्द ने राजनीति में इस सम्प्रदायवादी झुकाव को खतरे की निगाह से देखा और उसकी जितनी कड़ी फटकार सम्भव थी, उतनी अपने उक्त लेख में की। उन्होंने लिखा: "···इतिहास से उत्तराधिकार में मिली हुई अदावतें मुश्किल से मरती हैं, लेकिन मरती हैं, अमर नहीं होतीं। दुनिया के इतिहास में इनकी मिसालें न मिलती हों तो कोई वजह नहीं कि हम इसे तावीज की तरह अपने गले में लटकाये रहें। हिन्दुओं के त्योहारों और जुलूसों के मौके पर अक्सर मुसलमानों की तरफ से यह तकाजा होता है कि मसजिदों के सामने नमाज के मौके पर बाजा और शादियाने न बजाये जाएँ। यह बहुत ही स्वाभाविक माँग है। शोर-गुल से निश्चय ही उपासना में विघ्न पड़ता है और अगर मुसलमान इस शोर-गुल को बन्द करने पर जोर देते हैं तो हिन्दुओं को चाहिए कि वह उनकी दिलजोई करें।"[3] वे आगे लिखते हैं कि "···हिन्दू लोग क्यों इसकी राह देखें कि जब मुसलमान हमारे धर्म का आदर करेंगे तो हम भी उनके धर्म का आदर करेंगे। अगर धर्म का आदर करना अच्छा है तो हर हालत में अच्छा है। इसके लिए किसी शर्त की जरूरत नहीं है।"[4] इस लेख में गोहत्या के सम्बन्ध में भी, जो दंगों का एक प्रमुख कारण बनती थी, प्रेमचन्द ने अपने विचार व्यक्त किए हैं। वे लिखते हैं। "गोकुशी के मामले में हिन्दुओं ने शुरू से अब तक एक अन्यायपूर्ण ढंग अख्तियार किया है। हमको अधिकार है कि जिस जानवर को चाहें पवित्र समझें लेकिन यह उम्मीद रखना कि दूसरे धर्म को मानने वाले भी उसे वैसा ही पवित्र समझें, खामखाह दूसरों से सर टकराना है। गाय सारी दुनिया में खायी जाती है, इसके लिए क्या आप सारी दुनिया को गर्दन मार देने के काबिल समझेंगे? यह किसी खूंखार मजहब के लिए भी शान की बात नहीं हो सकती कि वह सारी दुनिया से दुश्मनी करना सिखाये, न कि हिन्दू जैसे दार्शनिक, व्यापक और सुसंस्कृत धर्म के लिए जिसका सबसे पवित्र सिद्धान्त हो 'अहिंसा परमो धर्मः।'···हिन्दुस्तान जैसे कृषि प्रधान देश के लिए गाय का होना एक वरदान है, मगर आर्थिक दृष्टि के अलावा उसका कोई और महत्त्व नहीं है। लेकिन गोरक्षा के सारे ही हल्ले के बावजूद हिन्दुओं ने गोरक्षा का ऐसा कोई

1. ताराचन्द, हिस्टरी ऑव द फ्रीडम मूवमेण्ट इन इंडिया, खण्ड 4, पृ० 17।
2. उपरिवत।
3. विविध प्रसंग, खण्ड 2, पृ० 353।
4. उपरिवत्।

सामूहिक प्रयत्न नहीं किया जिससे उनके दावे का व्यावहारिक प्रमाण मिल सकना। गोरक्षिणी सभाएँ कायम करके धार्मिक झगड़े पैदा करना गोरक्षा नहीं है।"[1]

अपने इस लेख में प्रेमचन्द ने धर्म परिवर्तन को, चाहे वह 'तब्लीग' हो या 'शुद्धि', सैद्धान्तिक दृष्टि से कोई दोष नहीं माना है, पर वे यह भी कहते हैं कि "जब उसमें राजनीतिक उद्देश्य छिपा होता है तो वह फौरन एक सियासी मामले की सूरत अख्तियार कर लेता है। दुर्भाग्य से वर्तमान समय में धर्म विश्वासों के संस्कार का साधन नहीं, राजनीतिक स्वार्थ सिद्धि का साधस बना लिया गया है। उसकी हैसियत पागल की-सी हो गयी है जिसका वसूल यह है कि सब कुछ अपने लिए और दूसरों के लिए कुछ नहीं। जिस दिन यह आपस की होड़ और दूसरे से आगे बढ़ जाने का ख्याल धर्म से दूर हो जाएगा, उस दिन धर्म-परिवर्तन पर किसी के कान न खड़े होंगे।"[2]

इस लेख में प्रेमचन्द ने 'हिन्दू संगठन' की पुकार की जोरदार शब्दों में निन्दा की। वे लिखते हैं: "हिन्दू और मुसलमान न कभी दूध और चीनी थे, न होंगे और न होने चाहिए। दोनों की अलग-अलग सूरतें बनी रहनी चाहिए और बनी रहेंगी। जरूरत सिर्फ इस बात की है कि उनके नेताओं में परस्पर सहिष्णुता और उत्सर्ग की भावना हो।"[3]

प्रेमचन्द ने इस निबन्ध में साम्प्रदायिक आन्दोलनों में भाग लेने वालों की कलई भी खोली है। उन्होंने इस यथार्थ को समझ लिया था कि ब्रिटिश सरकार की शह पर या उसका रुख देखकर समाज के निहित स्वार्थ वाले तत्त्व, जिनका निजी स्वार्थ भी साम्प्रदायिक दंगों से ही सधता है, साम्प्रदायिक आन्दोलन खड़े करते हैं। ये तत्त्व बड़ी चालाकी से राष्ट्रीय आन्दोलन में प्रवेश कर जाते हैं और उसकी आड़ में साम्प्रदायिक राजनीति का खेल खेलते हैं।[4]

प्रेमचन्द साम्प्रदायिक वैमनस्य के मूल में हिन्दू और मुसलमान दोनों कौमों के कौंसिलों में जाने की इच्छा रखने वाले 'लिबरल' नेताओं को भी देखते हैं, जो बिलकुल सही है। ये नेता अधिकतर बुर्जुवा समाज से आते थे। इन नेताओं ने देशभक्ति के अपने तमाम दावों के बावजूद वकालत या सरकारी नौकरी नहीं छोड़ी थी और इस कारण जनता की नजरों से गिर चुके थे। प्रेमचन्द के विश्लेषण के अनुसार ये नेता "अपनी खोयी हुई आबरू हासिल करने, अपनी

1. विविध प्रसंग, खण्ड 2, पृ० 354।
2. उपरिवत्, पृ० 354-55।
3. उपरिवत्, पृ० 355।
4. उपरिवत्।

साख जमाने, अपनी कौमपरस्ती का सबूत देने के लिए 'हिन्दू या मुसलमान कौम खतरे में है' का नारा बुलन्द करते थे। वे अपनी-अपनी जातियों का विश्वास जीतने का प्रयास कर रहे थे ताकि आसन्न कौंसिलों के चुनाव में सफलता प्राप्त कर सकें।"[1]

प्रेमचन्द किसी भी प्रकार की साम्प्रदायिकता के कट्टर विरोधी थे। यदि 'मनुष्यता के अकाल' में वे हिन्दू सम्प्रदायवादियों की खबर लेते हैं तो 'कर्बला'[2] और 'उर्दू में फिरऔनियत'[3] शीर्षक लेखों में मुस्मिम साम्प्रदायिकता पर प्रहार करते हैं।

1924-25 में तो प्रेमचन्द ने साम्प्रदायिकता विरोधी दो ही लेख लिखे, पर 1930 से 1934 तक उन्होंने इस विषय पर लेखों और टिप्पणियों का ताँता लगा दिया। इस अवधि में उनके साम्प्रदायिक विरोधी लेखों और टिप्पणियों की संख्या कम से कम 46 तो अवश्य है जो अमृतराय द्वारा सम्पादित 'विविध प्रसंग' (खंड 2) में संगृहीत हैं। इन लेखों और टिप्पणियों में अत्यन्त निस्संगता और सद्भाव के साथ साम्प्रदायिक भेदभाव के कारणों और स्रोतों का विश्लेषण किया गया है तथा उसे मिटाने के लिए तर्कसंगत सुझाव प्रस्तुत किये गये हैं। प्रेमचन्द ने अपनी पैनी दृष्टि और गम्भीर विश्लेषण से यह सिद्ध कर दिया है कि साम्प्रदायिक द्वेष फैलाने का सारा श्रेय ब्रिटिश सरकार तथा कौंसिलों की सदस्यता, धार्मिक-राजनीतिक नेतृत्व और नौकरियाँ प्राप्त कर अपना स्वार्थ साधने वाले बुर्जुवा वर्ग को है। इसका बहुत अधिक श्रेय मुल्लाओं और पंडितों को भी जाता है जो अपनी जीविका और सम्मान सुरक्षित रखने के लिए मुस्लिम लीग और हिन्दू जनता को धार्मिक रूढ़ियों और अन्धविश्वासों में जकड़े रखना चाहते हैं। प्रेमचन्द ने अपनी टिप्पणियों में इन सारे तत्त्वों की असलियत खोल कर दिखा दी है। उन्होंने जहाँ भी सम्प्रदायवाद देखा है, वह चाहे हिन्दू साम्प्रदायवाद हो या मुस्लिम सम्प्रदायवाद, उस पर कड़ा प्रहार किया है। हिन्दू सम्प्रदायवाद पर कुछ ज्यादा प्रहार वे इस कारण करते हैं कि हिन्दू बहुमत में हैं और शायद इसलिए भी कि वे स्वयं हिन्दू हैं और इसलिए अपने समाज की आलोचना करने का उन्हें पूरा अधिकार है। पर वे मुस्लिम सम्प्रदायवादियों को भी माफ नहीं करते। इसके प्रमाण में 'कर्बला', 'उर्दू में फिरऔनियत', 'स्वार्थ की पराकाष्ठा', 'गोलमेज परिषद् में गोलमाल', 'एकता के विरुद्ध सम्प्रदायवादियों का शोर-गुल', 'एकता', 'पाकिस्तान की नयी उपज', 'संयुक्त पार्लमिन्टरी कमेटी के सामने भाई

---

1. विविध प्रसंग, खंड 2, पृ० 357।
2. माधुरी, 1 जनवरी, 1925।
3. जमाना, दिसम्बर, 1930।

परमानन्द का बयान', 'मुस्लिम लीग का अधिवेशन', 'साम्प्रदायिक समस्या का राष्ट्रीय समन्वय', 'साम्प्रदायिकता का जहर महिलाओं में', 'सरकारी नौकरियाँ और साम्प्रदायिकता' आदि टिप्पणियाँ प्रस्तुत की जा सकती हैं। जहाँ भी प्रेमचन्द किसी हिन्दू या मुसलमान नेता या संस्था द्वारा साम्प्रदायिक सद्भाव का प्रयत्न करते देखते हैं, उसकी प्रशंसा करने से नहीं अघाते। विशेषकर मुसलमान नेताओं के साम्प्रदायिकता विरोधी प्रयत्नों की तो वे खुलकर प्रशंसा करते हैं और हिन्दुओं से उनसे सीख लेने की सलाह देते हैं। प्रेमचन्द गाँधी जी की तरह यह मानते थे कि "एकता के विषय में पहले हिन्दुओं को ही हाथ बढ़ाना होगा। वह संख्या में, धन में, शिक्षा में मुसलमानों से बढ़े हुए हैं। मुसलमान अल्पसंख्यक हैं। उन्हें हिन्दुओं से आशंकित होने के लिए आधार हो सकते हैं। उन्हें यह सुबहा हो सकता है कि हिन्दू संगठित होकर उनको हानि पहुँचा सकते हैं।"[1] उनका यह भी सुनिश्चित विचार था कि धर्म को राजनीति से अलग रखना चाहिए। वे लिखते हैं : "···जब तक अपना हिन्दू या मुसलमान होना न भूल जायेंगे, जब तक हम अन्य धर्मावलम्बियों के साथ उतना ही प्रेम न करेंगे जितना निज धर्मवालों के साथ करते हैं, सारांश यह कि जब तक हम पंथजनित संकीर्णता से मुक्त न हो जाएँगे, इस बेड़ी को तोड़कर फेंक न देंगे, देश का उद्धार होना असम्भव है। कोई नहीं कहता कि आप नमाज न पढ़ें। न ही, जो मनुष्य धर्मभाव शून्य है, वह राष्ट्रीयता के भाव से भी शून्य रहेगा। पाँचों वक्त नमाज पढ़िए, तीसों रोजे रखिये, देवताओं की जितनी पूजा चाहे कीजिए, जितनी सन्ध्या चाहे कीजिये, हवन की सुगन्ध से देश को सुगन्धित कर दीजिए, मगर धर्म को राजनीति से गड़बड़ न कीजिए, क्योंकि धर्म ईश्वर और मनुष्य के सम्बन्ध की वस्तु है। हम तो यहाँ तक कहते हैं कि अगर आपके धर्म में कुछ ऐसी बातें हैं, जो राष्ट्रीयता की परीक्षा में पूरी नहीं उतरतीं, सार्वदेशिक हितों में बाधक होती हैं, तो उन्हें त्याज्य समझिए।"[2] अपनी एक दूसरी टिप्पणी में प्रेमचन्द लिखते हैं : "···हम मस्जिद में जाएँ या मन्दिर में, हिन्दी पढ़ें या उर्दू, धोती बाँधे या पाजामा पहनें, हम स्वाधीन हैं, लेकिन धर्म के नाम पर राष्ट्र को भिन्न-भिन्न दलों में विभक्त करना ईश्वर और मनुष्य के सम्बन्धों को राष्ट्रीय मामलों में घसीट लाना, राष्ट्रीय भारत कभी गवारा न करेगा।···मुट्ठी-भर पढ़े-लिखे आदमियों को कोई अधिकार नहीं कि वह हलुए-माँडे के लिए सम्पूर्ण राष्ट्र का जीवन संकटमय बनायें। वह जमाना आ रहा है, जब भारत के किसान, भारत के दुकानदार, भारत के मजूर, खुद अपना नफा-नुकसान समझेंगे और अपने हितों का शिक्षित समुदाय के पैरों तले

1. विविध प्रसंग, खण्ड 2, पृ० 394।
2. उपरिवत्, पृ० 366।

कुचला जाना गवारा न करेंगे। शिक्षितों ने जीवन के पच्छिमी नकली, आडम्बर-मय आदर्शों की गुलामी करके भारत को सर्वनाश के गर्त में ढकेल दिया है। भारत का सुशिक्षित व्यक्ति आज जरूरतों का ऐसा गुलाम हो गया है कि उसे जीवित रखने के लिए कम से कम पचास मजदूरों और किसानों को मरना चाहिए। इसी आडम्बरमय जीवन के निर्वाह के लिए तरह-तरह के ढोंग रचे जाते हैं, धर्म की आड़ ली जाती है, संस्कृति का रोना रोया जाता है, विशेष अधिकार का भूत खड़ा किया जाता है, भाषा और लिपि अनेक कल्पित विभिन्नताओं की दुहाई दी जाती है, केवल इसलिए कि शिक्षितों का खटमली जीवन आनन्द से व्यतीत हो।"[1]

प्रेमचन्द मानते हैं कि समाज की असल समस्याओं को दर किनार करने के लिए साम्प्रदायिक द्वेष को उभारा जाता है। वे लिखते हैं: "···राष्ट्र के सामने जो समस्या है, उसका सम्बन्ध हिन्दू, मुसलमान, सिक्ख, ईसाई सभी से है। बेकारी से सभी दुखी हैं। दरिद्रता सभी का गला दबाये हुए है। नित नयी-नयी बीमारियाँ पैदा होती जा रही हैं। उसका वार सभी सम्प्रदायों पर समान रूप से होता है। कर्ज की इल्लत में सभी गिरफ्तार हैं। कोई ऐसी सामाजिक, आर्थिक या राजनैतिक दुरवस्था नहीं है, जिससे राष्ट्र के सभी अंग पीड़ित न हों। दरिद्रता, बीमारी, अशिक्षा, बेकारी हिन्दू और मुसलमान का विचार नहीं करतीं। हमारे किसानों के सामने जो बाधाएँ हैं, उनसे हिन्दू और मुसलमान दोनों ही पीड़ित हैं।"[2]

ये सारे विचार, जो प्रेमचन्द के लेखों और टिप्पणियों में यहाँ से वहाँ तक व्यक्त हुए हैं, प्रगतिशील और वैज्ञानिक हैं। उनसे प्रेमचन्द का जो स्वरूप उभरता है, वह एक कट्टर साम्प्रदायविरोधी, मानव एकता के विश्वासी, राष्ट्रप्रेमी और आम आदमी के हितों की हिमायत करने वाले व्यक्ति का स्वरूप है। प्रेमचन्द का यह दृष्टिकोण उनके उपन्यासों में भी कलात्मक रूप में अभिव्यक्त हुआ है।

जिन दिनों (फरवरी, 1924) प्रेमचन्द ने 'जमाना' में अपना प्रसिद्ध सम्प्र-दायविरोधी लेख 'मनुष्यता का अकाल' प्रकाशित कराया था लगभग उन्हीं दिनों (10 अप्रैल, 1924) उन्होंने 'कायाकल्प' की रचना आरम्भ की थी। जैसा हम देख चुके हैं, तत्कालीन राष्ट्रीय जीवन में साम्प्रदायिकता की समस्या अहम सवाल बनी हुई थी। प्रेमचन्द जैसा अपने काल के प्रति प्रतिबद्ध और सचेत लेखक इससे अछूता कैसे रह सकता था? फलतः न केवल उन्होंने 'जमाना' में साम्प्र-दायिकता विरोधी लेख लिखा, वरन् अपने नये उपन्यास 'कायाकल्प' में भी इस

1. विविध प्रसंग, खण्ड 2, पृ० 374।
2. उपरिवत्, पृ० 393।

समस्या को चित्रित किया। उपन्यास के पहले ही परिच्छेद में हिन्दू युवक यशोदानन्दन और मुसलमान युवक महमूद एक-दूसरे के घनिष्ठ मित्र और स्वयं सेवक दल के सदस्य के रूप में प्रस्तुत किए गए हैं। बाद में ये दोनों एक-दूसरे के मित्र रहते हुए अलग-अलग सम्प्रदायों के नेता बन जाते हैं।

प्रेमचन्द ने 'कायाकल्प' के दो परिच्छेद (परिच्छेद 5 और 25) में साम्प्रदायिक दंगों के प्रसंग प्रस्तुत किए हैं। एक प्रसंग में मुसलमानों द्वारा गाय की कुरबानी को लेकर दंगा छिड़ता है और दूसरे प्रसंग में एक मौलवी साहब के कपड़ों पर होली के दिन किसी हिन्दू लड़के द्वारा रंग के दो-चार छींटे पड़ जाने को लेकर। दोनों ही प्रसंगों में प्रेमचन्द ने मौलवियों और पंडितों को विद्वेष उभारने और दंगा कराने के लिए जिम्मेदार बताया है। ऐतिहासिक कारणों, ब्रिटिश सरकार की भेदभाव को बढ़ावा देने वाली नीतियों तथा स्वार्थी नेताओं के भाषणों-लेखों के कारण दोनों सम्प्रदायों के दिलों में बारूद भरी ही रहती है केवल चिनगारी की जरूरत होती है। वह चिनगारी गोकुशी के रूप में हो, मस्जिद के सामने बाजे-गाजे के रूप में या होली के अवसर पर रंग के छींटों के रूप में। 'कायाकल्प' के प्रथम प्रसंग में (परि० 5) आगरा में पंजाब से मौलवी दीन मुहम्मद साहब का आगमन होता है। मुसलमानों का जलसा होता है और उसमें मौलाना साहब न जाने क्या-क्या जहर उगलते हैं कि मुसलमानों को कुर्बानी की धुन सवार हो जाती है। सम्भवत: वे हिन्दुओं के संगठन और शुद्धि आन्दोलन का अतिरंजित हवाला देकर मुसलमानों की साम्प्रदायिक भावनाओं को उत्तेजित करने में सफल होते हैं। ध्यान देने की बात है कि यह गोकुशी सामान्य रूप में नहीं, वरन् मौलवी के भड़काने से होती है। मुसलमान शुद्धि आन्दोलन को अपने धर्म पर हमला समझते हैं, इसलिए कुरबानी द्वारा वे हिन्दुओं पर जवाबी हमला करते हैं। और खेद की बात यह है कि इसमें ख्वाजा महमूद भी शरीक हैं। जब यशोदानन्दन ख्वाजा महमूद से इसकी कैफियत पूछते हैं तो ख्वाजा दो टूक उत्तर देते है : "इसलिए कि कुरबानी करना हमारा हक है। हम अब तक आपके जजबात का लिहाज करते थे, अपने माने हुए हक भूल गये थे। लेकिन जब आप लोग अपने हकों के सामने हमारे जजबात की परवाह नहीं करते, तो कोई वजह नहीं कि हम अपने हकों के सामने आपके जजबात की परवा करें। मुसलमानों की शुद्धि करने का आपको पूरा हक हासिल है, लेकिन कम से कम पाँच सौ बरसों में आपके यहाँ शुद्धि की कोई मिसाल नहीं मिलती। आप लोगों ने एक मुर्दा हक को हासिल किया है। इसीलिए न, कि मुसलमानों की ताकत और असर कम हो जाए। जब आप हमें जेर करने के लिए नये-नये हथियार निकाल रहे हैं, तो हमारे लिए इसके सिवा और क्या चारा है कि अपने हथियारों को दूनी ताकत से चलाएँ।"[1]

1. कायाकल्प, पृ० 30।

इस पर हिन्दू नेता यशोदानन्दन उत्तेजित हो जाते हैं और दंगा हो जाता यदि चक्रधर अपने सन्तुलित विचारों तथा हिम्मत से काम लेकर दोनों पक्षों की उत्तेजना को शान्त नहीं कर देता। चक्रधर प्रेमचन्द के साम्प्रदायिक दृष्टिकोण का प्रतिनिधित्व करता है। वह शुद्धि और तब्लीग में विश्वास नहीं करता। वह गो हत्या को भी कोई अहम सवाल नहीं मानता। उसकी दृष्टि में मनुष्य का महत्त्व गाय से कहीं ज्यादा है। वह धर्मान्ध हिन्दुओं को गाय की कुरबानी के लिए सन्नद्ध मुसलमानों पर आक्रमण करने से रोकने के लिए अपनी जान की बाजी लगा देता देता है। और जब हिन्दू रुक जाते हैं तो वह मुसलमानों की भीड़ में प्रवेश करता है और वहाँ भी अपनी जान खतरे में डालकर मुसलमानों को गाय की कुरबानी से विरत करने में सफल होता है। प्रेमचन्द मानते हैं कि परस्पर विश्वास, सौहार्द और धार्मिक उदारता से साम्प्रदायिक संघर्ष को रोका जा सकता है। चक्रधर जैसे व्यक्ति ही, जिनके हृदय में इस्लाम के लिए इज्जत हो, जो एक खुदा के कायल हों और उसे 'सारे जहान का खालिक और मालिक मानते हों,' हजरत मुहम्मद की इज्जत करते हों और उनके 'तौहीद के कायल' हों, मुसलमानों के 'पाक-साफ' होने पर उनके साथ खाने-पीने में परहेज न करते हों, मुसलमानों का दिल जीतने में समर्थ हो सकते हैं। ख्वाजा मुहम्मद ठीक ही कहते हैं : "काश, तुम जैसे समझदार तुम्हारे और भाई भी होते। मगर यहाँ तो लोग हमें मलिच्छ कहते हैं। यहाँ तक कि हमें कुत्तों से भी नजिस समझते हैं। उनकी थालियों में कुत्ते खाते हैं, पर मुसलमान उनके गिलास में पानी नहीं पी सकता।"[1] यही साम्प्रदायिक समस्या का समाधान है। चक्रधर अपनी साम्प्रदायिक उदारता और आत्मबलिदान के साहस से वह कार्य कर देता है, जो सैकड़ों आदमियों के रक्तपात से सम्भव नहीं होता।

उपर्युक्त प्रसंग में प्रेमचन्द ने आम जनता को चाहे वह हिन्दू हो या मुसलमान, शान्तिप्रिय चित्रित किया है। जब चक्रधर गाय की कुरबानी रोकने के लिए अपनी जान देने को तैयार हो जाता है तो मुसलमानों की भीड़ उसकी हिम्मत और कुरबानी की भावना को देखकर प्रभावित होती है और मौलवी के आदेश के बावजूद गोकुशी नहीं होती। ख्वाजा महमूद तो मौलवी को फटकारने तक से बाज नहीं आते : "आपको तो अपने हलवे-माँड़े से काम है, जिम्मेदारी तो हमारे ऊपर आएगी, दूकानें तो हमारी लुटेंगी, आपके पास फटे बोरिए और फूटे बँधने के सिवा और क्या रखा है?"[2]

1. कायाकल्प, पृ० 35।
2. उपरिवत्, पृ० 34।

'कायाकल्प' के दूसरे प्रसंग में होली के अवसर पर एक मौलवी साहब के कपड़े पर किसी हिन्दू द्वारा रंग के दो-चार छींटे पड़ जाने पर दंगा छिड़ जाता है। पर रंग के छींटे पड़ना तो वस्तुतः चिनगारी है, बारूद तो पहले से दोनों सम्प्रदायों के दिलों में भर दी गयी है। कथाकार प्रेमचन्द इसका विस्तृत विवरण देते हैं :

"आगरे के हिन्दुओं और मुसलमानों में आए दिन जूतियाँ चलती रहती थीं। जरा-जरा-सी बात पर दोनों दलों के सिरफिरे जमा हो जाते और दो-चार के अंग-भंग हो जाते। कहीं बनिये ने डंडी मार दी और मुसलमानों ने उसकी दूकान पर धावा कर दिया, कहीं किसी जुलाहे ने किसी हिन्दू का घड़ा छू लिया और मुहल्ले में फौजदारी हो गयी। एकमुहल्ले में सोहन ने रहीम का कनकौआ लूट लिया और इसी बात पर मुहल्ले-भर के हिन्दुओं के घर लुट गये, दूसरे मुहल्ले में दो कुत्तों की लड़ाई पर सैकड़ों आदमी घायल हुए, क्योंकि एक सोहन का कुत्ता था, दूसरा सईद का। नित के रगड़े-झगड़े साम्प्रदायिक संग्राम के क्षेत्र में खींच लाए जाते थे। दोनों ही दल मजहब के नशे में चूर थे। मुसलमानों ने बजाजे खोले, हिन्दू नैंचे बाँधने लगे। सुबह को ख्वाजा साहब हाकिम जिला को सलाम करने जाते, शाम को बाबू यशोदानन्दन। दोनों अपनी राजभक्ति का राग अलापते। दोनों के देवताओं के भाग्य जागे, जहाँ कुत्ता निद्रोपासना किया करते, वहाँ पुजारी जी की भंग घुटने लगी। मसजिदों के दिन फिरे, मुल्लाओं ने अबाबीलों को बेदखल कर दिया। जहाँ साँड़ जुगाली करता था, वहाँ पीर साहब की हंड़िया चढ़ी। हिन्दुओं ने 'महावीर दल' बनाया, मुसलमानों ने 'अली गोल' सजाया। ठाकुरद्वारे में ईश्वर कीर्तन की जगह नबियों की निन्दा होती थी, मसजिदों में नमाज की जगह देवताओं की दुर्गति। ख्वाजा साहब ने फतवा दिया—जो मुसलमान किसी हिन्दू औरत को निकाल ले जाए, उसे एक हजार हजों का सबाब होगा। यशोदानन्दन ने काशी के पंडितों की व्यवस्था मँगवायी कि एक मुसलमान का वध एक लाख गौ-दानों से श्रेष्ठ है।"[1]

इस वर्णन से स्पष्ट है कि समकालीन नेतृत्व साम्प्रदायिक समस्या को सुलझाने में असफल रहा है। ख्वाजा महमूद और बाबू यशोदानन्दन दोनों पारस्परिक मैत्री और सद्भाव के बावजूद अलग-अलग सम्प्रदायों के नेता बन गए हैं और ब्रिटिश शासन की नीति के शिकार होकर दोनों सम्प्रदायों के सामूहिक हित की बात न सोचकर उनके अलग-अलग हितों की बात सोचने लगे हैं। फलतः दोनों ही अपने-अपने सम्प्रदायों के रूढ़िग्रस्त, अशिक्षित और अन्धविश्वासी लोगों को वहशीपन पर उतारने की कोशिश कर रहे हैं। दोनों सम्प्रदायों के धार्मिक नेता, मुल्ला और महन्त, मौलवी और पुरोहित भी लोगों के दिलों में जहर घोल रहे हैं। ऐसी स्थिति में छोटी-से-छोटी घटना भी बारूद में चिनगारी लगाने के लिए पर्याप्त हो जाती है।

1. कायाकल्प, पृ० 205-206।

उक्त प्रसंग में रंग के छींटे पड़ जाने पर मौलवी साहब सीधे जामा मस्जिद पहुँचते हैं और मीनार पर चढ़कर आवाज लगाते हैं : "ऐ उम्मते रसूल ! आज एक काफिर के हाथों मेरे दीन का खून हुआ है। उसके छींटे मेरे कपड़ों पर पड़े हुए हैं। या तो काफिर से इस खून का बदला लो, या मैं मीनार से गिरकर नबी की खिदमत में फरियाद सुनाने जाऊँ।"[1] मौलवी साहब की इस कपट-पुकार से रूढ़िग्रस्त और धर्मान्ध मुसलमानों के सिर पर दीन का जोश चढ़ जाता है और शाम होते-होते दस हजार आदमी सिरों से कफन लपेटे, जामा मस्जिद के सामने दीन के खून का बदला लेने के लिए जमा हो जाते हैं।[2] बाबू यशोदानन्दन सरकारी अधिकारियों से सहायता माँगते हैं, पर प्रशासन की रुचि साम्प्रदायिक संघर्ष को रोकने में तनिक भी नहीं है। हिन्दू असंगठित हैं। मुसलमानों की उन्मत्त भीड़ हिन्दुओं पर आक्रमण कर देती है और पहले धावे में हिन्दुओं के नेता बाबू यशोदानन्दन की हत्या हो जाती है। यह खबर पाते ही हिन्दू सेवा दल के युवकों का खून खौल उठता है और वे मुसलमानों के मुहल्लों पर आक्रमण कर देते हैं। एक तरफ मुस्लिम भीड़ बाबू यशोदानन्दन के घर में आग लगा देती है और उनकी लड़की अहल्या को उठा ले जाती है और दूसरी ओर सेवादल के सदस्य मुसलमान स्त्रियों, बच्चों और बूढ़ों पर कहर बरसा रहे हैं। प्रेमचन्द लिखते हैं : "अहिंसा ने हिंसा के आगे सिर झुका दिया। वे ही सेवा-व्रतधारी युवक, जो दीनों पर जान देते थे, अनाथों को गले लगाते थे और रोगियों की शुश्रूषा करते थे, इस समय निर्दयता के पुतले बने हुए थे। पाशविक वृत्तियों ने कोमल वृत्तियों का संहार कर दिया था। उन्हें न तो दीनों पर दया आती थी, न अनाथों पर। हँस-हँसकर भाले और छूरे चलाते थे, मानो लड़के गुड़ियाँ पीट रहे हों।"[3]

प्रेमचन्द ने साम्प्रदायिक दंगों में होने वाले अमानवीय कृत्यों का बहुत अधिक विस्तार के साथ वर्णन नहीं किया है, न ही उसके ढेर सारे ब्यौरे प्रस्तुत किए हैं। उनका ध्यान इस समस्या के असल कारणों की खोज तथा उसके समाधान पक्ष की ओर है। वे ऐसे पात्रों की सृष्टि करते हैं जो अपने विचारों और कार्यों से साम्प्रदायिक एकता कायम करने में योग देते हैं। ख्वाजा महमूद और बाबू यशोदानन्दन अलग-अलग धर्मों के अनुयायी होकर भी व्यक्तिगत रूप से गहरे दोस्त हैं। प्रयाग के सूर्य-ग्रहण के मेले में सेवादल के सदस्य के रूप में कार्य करते हुए उन्हें खोई हुई लड़की के रूप में अहल्या मिली थी जो अब यशोदानन्दन की धर्मपुत्री के रूप में है। उसके विवाह में ख्वाजा महमूद पाँच हजार खर्च करने का वचन दिए हुए हैं। पर दुर्भाग्य-

1. कायाकल्प, पृ० 206।
2. उपरिवत्, पृ० 206।
3. उपरिवत्, पृ० 207।

वश दोनों अलग-अलग सम्प्रदायों के नेता बन गये हैं। प्रेमचन्द ने इसके कारणों का खुलासा नहीं किया है, पर संकेतों से लगता है कि दोनों की राजनीतिक समझ कमजोर है। सम्भवत: राष्ट्रीय स्तर के नेताओं की तर्कशून्य और स्वार्थपूर्ण नीतियों ने उनकी समझ को दूषित कर दिया है। पर उपन्यास के सर्वप्रमुख पात्र चक्रधर की साम्प्रदायिक समझ बहुत स्पष्ट और तर्कसंगत है। उसमें उत्सर्ग की भी बहुत प्रबल भावना है। वह अपने प्राणों की बाजी लगाकर मुसलमानों के हृदय में विवेक पैदा करने में सफल होता है। चक्रधर के उत्सर्ग का असर ख्वाजा महमूद और बाबू यशोदानन्दन पर भी पड़ता है, पर वह असर स्थायी नहीं रहता। कुछ ऐसी ही स्थिति तत्कालीन जीवन में भी थी। गांधी जी ने साम्प्रदायिक एकता कायम करने के लिए 1924 में इक्कीस दिनों का अनशन किया था, जिससे प्रभावित होकर हिन्दू और मुसलमानों ने एकता अधिवेशन बुलाया था और साम्प्रदायिक एकता कायम करने के लिए प्रस्ताव पारित किए थे। पर उसका कोई स्थायी प्रभाव नहीं पड़ सका था। 'कायाकल्प' में चक्रधर के चले जाने के बाद फिर साम्प्रदायिक द्वेष और वैमनस्य बढ़ने लगता है और बढ़ते-बढ़ते इतना अधिक बढ़ जाता है कि बनिए द्वारा डंडा मारने या कनकौआ लूटने जैसी छोटी-छोटी बातों को लेकर दंगा छिड़ जाता है। ख्वाजा महमूद और बाबू यशोदानन्दन साम्प्रदायिक सद्भाव कायम करने के स्थान पर अपने-अपने सम्प्रदाय वालों को उत्तेजित करने में लग जाते हैं। परिणामत: दंगा होता है और यशोदानन्दन मारे जाते हैं और अहल्या अपहृत होती है।

प्रेमचन्द यहाँ से पुन: कथा को समाधान की ओर उन्मुख करते हैं। बाबू यशोदानन्दन की पत्नी पति की मृत्यु पर विलाप करती हुई कहती हैं :

"···नित्य समझाती रही, इन झगड़ों में न पड़ो। न मुसलमानों के लिए दुनिया में कोई दूसरा ठौर-ठिकाना है, न हिन्दुओं के लिए। दोनों इस देश में रहेंगे और इसी देश में मरेंगे। फिर आपस में क्यों लड़ते-मरते हो, क्यों एक-दूसरे को निगल जाने पर तुले हुए हो? न तुम्हारे निगले वे निगले जाएँगे, न उनके निगले तुम निगले जाओगे, मिल-जुलकर रहो, उन्हें बड़े होकर रहने दो, तुम छोटे ही होकर रहो, मगर मेरी कौन सुनता है।"[1] यशोदानन्दन की हत्या ख्वाजा महमूद को भी झकझोर देती है। वे उसकी लाश के सामने बैठकर रो रहे हैं और अफसोस कर रहे हैं :

"तुम समझते होगे, यह मेरा दुश्मन था। खुदा जानता है, मुझे अपना भाई और बेटा भी इससे ज्यादा अजीज नहीं। अगर मुझ पर किसी कातिल का हाथ उठता तो यशोदा उस वार को गर्दन पर रोक लेता। शायद मैं भी उसे खतरे में

---

1. कायाकल्प, पृ० 208।

देखकर अपनी जान की परवाह न करता। फिर भी हम दोनों की जिन्दगी के आखिरी साल मैदानबाजी में गुजरे और आज उसका यह अंजाम हुआ। खुदा गवाह है, मैंने हमेशा इत्तहाद की कोशिश की। अब भी मेरा यह ईमान है कि इत्तहाद से ही इस बदनसीब कौम की नजात होगी। यशोदा भी इत्तहाद का उतना ही हामी था, जितना मैं। शायद मुझसे भी ज्यादा, लेकिन खुदा जाने वह कौन-सी ताकत थी, जो हम दोनों को बरसरेजंग रखती थी। हम दोनों दिल से मेल करना चाहते थे, पर हमारी मरजी के खिलाफ कोई दैवी ताकत हमको लड़ाती रहती थी।"[1]

जब ख्वाजा महमूद को ज्ञात होता है कि मुसलमान दंगाई अहिल्या को उठा ले गए हैं तो वे बेचैन हो उठते हैं। अहिल्या को वे अपनी बेटी के समान मानते हैं। वे उसका पता लगाने या मुँह में कालिख लगाकर डूब मरने का संकल्प करते हैं। प्रेमचन्द ने इस प्रसंग को एक मोड़ देकर अत्यन्त करुण और त्रासद बना दिया है। वस्तुतः अहिल्या का अपहरण करने वाला ख्वाजा महमूद का अपना लड़का ही है। वह उन्हीं के घर में कैद है और वे उसकी तलाश बाहर कर रहे हैं। एक दिन जब उनका लड़का अहिल्या पर जोर-जबरदस्ती करना चाहता है तो वह उसके सीने में छुरी भोंक देती है और वह तड़प-तड़पकर मर जाता है। इस घटना के बाद ख्वाजा महमूद का जो चरित्र सामने आता है, वह अविश्वसनीय-सा होते हुए भी अत्यन्त उदात्त है। एक तरफ तो वे अपनी 'आँखों के नूर', इकलौते बेटे की मृत्यु पर परितप्त हैं पर दूसरी तरफ उसकी चरित्रहीनता और कुकर्म को वे माफ नहीं करते। वे चक्रधर से कहते हैं: "एक घंटा पहले तक मैं उस पर निसार होता था। अब उसके नाम से नफरत हो रही है। उसने वह फेल किया, जो इन्सानियत के दरजे से गिरा हुआ था।"[2] वे अहिल्या की तारीफ करते हुए कहते हैं: "काश, इस मुल्क में ऐसी और लड़कियाँ होतीं!"[3]

इसमें सन्देह नहीं कि ख्वाजा महमूद का हृदय-परिवर्तन अविश्वसनीयता की सीमाओं को छूता है और चक्रधर का चरित्र भी आदर्शवादी है। पर साम्प्रदायिक समस्या के समाधान के लिए ऐसे ही आदर्श चरित्रों की आवश्यकता थी और आज भी है। फिर चक्रधर और ख्वाजा महमूद के चरित्र आदर्शवादी होने पर भी अविश्वसनीय और अपनी जमीन से कटे हुए नहीं हैं। उस समय देश में कम-से-कम एक आदर्श तो ऐसा था ही—महात्मा गांधी—जो चक्रधर और ख्वाजा महमूद के चरित्र को विश्वसनीय मानने की कसौटी बन सकता है। प्रेमचन्द के लिए महात्मा गांधी साम्प्रदायिक सद्भाव के प्रतीक थे। उनके चरित्र को ही उन्होंने

1. कायाकल्प, पृ० 209।
2. उपरिवत्, पृ० 212।
3. उपरिवत्।

अपने आदर्श पात्रों के रूप में प्रस्तुत किया है।

'कायाकल्प' में प्रस्तुत साम्प्रदायिक प्रसंगों के विश्लेषण से स्पष्ट है कि प्रेमचन्द ने अपने लेखों और सम्पादकीय टिप्पणियों में साम्प्रदायिक समस्याओं के सम्बन्ध में जो विचार व्यक्त किए हैं वे ही यहाँ भी कलात्मक रूप में अभिव्यक्त हुए हुए हैं। 'कायाकल्प' के पूर्ववर्ती उपन्यासों —'सेवासदन', 'प्रेमाश्रम' और 'रंग-भूमि'—में प्रेमचन्द के सामने साम्प्रदायिक समस्या प्रमुख चिन्ता का विषय नहीं है। पर उनमें यह समस्या आती ही न हो, ऐसी बात नहीं है। 'सेवासदन' में जब वेश्याओं को नगर से बाहर बसाने का प्रस्ताव नगरपालिका के सामने आता है तो हिन्दू सेठ और मुसलमान व्यापारी दोनों इसे साम्प्रदायिक रूप देने की कोशिश करते हैं। हाजी हाशिम और अबुल वफा वेश्याओं को नगर में ही रखने के प्रस्ताव की वकालत इस आधार पर करते हैं कि "तवायफें नब्बे फीसदी मुसलमान हैं, जो रोजे रखती हैं, इजारदारी करती हैं, मौलूद और उर्स करती हैं। हमको उनके जाती फैलों से कोई बहस नहीं है। हमको तो सिर्फ उनकी तादाद से गरज है।"[1] वे मुसलमानों के मन में हिन्दुओं के प्रति द्वेष भाव उभारकर वेश्याओं के पक्ष का समर्थन करते हैं। उसका कारण यह है कि चौक में, जहाँ वेश्याओं का मुहल्ला है, इनकी दूकानें हैं और इन्हें डर है कि वहाँ से वेश्याओं के चले जाने से इनकी दूकानों की बिक्री घट जाएगी। इस प्रकार हिन्दू सेठ भी अपने हितों की रक्षा के लिए इस समस्या को साम्प्रदायिक रंग देना चाहते हैं। सेठ चिम्मनलाल कहते हैं : "चावल मंडी और चौक के अधिकांश मकान हिन्दुओं के हैं, यदि बोर्ड ने यह स्वीकार कर लिया तो हिन्दुओं का मटियामेट हो जाएगा। छिपे-छिपे चोट करना तो कोई मुसलमानों से सीख ले।"[2]

इससे स्पष्ट है कि प्रेमचन्द आरम्भ से ही साम्प्रदायिक समस्याओं की जड़ में जाते हैं और इस यथार्थ को उसके असली रूप में प्रस्तुत करते हैं। साथ ही वे अपने पात्रों के माध्यम से साम्प्रदायिकता विरोधी दृष्टिकोण प्रस्तुत करना भी नहीं भूलते। नगरपालिका के कई मुसलमान सदस्य, तेगअली, सैयद शफकत अली, हकीम शोहरत खाँ, शरीफ हसन, हाजी हाशिम आदि साम्प्रदायिकता के विरोधी हैं। तेगअली तो मुसलमानों के साम्प्रदायिक दृष्टिकोण पर बहुत ही तीखा व्यंग्य करते हैं : "...आजकल पोलिटिकल मफाद का जोर है, हक और इन्साफ का नाम न लीजिए। अगर आप मुदर्रिस हैं तो हिन्दू लड़कों को फेल कीजिए। तहसीलदार हैं तो हिन्दुओं पर टैक्स लगाइए, मजिस्ट्रेट हैं तो हिन्दुओं को सजाएँ दीजिए। सब-इन्स्पेक्टर पुलिस हैं तो हिन्दुओं पर झूठे मुकदमे दायर कीजिए, तहकीकात करने

1. कायाकल्प, पृ० 164।
2. उपरिवत्, पृ० 170।

आइए तो हिन्दुओं के बयान गलत लिखिए, अगर आप चोर हैं तो किसी हिन्दू के घर डाका डालिए, अगर आपको हुस्न या इश्क का खब्त है तो किसी हिन्दू नाजनीन को उड़ाइए, तब आप कौम के खादिम, कौम के मुहसिन, कौमी किश्ती के नाखुदा सब कुछ हैं।"[1] साम्प्रदायिक भावनाओं पर तेगअली का (या लेखक का) यह व्यंग्य बड़ा ही पैना है। हिन्दू पात्रों में भी प्रभाकर राव, कुँवर अनिरुद्ध सिंह आदि साम्प्रदायिक दृष्टि का विरोध करते हैं। रुस्तम भाई कहते हैं : "आप लोग एक सामाजिक प्रश्न को हिन्दू-मुसलमानों के विवाद का स्वरूप दे रहे हैं। सूद के प्रश्न को भी यही रूप देने की चेष्टा की गई थी। ऐसे राष्ट्रीय विषयों को विवादग्रस्त बनाने से कुछ हिन्दू साहूकारों का भला हो जाता है, किन्तु इससे राष्ट्रीयता को जो चोट लगती है, उसका अनुमान करना कठिन है।"[2]

'प्रेमाश्रम' और 'रंगभूमि' में साम्प्रदायिक समस्या का 'समस्या' के रूप में चित्रण न के बराबर हुआ है। 'प्रेमाश्रम' के कथा संसार में ग्रामीण कादिर मियाँ, हिन्दू जमींदार के कारिन्दे गौस खाँ और फैजुल्लाह, दारोगा नूर आलम, सरकारी क्लर्क सैयद ईजाद हुसेन और अहलमद साहब, बैरिस्टर डॉ० इर्फान अली, मुहर्रिर मुंशी रमजान अली, मौलवी अमजद, दरोगा खुर्शीद आलम आदि मुसलमान पात्र हैं। इनमें सैयद ईजाद हुसेन के अतिरिक्त अन्य किसी भी पात्र में साम्प्रदायिक भावना नाम मात्र को भी नहीं है। ये पात्र इस्लाम के अनुयायी होते हुए भी भारतीय परिवेश में बिल्कुल रसे-बसे हैं। इसका सबसे बढ़िया उदाहरण कादिर मियाँ हैं। कथाकार के शब्दों में "वे बूढ़े आदमी थे, ठिगना डील, लम्बी दाढ़ी, घुटने के ऊपर धोती, एक गाढ़े की मिरजई पहने हुए थे। गाँव के नाते वह मनोहर के बड़े भाई होते हैं।"[3] कादिर गाँव के गरीब हिन्दू किसानों के साथ इस प्रकार हिला-मिला है कि उसका मुसलमान होना मालूम ही नहीं पड़ता। प्रेमचन्द साधारण ग्रामीण किसानों को इस रूप में चित्रित करते हैं कि उनका हिन्दू-मुसलमान होना उसी प्रकार सहज और स्वाभाविक हो जाता है जैसे किसी बाग में कई रंग के फूलों का होना। कादिर मियाँ एक प्रारूपिक ग्रामीण पात्र हैं। वे अपनी विवेकशीलता, शान्त प्रकृति और सबके प्रति सहज प्रेमभाव के कारण ग्रामीणों के आदर के पात्र हैं। यद्यपि कादिर मियाँ के साथ हिन्दू पात्रों का खान-पान का सम्बन्ध नहीं है, कादिर मियाँ इस्लाम के और हिन्दू पात्र हिन्दू धर्म के नियमों-रिवाजों के अनुसार आचरण करते हैं, पर इन्हें लेकर उनके आपसी सम्बन्धों में कोई फर्क नहीं पड़ता। कादिर मियाँ का अपने गाँव में ही नहीं, सारे जवार में सम्मान है : "···उस जवार

---

1. सेवासदन, पृ० 166-167।
2. उपरिवत्, पृ० 101।
3. प्रेमाश्रम, पृ० 24।

में कादिर का बड़ा मान था। वह बड़ा नीति कुशल, उदार और दयालु था। इसके अतिरिक्त उसे जड़ी-बूटियों का अच्छा ज्ञान था। यहाँ हकीम, वैद्य, डॉक्टर जो कुछ था वही था। रोग-निदान में उसे पूर्ण अभ्यास था। इससे जनता की उसमें विशेष श्रद्धा थी।"[1] अपनी इस लोकप्रियता के कारण वह अपने ही सम्प्रदाय के गौस खाँ की, जो जमींदार का कारिन्दा है, आँखों में खटकता है। गौस खाँ ने उसका नाम शैतान रख छोड़ा है। कादिर एक साधारण किसान है जिसका शोषण जमींदार और सरकारी अमले उसी प्रकार करते हैं जैसे हिन्दू किसान का। गाँव के गरीब हिन्दू किसान उसे अपना मुखिया और सलाहकर्त्ता मानते हैं और उसके साथ कोई भेदभाव नहीं बरतते। जब गाँव के किसान रामायण गाते हैं तो कादिर उस मंडली में ढोलक बजाता है।

'प्रेमाश्रम' के अन्य मुसलान पात्र भी साम्प्रदायिक भावनाओं से सर्वथा मुक्त हैं। जमींदार के कारिन्दे गौस खाँ और फैजुल्लाह खाँ तथा दारोगा नूर आलम और खुर्शीद आलम जैसे किसानों पर जोर-जुल्म करने वाले पात्र भी हिन्दू-मुसलमान में कोई भेदभाव नहीं बरतते।

'प्रेमाश्रम' का केवल एक पात्र सैयद ईजाद हुसेन इस दृष्टि से उल्लेखनीय है। वह डिपुटी मजिस्ट्रेट ज्वाला सिंह के ऑफिस का क्लर्क या पेशकार है। सैयद ईजाद हुसैन रिश्वतखोर, धूर्त, कपटी और बेईमान है। ऐसा ही आदमी सम्प्रदायवादी भी होता है। ईजाद हुसेन भी मौका मिलने पर अन्य मुसलमान पात्रों की साम्प्रदायिक भावनाओं को उभारने की कोशिश करता है। जब गौस खाँ थानेदार द्वारा अपने 'मूड़े जाने' का उल्लेख करता है तो वह इसे साम्प्रदायिक रंग देने की कोशिश करता है: "इन हिन्दुओं से खुदा समझे। यह बला के मतअस्सिब होते हैं। हमारे साहब बहादुर भी बड़े मुन्सिफ बनते हैं, मगर जब कोई जगह खाली होती है तो वह हिन्दू को ही देते हैं।"[2] ईजाद हुसेन बाद में नौकरी से त्यागपत्र दे देता है और जाति-सेवा के नाम पर समाज को ठगने का धन्धा शुरू करता है। वह 'अंजुमन इत्तहाद' नाम की एक संस्था खोलता है, जिसका प्रकट उद्देश्य तो हिन्दू-मुसलमानों में परस्पर प्रेम और मैत्री बढ़ाना है, पर असल उद्देश्य लोगों से चन्दा वसूल कर ऐश-मौज करना है। 'प्रेमाश्रम' का लेखन-काल (1919-20) भारतीय इतिहास का वह काल है, जब हिन्दू-मुस्लिम एकता परवान चढ़ी हुई थी और गाँधी जी के नेतृत्व में हिन्दू-मुसलमान दोनों सम्प्रदायों के नेता जनता में साम्प्रदायिक एकता कायम करने में सफल हो रहे थे। इस स्थिति का लाभ ईजाद हुसेन जैसे ढोंगी समाजसेवी भी उठा रहे थे। ईजाद

1. प्रेमाश्रम, पृ० 41।
2. उपरिवत्, पृ० 71।

हुसेन साम्प्रदायिक एकता के नाम पर लोगों से चन्दा वसूलते हैं और मौज करते हैं। इतना ही नहीं, पीठ पीछे वे उदारतापूर्वक चन्दा देने वाले हिन्दुओं को 'अहमक' और 'बछिया के ताऊ' कहने से भी बाज नहीं आते।[1] पर प्रकट रूप में जो बातें कहते हैं वे साम्प्रदायिक एकता के पक्ष की बातें हैं। एक स्थान पर ईजाद हुसेन ज्वाला सिंह से कहते हैं: "वह मुहब्बत और एखलाक जिस पर कौम की हस्ती कायम है, रोज-बरोज गायब होती जाती है। अगर एक हिन्दू इसलाम पर यकीन लाता है तो शोर मच जाता है कि हिन्दू कौम तबाह हुई जाती है। अगर एक हिन्दू कोई ऊँचा ओहदा पा जाता है तो मुसलमानों में हाय-हाय की सदा उठने लगती है। कोई कहता है इसलाम गारत हुआ, कोई कहता है इसलाम की किश्ती भँवर में पड़ी। लाहौल विला कूवत! मजहब रूहाना तसकीन और नजात का जरिया है न कि दुनिया के कमाने का ढकोसला। इस वाहमी कुदरत को हमारे मुल्ला और पंडित और भी भड़काते हैं।"[2] ईजाद हुसेन एक सभा में भाषण करते हुए कहते हैं: "दोस्तो, अब मजहबपरवरी का जमाना नहीं रहा। पुरानी बातों को भूल जाइए। एक जमाना था कि आरियों ने यहाँ के असली वाशिन्दों पर सदियों तक हुकूमत की, आज वही शूद्र आरियों से घुले-मिले हैं। दुश्मनों को अपने सलूक से दोस्त बना लेना आपके बुजुर्गों का जौहर था।...यह फकीर इत्तहाद का सौदाई है, इत्तहाद का दीवाना है...हम इत्तहाद की सदा से इस पाक जमीन के एक-एक गोशे को भर देना चाहते हैं।"[3] यद्यपि ये विचार कपटलीला से भरे हुए हैं, पर साम्प्रदायिक एकता के सम्बन्ध में स्वयं प्रेमचन्द का यही दृष्टिकोण था। प्रेमचन्द जनता में व्याप्त इस भावना के समर्थक हैं, यद्यपि वे यह भी जानते हैं कि ढोंगी नेता इसका बेजा लाभ उठा रहे हैं। बाद में प्रेमचन्द ईजाद हुसेन का हृदय परिवर्तन कराकर उन्हें 'इत्तहाद' की सच्ची खिदमत में लगाने से बाज नहीं आते।[4]

'रंगभूमि' का रचना-काल अक्टूबर 1922-अप्रैल 1924 ई० है। इस अवधि में देश में साम्प्रदायिक तनाव जोर पर था। पर आश्चर्य की बात है कि 'रंगभूमि' में प्रेमचन्द ने इस समस्या को छुआ भी नहीं है। 'रंगभूमि' में मुसलमान पात्र भी अधिक नहीं हैं। केवल एक परिवार है, ताहिर अली का, जिसका काफी विस्तार से चित्रण निम्नमध्यवर्गीय मुस्लिम परिवार के प्रतिनिधि के रूप में किया गया है। कदाचित् इस चित्रण के पीछे प्रेमचन्द की मंशा यह रही हो कि जहाँ राज-नीतिक क्षेत्र में हिन्दुओं और मुसलमानों के बीच साम्प्रदायिक विद्वेष फैलाया जा

1. प्रेमाश्रम, पृ० 163।
2. उपरिवत्, पृ० 142।
3. उपरिवत्, पृ० 161।
4. उपरिवत्, पृ० 216।

रहा है वहाँ गांवों में हिन्दू-मुस्लिम परिवार आपसी प्रेम और सौहार्द के साथ जीवन जीते हैं। ताहिर अली का परिवार पांड़ेपुर के बहुसंख्यक हिन्दू परिवारों के बीच अकेला मुस्लिम परिवार है, पर उन्हें कभी इस बात का अहसास भी नहीं होता कि मुसमान होने के कारण वे गांव की जिन्दगी से अलग कटे हुए हैं। ताहिर अली की कहानी में साम्प्रदायिक संघर्ष पैदा करने के अनेक अवसर हैं, पर प्रेमचन्द ऐसा नहीं करते। अपने हिन्दू पड़ोसी से मार खाकर, घायल होकर भी ताहिर अली निकटस्थ नगर के मुसलमानों के पास फरियाद के लिए नहीं जाते, यह बात उनके मन में पैदा ही नहीं होती। दूसरी तरफ गाँव के हिंन्दू पात्र ताहिर अली की सहायता उसी तरह करते हैं जैसे गाँव के लोग मुसीबत में पड़े अपने किसी भी पड़ोसी की सहायता करते हैं। ताहिर अली अपने परिवार के लिए जेल जाने को बाध्य होते हैं और वही परिवार उनके असहाय बीवी-बच्चों को पूछता तक नहीं। पर पड़ोसी हिन्दू पात्र, गरीब स्त्रियाँ और पुरुष उनके परिवार को भूखे नहीं मरने देते। प्रेमचन्द इस साम्प्रदायिक सौहार्द के पक्षधर थे और सम्भवतः इसी उद्देश्य से उन्होंने ताहिर अली की प्रासंगिक कथा का अंकन इस रूप में किया है।

'रंगभूमि' के एक और प्रसंग में, जो कलात्मक दृष्टि से काफी कमजोर भी हो गया है, साम्प्रदायिक सौहार्द का चित्रण किया गया है। सूरदास की जमीन और झोंपड़ी को लेकर छिड़े संघर्ष में विनय सिंह शहीद हो जाता है। विनय की शहादत से एक मुसलमान युवक इतना भावुक हो उठता है कि वहीं, विनय की लाश के सामने वह तलवार से अपनी गर्दन काटकर खुद भी शहीद हो जाता है। जब रानी जा-ह्नवी वहाँ आने पर यह सूचना पाती हैं तो अपने उद्‌गार व्यक्त करती हैं : "यह युवक, जिसने विनय पर अपने प्राण समर्पित कर दिये, विनय से बढ़कर है। क्या कहा ? मुसलमान है ? कर्त्तव्य के क्षेत्र में हिन्दू और मुसलमान का भेद नहीं, दोनों एक ही नाव में बैठे हुए हैं, डूबेंगे तो दोनों डूबेंगे, बचेंगे तो दोनों बचेंगे। मैं इस वीर आत्मा का यहीं मजार बनाऊँगी। यह सच्चा शहीद था।"[1]

साम्प्रदायिक समस्या के चित्रण की दृष्टि से 'कायाकल्प' के बाद 'कर्मभूमि' (प्र० का० 1932) का विशेष महत्त्व है। यद्यपि 'कर्मभूमि' में भी साम्प्रदायिक समस्या का प्रत्यक्ष चित्रण नहीं है, पर इसमें मुसलमान पात्रों की बहुलता है, ऐसे मुसलमान पात्रों की जो साम्प्रदायिक भावना से रहित हैं। उपन्यास के हिन्दू पात्रों में भी साम्प्रदायिकता-भरा भेदभाव नहीं है। सलीम और अमरकान्त एक दूसरे के जिगरी दोस्त हैं। चरित्र की दृष्टि से सलीम बड़ा ही प्यारा मुसलमान है। अमरकान्त और सलीम की दोस्ती के माध्यम से प्रेमचन्द ने हिन्दू-मुस्लिम एकता का पैगाम सामने रखा है। अमरकान्त कट्टर सनातनी हिन्दू परिवार का युवक होकर भी सलीम के साथ खाने-पीने में कोई परहेज नहीं करता और सलीम भी

1. रंगभूमि, पृ० 502।

हिन्दू पात्रों के बीच बिल्कुल सहज भाव से रहता है। वह देश के सामाजिक राजनीतिक आन्दोलनों में बिना किसी साम्प्रदायिक भेदभाव के हिस्सा लेता है। उसकी दृष्टि में इन्सानियत और मानवता धर्म से बड़ी चीजें हैं। एक प्रसग में सरकारी कर्मचारी, जो हिन्दू हैं, किसानों को तबाह करने के लिए उनके मवेशियों को कसाई तेग मुहम्मद के हाथों कुर्क करने जा रहे हैं। सलीम इसका विरोध करता है, पर हिन्दू पदाधिकारी उसकी बात नहीं मानता। तब सलीम तेग मुहम्मद को समझाने का प्रयास करता है। सलीम और तेग मुहम्मद के वार्तालाप से राष्ट्रवादी और साम्प्रदायवादी मुसलमानों की विचारधारा सामने आती है।[1] तेग मुहम्मद उन सम्प्रदायवादी मुसलमानों का प्रतिनिधित्व करता है, जो अंग्रेजों के साथ थे। सलीम राष्ट्रवादी मुसलमान है, जो पन्थों को संसार का कलंक समझता है जिन्होंने "मनुष्य जाति को विरोधी दलों में विभक्त करके एक दूसरे का दुश्मन बना दिया है।"[2] वह तेग मुहम्मद से बहस करते हुए कहता है : "अगर मुसलमान होने का यह मतलब है कि गरीबों का खून किया जाये तो मैं काफिर हूँ।"[3] यहाँ तक कि वह अन्त में अपनी आई० सी० एस० की नौकरी छोड़कर किसानों के (जो अधिकतर हिन्दू हैं) आन्दोलन में शामिल हो जाता है और जेल चला जाता है। वह हिन्दू किसानों के लिए मुसलमान पात्रों से भी लड़ता है और हिन्दू स्त्रियों की अस्मत की रक्षा के लिए बड़े से बड़ा खतरा मोल लेने में नहीं हिचकता।[4]

सलीम का दोस्त अमरकान्त भी साम्प्रदायिक भावनाओं से सर्वथा मुक्त है। वह सलीम के साथ खानपान में तो कोई परहेज नहीं ही करता, एक मुसलमान लड़की सकीना से प्रेम भी करता है और उससे विवाह करने के लिए कृतसंकल्प है। सलीम साम्प्रदायिक कारणों से उसे इसके लिए मना करता है तो वह जवाब देता है : "मैं प्रेम के सामने मजहब की हकीकत नहीं समझता।"[5] यहाँ तक कि वह अपने प्रेम के लिए मुसलमान बनने को भी तैयार है। वह कहता है : "मुझे इसलाम में ऐसी कोई बात नजर नहीं आती, जिसे मेरी आत्मा स्वीकार न करनी हो। धर्म-तत्त्व सब एक है। हजरत मुहम्मद को खुदा का रसूल मानने में मुझे कोई आपत्ति नहीं। जिस सेवा, त्याग, दया, आत्मशुद्धि पर हिन्दू धर्म की बुनियाद कायम है उसी पर इसलाम की बुनियाद भी कायम है। इसलाम मुझे

1. कर्मभूमि, पृ० 363-364।
2. उपरिवत्, पृ० 364।
3. उपरिवत्।
4. उपरिवत्, पृ० 364, 366-67।
5. उपरिवत्, पृ० ५6।

बुद्ध और कृष्ण और राम की ताजीम करने से नहीं रोकता। मैं इस वक्त अपनी इच्छा से हिन्दू नहीं हूँ, बल्कि इसलिए कि हिन्दू घर में पैदा हुआ हूँ।... मेरा अपना ईमान यह है कि मजहब आत्मा के लिए बन्धन है। मेरी अक्ल जिसे कबूल करे, वही मेरा मजहव है बाकी सब खुराफात।'[1]

'कर्मभूमि' के अन्य पात्र भी संकीर्ण साम्प्रदायिक भावनाओं से मुक्त हैं। मि० गजनवी को, जो जिलाधीश हैं, इस बात की थोड़ी-सी आशंका तो है कि कहीं स्वराज्य मिलने के बाद मुसलमानों की हालत खराब न हो जाए, क्योंकि गलत तवारीखें पढ़-पढ़कर दोनों फिरके एक-दूसरे के दुश्मन हो गए हैं। और मुमकिन नहीं कि हिन्दू मौका पाकर मुसलमानों से पुरानी अदावतों का बदला न लें।"[2] पर उन्हें इस बात से तसल्ली है कि "इस बीसवीं सदी में हिन्दुओं जैसी पढ़ी-लिखी जमाअत मजहबी गरोहबन्दी की पनाह नहीं ले सकती। मजहब का दौर तो खत्म हो रहा है, बल्कि यों कहो कि खत्म हो गया। सिर्फ हिन्दुस्तान में उसमें कुछ-कुछ जान बाकी है। यह तो दौलत का जमाना है। अब कौम में अमीर और गरीब, जायदाद वाले और मर-भुखे अपनी-अपनी जमाअतें बनाएँगे। उनमें कहीं ज्यादा खूंरेजी होगी; कहीं ज्यादा तंगदिली होगी। आखिर एक-दो सदी के बाद दुनिया में एक सल्तनत हो जाएगी। सबका एक कानून, एक निजाम होगा, कौम के खादिम कौम पर हुकूमत करेंगे, मजहब शख्सी चीज होगी। न कोई राजा होगा, न कोई परजा।"[3] मि० गजनवी के इस कथन से स्पष्ट है कि प्रेमचन्द साम्यवाद की स्थापना में साम्प्रदायिक समस्या का अन्तिम हल देखते हैं।

'कर्मभूमि' की सकीना और उसकी दादी भी संकीर्ण साम्प्रदायिक भावनाओं से रहित हैं। सकीना की दादी का खयाल है: "नाम के मुसलमान, नाम के हिन्दू रह गये हैं। न कहीं सच्चा मुसलमान नजर आता है, न सच्चा हिन्दू।[4] मुन्नी के प्रसंग को लेकर जो आन्दोलन छिड़ता है, उसमें सकीना और उसकी दादी भी भाग लेती है। सकीना रूमाल बना-बेचकर इन आन्दोलनों में चन्दा देती है। सकीना भी मजहब की परवाह न कर अमरकान्त से प्रेम करती है और उसके साथ विवाह करने को तैयार है। अमरकान्त के पिता लाला समरकान्त कट्टर सनातनी हिन्दू हैं और वे किसी भी शर्त पर सकीना को अपनी पुत्रवधू के रूप में ग्रहण करने को तैयार नहीं। पर उनके विचारों में परिवर्तन होता है और हम उन्हें सलीम के साथ एक ही आसन पर बैठकर भोजन करते देखते हैं। यह प्रसंग बड़ा मार्मिक है।

1. कर्मभूमि, पृ० 98।
2. उपरिवत्, पृ० 312।
3. उपरिवत्।
4. उपरिवत्।

'कर्मभूमि' में मुसलमान पात्र काले खाँ का चरित्र भी साम्प्रदायिक भेदभाव से मुक्त है। वह अपराधी होकर भी हिन्दू-मुसलमान में फर्क नहीं करता और सुधर जाने पर भी उसके लिए हिन्दू-मुसलमान बराबर हैं। उसके मरने पर हिन्दू पात्र इस प्रकार रो रहे हैं मानो उनका कोई सगा-सम्बन्धी मर गया हो।[1]

तात्पर्य यह कि प्रेमचन्द ने अपने उपन्यासों में सभी वर्गों के ऐसे मुसलमान और हिन्दू पात्रों की सृष्टि की है जो साम्प्रदायिक भावनाओं से मुक्त हैं, जिनकी रोजी-रोटी की समस्याएँ एक समान हैं और जो एक ही जीवनधारा के अंग हैं। 'कर्मभूमि' का सलीम और 'गोदान' के मिर्जा साहब, 'प्रेमाश्रम' का कादिर और 'रंगभूमि' का ताहिर अली, 'कायाकल्प' का चक्रधर और 'कर्मभूमि' का अमरकान्त और इस प्रकार के दर्जनों हिन्दू और मुसलमान पात्र साम्प्रदायिक भेदभाव से मुक्त हैं। प्रेमचन्द यह दिखाने का प्रयास करते हैं कि साधारण हिन्दू और मुसलमान अपने-अपने धर्मों का पालन करते हुए भी एक-दूसरे के साथ व्यापक मानवीय सम्बन्ध में जुड़े रहते हैं। हिन्दू-मुसलमान के बीच साम्प्रदायिक द्वेष सरकार, सेठ-साहूकार, मुल्ला-मौलवी और पंडित-पुरोहित फैलाते हैं। दोनों साम्प्रदायों के नेता अपने राजनीतिक और आर्थिक स्वार्थों की सिद्धि के लिए सामान्य जनता में साम्प्रदायिक भेदभाव पैदा कर उन्हें गुमराह करते हैं। इस प्रकार प्रेमचन्द ने अपने उपन्यासों में हिन्दू-मुस्लिम सम्बन्धों की समस्या को वैज्ञानिक दृष्टि से परखने, उसका विश्लेषण करने तथा उसे कलात्मक रूप में प्रस्तुत करने का प्रयास किया है।

□□

1. कर्मभूमि, पृ० 359।